邵明 ◎著

金岳霖所与
理论研究

北京大学出版社
PEKING UNIVERSITY PRESS

图书在版编目(CIP)数据

金岳霖所与理论研究/邵明著.—北京:北京大学出版社,2012.10
ISBN 978-7-301-21437-4

Ⅰ.①金… Ⅱ.①邵… Ⅲ.①金岳霖(1895~1984)-哲学思想-研究 Ⅳ.①B26

中国版本图书馆CIP数据核字(2012)第243308号

书　　　名:**金岳霖所与理论研究**
著作责任者:邵　明　著
责　任　编　辑:李廷华
标　准　书　号:ISBN 978-7-301-21437-4/B·1074
出　版　发　行:北京大学出版社
地　　　　址:北京市海淀区成府路205号　100871
网　　　　址:http://www.pup.cn
电　　　　话:邮购部 62752015　发行部 62750672　编辑部 62750673
　　　　　　　出版部 62754962
电　子　信　箱:weidf02@sina.com
印　　刷　　者:三河市博文印刷厂
经　　销　　者:新华书店
　　　　　　　965毫米×1300毫米　16开本　18.25印张　280千字
　　　　　　　2012年10月第1版　2012年10月第1次印刷
定　　　　价:39.00元

未经许可,不得以任何方式复制或抄袭本书之部分或全部内容。
版权所有,侵权必究
举报电话:010-62752024　电子信箱:fd@pup.pku.edu.cn

感觉内容与外物究竟具有什么样的关系？
——序邵明的《金岳霖所与理论研究》

胡 军

一般而言，知识可以分为两类，即先验的知识和经验的知识。所谓先验的知识是说，这一类的知识不能说与外界的经验事物毫无关系，但至少是关系甚少，其真或假不决定于有无外界事物与之相对应。代数学、几何学、逻辑学等学科的知识就具有这样的性质。

与先验知识截然不同，经验知识则是关于外界经验事物的知识，是对外界事物的解读。正是由于经验知识的这一根本性质决定了经验知识的真假，完全视其是否有相应的外界事物与此有一一对应的关系。

经验知识的这一本质也就决定了如下的事实，即如果我们想真正地了解此类的知识的真或假，我们就必须知道，它们与相应的外界事物之间究竟有什么样的关系。众所周知，求得关于外界事物的经验知识的首要的途径就是观察或获取关于经验事物的感觉内容。在这样的感觉经验的基础之上，我们才能进一步形成能够解读已获得的感觉经验的知识体系。

站在知识论的角度来考察和分析，我们知道，认识主体通过感觉经验只能间接地知道外在事物。而且这种间接知道也就必须设定了这样一个不可避免的前提，即让我们间接知道外在事物的感觉必须是正觉，而决不可能是梦觉或幻觉或错觉。但是棘手的问题在于，我们如何能够清楚地知道，我们当下的感觉一定是正觉，而不是错觉或幻觉或梦觉？

即便我们能够确认当下的感觉是正觉，我们就能够断定，通过这样的正觉得到的关于外在事物的印象就是事物本身？要能够回答这样的难题，我们必须能够真正地了解人类的感觉机制，如视觉机制、听觉机制、触觉机制、味觉机制等。如果我们不能够对上述的感觉机制有深入的科学研究，恐怕难于解答上述的问题。

遗憾的是，我们的先哲历来对这样的问题不感兴趣，翻查一下我们的思想发展历史，根本就找不到这样的研究。返观西方哲学史，研究此类问题却有着极其漫长的历史，研究感觉机制是西方哲学思想史上的一个源远流长的主要话题。如《柏拉图对话集》中的《蒂迈欧尼篇》花了几万字来讨论视觉机制及镜子成像的原理。亚里士多德也在《论感觉及感觉经验对象》一文中检讨了前代哲学家关于此类问题的讨论，然后提出了自己关于视觉机制的系统看法，又在其《天象学》一文中讨论了彩虹形成的原因。欧几里德则以系统的专著来讨论以视觉机制为其基础的光学。托勒密的五卷本《光学》则是此类研究的集大成之作。上述的这类研究视觉机制及光学的重要著述传入伊斯兰世界之后，约在10—11世纪，海桑更是百尺竿头更进一步，撰写了七卷本的《光学汇编》，对视觉机制以及光的传播方式有了突破性的发现与研究(参见陈方正的《继承与叛逆》，2009年，三联书店，第十章)。对于视觉机制及光学的系统深入研究为经验科学的发展与繁荣奠定了牢固的基础，也极大地促进了经验哲学的繁荣与进步。对感觉机制，尤其是对视觉机制的系统深入精致的研究，也为显微镜、望远镜等光学仪器的制作奠定了学理性的基础。而显微镜、望远镜的诞生极大地促进了天文学等学科的进步与发展。

遗憾的是，我们的传统文化从不重视对感觉机制的研究，而全凭自己的感觉经验来感悟外物。此种情形到了20世纪的40年代有所突破，这就是金岳霖接过了西方哲学知识论的话题，撰写了《知识论》一书率先在国内对感觉及其与外物的关系做了深入系统细致的研究。

金岳霖讨论了感觉经验与外在事物之间可能具有多种关系。他将感觉细分为正觉、幻觉、错觉、野觉等，并且他认为讨论感觉总不免要从正觉出发。他的知识理论的新意在于将感觉内容与外物同一起来。为了达到这一目的，他启用了"所与"这一概念，并且进一步指出，所与就是外物或外物的一部分。这一理念为他自己的知识理论似乎奠定了一个稳固的基础。

我没有仔细做过历史的溯源，不知是哪位知识论家启用"所与"(given)这一概念来指代感觉内容。英语的 given 就是"被给与"的意思。如果用这一概念来指代感觉内容就很容易引导读者形成如下的看法,即我们通过感觉器官所获取的感觉内容是被外物给与的。如果这样的看法能够成立的话,那么认识主体的感觉器官也就是完全被动的。但这样的看法完全是与我们的视觉机制的功能不相吻合的。所以,我认为以感觉材料指称我们的感觉内容似乎要比所与更接近实际的感觉认识。基于上述的看法,金岳霖启用"所与",而不用"感觉材料"来为自己的知识理论奠定基础,似乎不具有太多的新意。

  我在上面曾简单地回顾了历史上西方学者对感觉机制即光学的研究历程。之所以要做这样的回溯,就是想表明,要想真正地研究感觉及其内容就必须明白感觉机制,尤其是要深入系统细致地研究视觉机制,否则对感觉及其内容的分析和研究就不可能得出令人信服的结论。金岳霖虽然对感觉或官觉的分析很是细致,但是我们必须注意到的是,他像中国历史上的思想家和中国现代哲学家们一样,没有科学及其科学史的背景,所以他这样细致的分析也就不可避免地陷入了概念分析的游戏,而并不能够真正有效地解决感觉及其内容与外在事物之间可能具有的关系。需要注意的是,在评价金岳霖所与理论的时候,我们往往没有注意到这样重要的一点,这不能不说是很遗憾的一件事。尽管如此,我们在此也不得不对金岳霖关于感觉及其内容的分析理论和技巧表示由衷的佩服。

  邵明同学2005年考入北京大学哲学系,从我攻读博士学位,2010年毕业。由于他对金岳霖的知识理论表示出了强烈的兴趣,愿意以金岳霖对于所与理论作为自己的博士学位论文的内容。在撰写博士论文期间,邵明表现出了极其强烈而浓厚的学术兴趣,学习认真,阅读广泛,勤于思考,研究态度严谨。在北大学习期间,也曾自费赴美国进修学习一年。在此期间,他收集了大量的关于所与理论研究的英语资料。在此基础上,他极其认真地对比了金岳霖与欧美哲学家在所与理论上的异同,认为金岳霖的所与理论超越了其他知识论诸家,自有一番新意。在他的博士学位论文《金岳霖所与理论研究》答辩期间,答辩委员会对其博士学位论文有着较高的评价。我也比较认同他的博士学位论文。

  当然,学术研究领域内不可能取得完全一致的看法,对同一问题有着不同的看法是很正常的学术现象,尤其是知识理论研究领域更是如此。难怪,后现代主义的哲学家们断然指出,只有认识论才能解决的问题,认识论解决不了。在他们看来,知识理论的研究已经走入绝境。当然,知识理论研究并不完全如后现代主义哲学家们所断言的那样。我的意思是说,对邵明的博士论文可能会有截然不同的看法是完全正常的。他的学位论文所涉及到的一些知识理论研究的问题很是复杂。我有些观点与他很不相同。比如他结尾以"天然之道"为标题来陈述认识主体与经验事物的关系,认为,心灵与外物"这两个之间本来就没有什么隔阂,这两个世界都是无界的,双方完全交融于一起,了然无痕,天然合一"。显然,这样的说法很难令人信服,因为作者拿不出确凿的证据说明这一点。知识论研究不同于形上学的或玄学的一个显著区别就在于,前者特别注重论证,即知识理论的任何论点都必须有清楚的明确的系统的论证。这就要求我们在做知识理论研究的时候要提出足够强的论证。尤须注意的是,这一看法严格说来,并不是金岳霖的,而是作者自己的看法。

邵明的博士论文中如果说还有需要商榷之处,那就是他试图运用所谓的析取法来断然判定正觉、幻觉、错觉之间的区别。这是我很难同意的。因为析取法虽然完全可以用来区别关于正觉、幻觉、错觉的判断或语句,但析取法能否运用来帮助我们搞清楚自己是处在正觉还是幻觉或错觉的境遇之中似乎是有问题的。

虽然,邵明的博士学位论文有上述诸多可商榷之处,但瑕不掩瑜,总的说来,他的博士论文还是有其不少的优点。金岳霖哲学思想研究自上个世纪80年代中期以来,就不断有人研究,但像邵明这样以金岳霖的所与理论为研究对象,并做这样的深入系统分析的博士论文仅此一篇。而且他的博士论文所讨论的所与理论本身有着不少的复杂的理论困难,他的研究也有助于推进对于金岳霖所与理论的研究。

邵明的博士论文即将由北京大学出版社出版,邵明请我为他的书做序,由此写下了我对感觉内容与外物的关系一些粗浅的看法,是为序。

2012 年 10 月 26 日

目 录

前言 …………………………………………………………… 1
第一章　论所与 ……………………………………………… 12
　　第一节　金岳霖的知识论 ……………………………… 12
　　第二节　金岳霖论所与 ………………………………… 38
第二章　事物是怎样的 ……………………………………… 78
　　第一节　现象的解释原则 ……………………………… 78
　　第二节　科学图像 ……………………………………… 95
　　第三节　外物很神秘吗？ ……………………………… 145
　　第四节　事物是怎样的 ………………………………… 171
第三章　论正觉
　　　　——论所与的性质 ………………………………… 177
　　第一节　析取法 ………………………………………… 179
　　第二节　所与是神话吗？ ……………………………… 220
　　第三节　心灵的开放性 ………………………………… 242
第四章　天然之道 …………………………………………… 251
　　第一节　天然之道 ……………………………………… 251
　　第二节　思想的无界性 ………………………………… 256
参考文献 ……………………………………………………… 271
后记 …………………………………………………………… 284

前　言

　　近 20 年是研究金岳霖哲学思想的高峰期。在此之前的专门研究很少，大多只是对金岳霖哲学思想的一般介绍，尤其是集中在两方面：一方面是评述他对现代逻辑的引进和介绍，以及他的逻辑哲学思想；另一方面是对他的本体论思想的介绍和评价。而关于他的认识论思想方面的介绍和评价一直很少。这很可能是由于他的《知识论》一书由于各种原因，直到 1983 年底方才出版的缘故。尽管新中国成立前他也发表了几篇有关认识论方面的文章，但似乎并没有受到人们的重视，如 1928 年 12 月原刊于《哲学评论》第 2 卷第 1 期的《休谟知识论的批评》，和 1936 年 1 月原载于《清华学报》的《论手术论》等等。上世纪 40 年代，他的《知识论》一书中的许多章节，均已陆续发表，其知识论思想可略见端倪。但是，这些文章的影响似乎只是让人们领略到了他那细腻绵密的逻辑分析方法的魅力，而并没有在哲学界产生太大的波澜。这可能和中国当时的哲学状况有关：一方面是传统上就缺乏认识论和逻辑意识，另一方面是当时的中国社会现实更需要的是一种精神上的本体论思想。而金岳霖的认识论方面的思想开始受到人们的高度重视，是在 1983 年他的《知识论》一书出版以后，从冯契在《哲学研究》1985 年 2 期刊登了《金岳霖先生在认识论上的贡献》一文后才勃然兴起的。至 1995 年《哲学研究》杂志为纪念金岳霖百年诞辰而出版了一期专辑《理有固然》，可以说才有了更多的对他认识论思想的研究。

　　对金岳霖哲学思想的研究，在这二十余年间，除了有大量的论文发表外，还有二三十部相关著作出版。其内容涵盖广泛，依其类型大致分为以下几类：

　　（一）传记类的。这主要是记叙金岳霖的生平事迹为主，并兼评其哲学思想的，如 1995 年刘培育主编的《金岳霖的回忆与回忆金岳霖》和 2000 年的《哲意的沉思》,1991年胡伟希所著《金岳霖》,和1993年王中江所著《理性与浪漫:金岳霖的生活及其哲学》等。

（二）章节性的。这是指在一般关于研究中国近现代哲学思想史的著作中,对金岳霖的哲学思想独立成章加以评述的,如北京大学2001年所出《中国现代哲学史》的第十章《金岳霖的哲学思想》(胡军撰),1989年宋志明《中国现代哲学与文化思潮》中的《金岳霖本体论思想述要》等,都是对金岳霖的生平和思想的全面而简明的介绍。

（三）有只对金岳霖某一方面思想进行研究的专著,如对他的本体论、认识论或逻辑思想的研究。这方面的著述比较多,有代表性的如2004年出版的张学立的《金岳霖逻辑哲学思想研究》,1988年胡伟希的《金岳霖与中国实证主义认识论》等。

（四）有研究金岳霖哲学思想的论文集,如1987年中国社会科学院哲学研究所出版的《金岳霖学术思想研究》,1995年《哲学研究》杂志社所出的纪念金岳霖百年诞辰专辑《理有固然》,和2004年刘培育主编的《金岳霖思想研究》(胡军、王中江、诸葛殷同、张家龙、刘培育著)等等。其中的《金岳霖思想研究》是近期全面研究金岳霖哲学思想的论著中水平较高的一部。

（五）有全面研究金岳霖哲学思想的专著,包括他的逻辑、本体论和认识论思想,而且数量不少。这是近十年左右可喜的学术现象。有代表性的如2002年胡军所著《道与真——金岳霖哲学思想研究》,1994年胡伟希所著《金岳霖哲学思想》,1999年乔清举所著《金岳霖新儒家体系研究》,1998年王中江、安继民所著《金岳霖学术思想评传》等等。

就对金岳霖的认识论思想,或者更准确地说,是对他的《知识论》一书的研究情况看,不管是专著还是论文,一般都很少集中在他的所与理论问题上。但是,他们又大都对金岳霖的所与理论有所涉及。因为毕竟所与概念是其知识理论体系的一个基础性概念,是他的知识论的出发点。这样在研究他的知识论时,就很难绕开对所与的介绍和评论。一般而言,胡军和王中江等学者的论述侧重对知识论问题本身的探讨,非常仔细、全面和深刻地比较和剖析了金岳霖与西方哲学家观点上的异同和他的创新或不足之处,其分析锐利而问题意识强烈。胡伟希、杨国荣和宋志明等学者更喜欢把金岳霖的思想放在中国近现代思想史背景下来分析,认为他的思想是受广义的科学主义或实证主义影响下重要的一个环节,其论述有着分外浓厚的历史感。而乔清举有意重新构建和整理金岳霖的整个哲学体系的思路是有趣的,也是十分值得重视的理论举措。毫无疑问,本篇论文正是受益于以上学者的研究,并希望能够进一步提炼金岳霖的认识论思想精华,以丰富和深入我们对他整个哲学思想的理解和把握。

在这其中,《道与真——金岳霖哲学思想研究》一书是值得我们认真看待的。作者对金岳霖知识理论的一般性评价十分中肯和准确,是对金岳霖思想的代表性看法,也完全可以被我们所赞同。这个评价大体要点是:"《知识论》虽也受到了西方哲学和逻辑学的影响,但却主要是金岳霖自己的理论创作";《知识论》"在中国哲学发展史上有着及其重要的地位",因为"可以毫不夸张地说,金岳霖是中国哲学界知识论领域的开拓者","真正填补中国哲学知识论研究领域空白的应是金岳霖的《知识论》。此书在中国哲学史上第一次对什么是知识这一问题给予了一个系统的答案。这一答案表明知识论从此成为中国哲学的一个部门。在这一方面,金岳霖的确有开拓创始的功绩";"金岳霖的知识论使中国哲学突破了原有的讨论范围,引进和介绍了一大批西方哲学讨论的重要哲学题材,其中有许多对于中国哲学来讲都是新的。——当然,金岳霖对这些问题所给予的答案是否正确值得讨论,但有一点是应该肯定的,即他把这些西方哲学的题材引进了中国哲学,并对之作深入的讨论,这就拓宽、丰富了中国传统哲学的内容。而且金岳霖能够运用现代逻辑的分析方法,对知识论的一系列理论问题进行细致的分析、严密的论证、透彻的说明,其思想之细腻、分析之精深。这在中国哲学界是没有过的,这是金岳霖对中国哲学在方法论上的贡献。"大家都知道中国传统文化中一向欠缺逻辑和认识论意识。这方面的观念淡薄往往是被看作存在于中国传统哲学中的一个重要缺陷的。而金岳霖在这方面的特别贡献确实是毫无疑问的。

这些对金岳霖认识论思想的总论性评价,在一般研究者之间似乎没有什么异议,是大家都基本认同的。不过,我们还关心该作者对金岳霖在《知识论》中的具体观点的论述,那是很值得讨论的。例如,该作者认为,"《知识论》一书要解决的核心问题是如何从事中求理"。而这个"知识底理"或

"共相底关联"是需要以《论道》中对"无观的"共相的形而上学思想体系为基础。这里就提出了关于金岳霖的玄学与知识论之间的关系问题,那是非常微妙的。即使是金岳霖本人似乎也并没有很清晰地阐明这个问题,虽然他自己确实也是这么认为的。这一问题很值得专门讨论,不过不是我们这里的任务。

我们更关注的是该作者对金岳霖所与理论的剖析,因为那与我们本篇论文的主题密切相关。而在此也正体现出该书作者的擅长之处,其对知识论问题的分析逻辑上环环相扣,问题层出不穷,既深入而明辨透辟,虽细腻又不失清晰,颇有金岳霖遗风。我们后面也会讨论到,在金岳霖的所与理论中,正觉关系论是核心,这同时也是他的整个知识论或认识论思想的核心。事实上《道与真》的作者很早就意识到金岳霖在这方面理论上的新奇之处。他认为,我们"可以看到金岳霖的知识论的出发方式在知识论史上确有其独特之处。历来的知识论家都只从感觉经验或感觉经验内容出发,而没有从感觉和外物这两者同时出发的,他们都追求知识的绝对确定性或无可怀疑性,而没有人以有效性来构造知识理论体系。就此而论,金岳霖的知识论的出发方式在理论上是一种创新,是一种变革。"不仅如此,该作者还很明确地指出了正觉关系论中所存在的理论问题,尤其对觉的分类问题的复杂性给予了充分的重视,并特别强调了关于感觉内容与外物是两类不同质的东西却又需要同一的困难。他说,"金岳霖的正觉说突破了传统知识论的出发方式的框架,表现了其自身的理论独创性。它包含着很丰富的内容,但是其核心的内容在于它主张感觉内容和外物是同一的。感觉内容和外物是否同一是知识理论中一个最为重要的理论问题之一。这一问题上的立场或态度很大程度上决定着建立在其基础之上的知识论的性质。"这是对金岳霖的正觉关系论的恰当评价。该作者还非常清楚关于错、幻等觉问题的重要性,"因为支持'感觉材料说'的一个最有力的论据,恰恰就是来自于梦觉、幻觉、错觉和野觉"。不过在该作者看来,金岳霖没有能够提供充分的证据来支持他的正觉关系论,尤其是对觉的分类问题,显得比较简单和粗疏。他特别仔细地分析了感觉内容和外物之间的关系,对笛卡儿、洛克、贝克莱、艾耶尔、皮亚杰(Jean Piaget,1896—1980)、罗素和摩尔等等哲学家的相关理论进行了考察,不认为金岳霖的正觉关系论能够经受住知觉怀疑论的攻击,如果要想自圆其说的话,似乎还欠缺许多更有力的论证或说明。这一点我们无疑也是同意的,因为金岳霖在对正觉关系集合论的论证上面确实是很不够严密的。这一方面可能与该问题的复杂性有很大关系,另一方面也很可能是他本人尚未有完全成熟系统的理论来加以解决。因此,我们在后面的讨论也会提出说,对金岳霖的正觉关系论的论证是需要重构的。类似困难又特别表现在他对感觉的各种形式的分类问题上,那也是需要彻底重新梳理的。

更重要的是,《道与真》的作者进一步锐利地指出:"金岳霖所与理论的困难是金岳霖知识理论本身的问题,还是所与理论本身有着不可克服的理论困难呢?从知识理论发展的历史来看,尤其是从现代知识理论的发展趋势来看,似乎应该说,所与理论本身有问题。"经过对石里克(Moritz Schlick,1882—1936)、奎顿(Anthony Quinton)和刘易斯(C. I. Lewis,1883—1964)等人的知识理论的细致考察,该作者认为,不管是卡尔纳普的记录语句,石里克的基本陈述,奎顿的直觉信念、直接意识或实物陈述,还是刘易斯的感觉所与,都难以有效地为知识命题的证实提供恰当的辩护,因为他们都会不可避免地遭遇到逻辑上或事实上的有力反驳,而有些反驳意见是这些所与理论所无法解决的。"我们看到,所与理论碰到了一个基本的困难。所与理论的一个基本观念是,区别所谓日常认识状态的两个方面,即一方面它们可以证实其他的认识状态,另一方面是它们自己需要证实,并进而去竭力发现一个只有前一方面而无后一方面的状态,这一状态即是当下直接的把握或直觉。但是,通过上面的具体分析,我们应该看到,这样的理论基本上说是错误的。"那些知识理论家们之所以要求所与具有这样两方面的认识论角色就是为了能够为经验知识的大厦奠定基础,为经验知识体系建构一个证实的框架。关键的困难正像作者所指出的,"但是问题不在于知识证实能否借助于推论关系在信念之间传递,而在于这样的证实最初是来自哪里的。这样的证实可源自于另外一些更为特殊的经验知识,或源自于先验原则,或来自于知识体系之外的某些因素,或来自于知识体系自身,或源自于其他的方面。"而基础主义认识理论就是对这一来源问题的传统的标准答案。无疑,所与就是起这种认识论作用的基础主义理论之一种。但是它本身究竟是如何能够起到经验证实的作用的,是非常令人困惑的。该作者对此并不看好。因为很明显,"在知识证实过程中起决定作用的不是客观事物本身,而是与客观事物相应的经验或体认。"这意味着物理客体还不能起到最终的知识证实作用,那么,就只能依靠其他的方式来解决证实问题。而一般来说最为典型的方式就是各种形式的感知所与或感觉材料。可是,并非物理客体本身的所与怎么能够在避免循环论证的情况下,提供最终的证实,在该作者看来要想解决是异常困难的。

尽管如此,《道与真》的作者仍然睿智地认识到:"在感觉经验中,感觉器官与被感觉的客体之间并没有任何中介媒体,而是直接接触。被感知的物体直接呈现于认识主体之前,而对于认识主体来说,经验中的物体是被给予的。"那么,在这种情形下,被感知的物体是否能够起到认知证实的作用呢?而且,这种状态似乎就是金岳霖所谓的正觉关系状态。那么,即使事物是被给予的,是否也可以说心灵或意识能够对其有直接的、内在的或客观的把握呢?如果能够的话,那些被给予的物体还会是非概念化的或非命题性的,从而无法提供我们所需要的那种认识论证实吗?所与能够是概念化的或命题性的吗?可是所与这一范畴本身的意思不就是一种非概念性或非命题性的东西吗?我们究竟应该如何理解所与这一范畴呢?这些无疑都是非常复杂的认识论问题,不是轻易能够厘清的。事实上,本篇论文写作的初衷,也正是基于对以上这些认识论问题的思考,希望能够给予一个更进一步的回答。可以说,在《道与真》中作者对金岳霖所与理论所提出的那些知识论问题,就是本篇论文的背景性理论框架。

《理性与浪漫——金岳霖的生活及其哲学》通过描述金岳霖的个人生活历程刻画了他那独特的个性,同时也深入分析了他在形而上学、认识论和逻辑学方面的哲学思想,是一本非常全面介绍和评述金岳霖的著作。作者认为金岳霖的知识论是"接着西方哲学家讲的","但他又不完全满意他们。"于是"他也的确提出了一些惊人的新颖的看法,丰富了知识的解释方式。"①作者强调了金岳霖受到当时"反主观迷执"的实在主义倾向的影响,"旗帜鲜明地提出了知识上的'非唯主方式'",而他是"借助于常识来达到

---

① 王中江,1993年(a),第139页。

的"。① 经过对金岳霖"非唯主的"知识客观性、反对人类中心观、常识观、正觉观的认真讨论,以及对他关于"客观"的概念和内外在关系说的详细分析,最后作者正确地认为:"不管金(岳霖)对知识客观感性基础的论证是否充分或可靠,但有一点可以肯定,他为寻求知识客观性的基础的的确确费了一番苦心。这番苦心在任何时候对追求真实都是必须的,因而只此就得给予表彰。"②

值得我们注意的是,该作者对金岳霖在哲学倾向上表现出来的某种含糊性是很敏锐的,为此曾专文论述③。他通过澄清新老实证主义概念的具体含义,认为金岳霖的形而上学、逻辑学和知识论都不能被称作实证主义,而仍然应该以实在主义为其主要特征的。这提出了关于金岳霖哲学思想的定性问题,确实非常重要。这个问题并不像看起来那么简单,因为在很多地方金岳霖的确都有着与西方哲学家很不同的观点。而且对自己的理论究竟应该冠以什么称号,他一直是很含糊的,没有作什么明确的解释。这一点尤其表现在他的知识论上,他就始终认为各种称号的"不尽妥当"之处。事实上这本身就是一个有趣的现象,说明金岳霖思想中的复杂因素,以至于显得"工具不够用"。对那些哲学上的称号相互之间的差别或它们的狭义、广义的规定,我们虽应讨论,可是倒也不妨暂时搁置一旁。但是对金岳霖哲学思想的本质或基本倾向究竟如何,那却是我们绝不应随意轻视或混淆的。本篇论文在某种意义上似乎也可以说就是对这一问题的思考和解答。而且,恰恰由于我们没有拘泥于某些成见,也没有满足于金岳霖自己的许多犹豫、踌躇甚至含混的说法,致使我们有可能探究出其背后的意蕴或隐匿的精神,最终给出一个新的金岳霖知识理论的形象。

《金岳霖哲学思想》是该领域学术研究的一部力作④。该作者深具洞见地认识到了金岳霖哲学思想的精髓所在,"诚然,作为目光敏锐、思想深邃的哲学家,金岳霖在他的哲学著作中探讨了一系列重要的哲学问题,提出了

---

① 王中江,1993年(a),第145页。
② 同上,第152页。
③ 见王中江,1993年(b);也见1993年(a),第256—266页;或见王中江、安继民,1998年,第110—115页。
④ 见胡伟希,1994年。

不少具有原创性的哲学见解,对于我们求解具体的哲学问题来说,这些无疑会有极大的启发。但我们认为,金岳霖的哲学论著给人以最大启示的,主要还不是求解具体哲学问题的方法与思路,而是蕴藏在这些方法与思路背后的从事哲学创造的原动力——追求哲学的开放性。"①那么,这种"哲学的开放性"是相当于什么说的呢?该作者认为,"所谓哲学的开放性,不仅是对于西方哲学而言,同时也是对于中国传统哲学而言。"又在什么问题我们需要强调哲学的开放性呢?"就提倡哲学的开放性而言,金岳霖的哲学为我们提供了榜样与范式。金岳霖的哲学之所以具有开发性,不仅仅表现在它破除了古今中西二分法之成见,较成功地糅合了中西,还在于他善于从中西哲学史的丰富资料中提炼出普遍意义的哲学素材。"因此,"今天,也许金岳霖提出的一些哲学问题,其新意已经消失,但是,指导他进行哲学研究的基本精神——追求哲学的开放性,却没有过时,也永远不会过时。"②诚如斯言,金岳霖对中西古今的各种哲学观念实际上并没有什么理论上的偏见,也不是非要站在某个立场上来改造其他学说。他完全是基于思想本身的内在要求,基于哲学理论本身的必然性,来看待哲学问题并提出他的哲学主张的。或许,这也正像该作者所言,金岳霖的这种包容一切的精神,才是真正体现了中国传统文明的最高境界。对此观点,本篇论文也是深以为然的,且再接再厉,力图从剖析金岳霖在知识论上的独特创新之处,分析出更多背后的意蕴,以使我们可以对哲学的开放性有一个更深入的理解和把握。

该作者还特别把金岳霖的哲学放在中国近现代思想史上西学东渐或东西方文明交锋交融的大背景下,对之进行了纵横捭阖的比较研究,显示出其浓厚的历史意识。他认为,"几乎与西方实证主义思潮的兴起相对应,中国近代出现了一个颇有声势的实证主义思潮;它由严复肇其端,中经胡适,直至冯友兰、金岳霖,历经半个世纪而不衰。"③许多哲学问题,例如像"感觉经验与外部世界的关系问题,至金岳霖获得一较好的解决。"④而金岳霖也因此成为这一大的思潮之下的新实在论学派的领袖。这一学派也被称为清华

---

① 见胡伟希,第363页。
② 同上,第364—366页。
③ 胡伟希,1988年,第1页。
④ 同上,第50页。

学派,是近现代中国思想界在学术上非常重要但却一直被忽视的一个理论倾向。该作者对其思想脉络和历史演化进行了十分仔细的梳理,认为象征"日神精神"的"新实在论在中国传播的历史,不但是一部西方新实在论在中国发生'歧变'和被'误读'的历史,而且是一部西方新实在论思想在中国不断地被'深加工'和被锤炼的历史。"①这其中,"西方新实在论的中国化过程是从金岳霖开始的,他首先突破了西方新实在论将哲学定义为认识论的传统哲学框架,将哲学的范围延伸至形而上学的领域。"②当然,这主要指的是金岳霖的《论道》一书的贡献。而至于在知识理论上如何突破新实在论的局限,该作者也对金岳霖和美国新实在论的观点进行了非常细致的比较分析,明确地认为"金岳霖关于'正觉'的说法为实在论解决感觉内容与感觉对象的合一问题提供了一条新思路"③。

与该作者类似,另一部著作《从严复到金岳霖——实证论与中国哲学》的作者也性喜作历史的钩沉④。该作者把实证主义作为一种广义的经验主义或科学主义,考察其对中国近现代思想、文化和社会的深远影响。他认为,自从严复最早开始把实证主义思想引入中国以后,经历王国维、胡适、丁文江和王星拱等人的大力提倡和广泛应用,实证主义逐渐被极端化的缺陷暴露无遗。而冯友兰和金岳霖有意识地倾向以中国传统思想加以修正。尤其是金岳霖,"从更广的意义上可以看作是中国近代实证主义思潮的逻辑终结"⑤。就知识论来说,该作者认为,"金岳霖提出了'所与是客观的呈现'这一命题。'所与'即外物在感觉活动中的呈现,它即是感觉的内容,又是感觉的对象。换言之,内(感觉内容)与外(感觉对象)之间并不存在无法逾越的鸿沟,二者统一于所与。这一观点实质上肯定了感觉能够提供客观的实在,从而超越了实证论所坚持的休谟主义传统。"⑥而且,金岳霖"感性

---

① 胡伟希,2002年(a),第162页。
② 同上,第173页。
③ 见胡伟希,2002年(b),第55页。
④ 见杨国荣,1996年。
⑤ 同上,第115页。
⑥ 见杨国荣,第6页。

与理性并重","在某种程度上已开始突破极端的经验主义立场"①。该作者还相当敏锐地指出"正是传统哲学的如上背景,使金岳霖在内在关系与外在关系问题上逸出了新实在论而接近于新黑格尔主义"②。这个观点是很有价值的。因为从各种迹象来看似乎金岳霖早已抛弃了格林(Thomas Hill Green,1836—1882)的新黑格尔主义思想。但是实际上当他在解决罗素和休谟哲学的困境时,他还是有意无意地运用了某些新黑格尔主义的观念。只是这点并不容易被注意到。

这里还有一个关键的问题,那就是,如果金岳霖仅仅是把感觉内容和感觉对象视为是同一的,那么,这样的观点又如何区别于美国的新实在论者呢？因为他们也基本上有着完全相似的主张。该作者对此进行了令人赞叹的精致分析,认为,"新实在论由肯定感觉内容与对象的同一,又进而表现出忽视二者区别的倾向。在他们看来,如果把意识与外物视为两种存在,那便是一种二元论,因而他们常常把感觉内容与对象的一致理解为外物直接进入意识,——在某种意义上将意识现象物理化,或者说,将感觉同化于外物(客体)。——而与新实在论不同,金岳霖提出了'所与是客观的呈现',固然肯定了感觉内容与外物的合一,但这种合一乃是以承认意识与存在的区分为前提的。——较之新实在论将感觉材料等同于存在实体,金岳霖的以上看法无疑已扬弃了意识的物理化。"③如何坚持一种二元的关系,却又可以被构想为无障碍地交融,这已经涉及到金岳霖在其知识理论中所沉思的最精微之处了。

以上我们简略地扫描了一下目前对金岳霖知识理论,尤其是他的所与思想的研究情况。实际上还有其他许多研究作品都是很值得一提的,只是我们不能在此一一介绍了。总而言之,绝大部分研究者对金岳霖在知识论上对中国近现代哲学的贡献都有着高度评价,也对他在知识问题上的独特创见高度赞赏,认为他起码在一定程度上或在一定意义上突破或超越了西方实在论或实证论的局限。只是,金岳霖的突破或超越究竟表现在哪里？

---

① 见杨国荣,第6页。
② 同上,第124页。
③ 同上,第130—131页。

这种突破或超越又是在什么程度上或什么意义上具有理论或现实的价值？突破或超越的背景性支持、内在性动力、方向性选择以及有效性评价究竟是怎样的？等等这些方面的问题可能在学界还存在着许多分歧、争议或模糊之处。而这无疑正是我们应该积极予以研究、梳理和辨明的。本篇论文的写作宗旨不出这一学术框架。探讨金岳霖所与理论的核心思想的内在价值正就是我们的研究目的。

第一章 论 所 与

第一节 金岳霖的知识论

所与,是金岳霖知识理论体系中最为核心的一个基础性范畴。他遵从一般的经验主义的知识论原则,把感官的感知经验当作我们所有知识的唯一来源。而感官经验的所得,就是所与,就是构建他的知识体系的唯一材料。在介绍金岳霖所与理论的具体内容之前,我们有必要先简单介绍他的知识论的大概框架,以理解所与在这一体系中的地位和作用。

金岳霖的整个知识理论体系基本上都包括在他的皇皇巨著《知识论》中。该书一共约七十万字,加上导言有十八章。为简明起见,我们分以下几个部分加以介绍。

一、关于实在主义

在《知识论》的"导言"中,金岳霖认为他的知识论是实在主义的知识论。

道理很简单,他的知识论的对象是关于知识的理的,而知识本身和知识所含之理,在他看来都是现成已有的。这是他的知识论之所以可能,所需要承认的前提性条件。这几乎无疑就是标准的实在论的观念。可是,对于"实在论"或"实在主义"这样的称号,金岳霖却接受的很勉强。他说:

> 如果有人一定要在本知识论上安上主义,我们似乎只能称它为实在主义的知识论。这名词也不妥。这名词表示态度,或方法,或立场,也许还可以;若表示议论或思想,问题就多了。本书对于归纳原则的议论,或对于"事实"的看法,也许就不是实在论者之所能接受的。虽然

如此,实在主义也许最能表示本书底主旨。①

我们应该注意的是,"如果有人"这种说法,当然不是在说他自己。为什么他自己就不能给自己的知识论痛快地定性为"实在主义"的呢?还有,"似乎只能称它为"这种说法,表明一种不得已而为之,或姑且如此的态度。事实上他认为实在主义这名词对他的知识论是"很不妥"的。可是究竟应该如何称呼他的知识论,他并没有给我们一个明确的说法。他也没有去特别发明一个新词来给他的知识论冠名。其原因很可能是,他认为,一方面在现有的哲学名词中没有更合适的能够表示他的思想,另一方面他的思想究竟应该以什么为特征这一点暂时还并不容易说清楚。他只是表明,他接受实在论的倾向和解释方式,并运用在了他的知识论中。然而,既然他的主旨是实在论的,那么为什么他又不能贯彻这一原则呢?而要在关于归纳或事实等问题上去求助于其他的非实在论原则呢?这是我们从他的知识论中碰到的第一个有趣的问题。类似的问题不仅表现在这里,而且在后面的许多地方都会出现。这涉及到金岳霖在该书中究竟阐述出一种什么思想,我们又究竟应该怎么看待和评价金岳霖的知识论的问题,非常重要。

不管是以新瓶还是旧瓶来包装,也不管里面装的是新酒还是老酒,《知识论》仅仅是一个简单的西方知识理论体系的介绍或综合吗?这些问题和我们刚刚提到的关于"实在论"这一称号的问题都有连带关系。表面上看,和西方当时的那些知识理论相比,金岳霖的知识理论体系在整体上确实没有什么特别出格的地方,整个框架上大体是一致的,甚至可以说基本上"落于俗套"。不过,如果我们仔细一点的话,也应该可以看到,在理论的许多关键环节上,他的思想和西方当时的那些知识论家都很不同,有些观念比较而言甚至是很奇特的。而正是这些"奇特之处"引起了我们的注意。这主要表现在两个方面:首先,我们说过,金岳霖没有另外刻意地去构造新词,而完全是用的西方哲学中的常用概念和范畴,但是他对某些概念和范畴的内涵却做了许多极不寻常的规定。比如像正觉关系、所与、意念或事实等等。其次,他对知识论中的一些个别理论,如所与理论、意念理论、归纳理论和真

---

① 金岳霖,2000(a),第18页。

理论等等,也体现出非常与众不同的思想,既不仅仅是实在论的,也不是非实在论或反实在论的;既不是彻底经验论的,也不是唯理论的;既不是完全基础论的,也不是融贯论的;既不是纯粹外在关系论的,也不是纯粹内在关系论的;既不是绝对自然主义的,也不单单是心灵主义的;等等。这说明金岳霖对这些知识论问题的思考异于常人。如果我们应用西方哲学中的一般评估方式和标准,来衡量金岳霖的知识理论,似乎很不恰当,难免削足适履,误解他的思想,起码很可能无法准确地把握他在其中所体现出的理论精髓。我们需要新的观念、新的方式和新的角度来理解和阐释金岳霖的知识论。而这是否可能,则依赖于他的那些特别的想法究竟是怎样的。所以我们在介绍金岳霖知识论的整体框架时,也将着重指出他的那些与众不同的规定或论述,及其中可能存在的理论问题。就像我们上面所提到的,他对"实在主义"这一称号接受的很勉强这一点,就需要我们特别的注意。然而他究竟为什么勉强,这背后究竟有些什么思考,这只有留待后面才能慢慢揭示。

二、真

金岳霖认为,知识论就是研究真之所以为真[①]的道理。真是科学知识的标准,是各种科学门类所遵循的根本规范和追求的最终目标。不真的知识似乎是没有的,因为那还能叫知识吗?而知识论,既然是研究知识问题的,自然其首要任务就应该是对经验知识所依据的这个根本原则加以审视和探究。

那么,究竟什么是真呢?什么知识才算是真的呢?这需要对真这一概念有一个确切的认识。就我们的日常生活中的使用上来说,真的问题很简单,一般不会引起人们的注意。所谓真的,似乎就指我们对那些在日常经验中所确实感受到的实际情况作出了正相符合的判断,或者说是我们的某些经验信念和实际的状况相一致。不过,一当我们开始认真、严格地对待真这一概念时,它的复杂性就暴露了出来。从近代经验论开始探究经验知识的

[①] 单单说"真",可能不太适合汉语的习惯用法,用"真理"一词似乎更通顺。不过在知识论上或逻辑上来说,"真理"一词包含特殊意义,远不如"真"更恰当和准确。只是我们在一般泛指的意义上的时候,也可以使用"真理"一词而不至于引起误解。

本性以来,真的确切含义逐渐变得竟意外地模糊,哲学家们为此争论不休,产生了浩如烟海的哲学文献,而且还导致一些令人意想不到的结果。

金岳霖总结了当时在知识论的真理问题上的各种流派,认为除了传统的符合论以外,另外主要还有三种:融洽说,有效说和一致说。融洽说强调一个理论的所有部分应该在经验上是融洽的,而且这种融洽要求是完整的甚至全体的。一个命题单独是谈不上真的,它的真依赖于它和真理全体的融洽。有效说注重实验,要求命题能够在经验中满足人们的各种目的或期待,要求命题作为工具的有用和预测的功能。一致说是指信念或命题之间的相互一致,尤其是逻辑上的一致。这三种理论可以说都是基于对传统的亚里士多德式的符合说的不满而发展出来的。金岳霖认为它们虽有各自的优点,却都不足以作为真这一概念的本质含义,而且它们实际上无形中也承认了符合说。在他看来,尽管传统的照相式的符合完全不尽如人意,可是真也仍然只能是符合的真,这是真的定义。真的命题必然符合实际的理,符合事实。融洽、有效和一致,可以成为衡量命题的真的标准,却和符合不是平行或对等的。符合是真的本质含义,而命题是否和事实相符合,就可以应用融洽、有效和一致这三个标准加以评估。一个命题的融洽、有效或一致,有时间和地点的差异,有主体感受的差异,但可以超时空化,亦即后来居上。这导致我们可以不断得到一条一条的真的命题。虽然作为概念或意念底总结构的真理得不到,但这并不影响经验知识的逐步获得。只要经验继续,真命题总会继续发现,知识就总有进步。

非常令人难以置信!他居然把这四种知识的真理论有机地融为一炉。他究竟是怎么做到的呢?要理解金岳霖对真概念的独特处理方式,关键在于要弄清他是如何避免传统符合论所带来的"鸿沟"问题的。

传统上的符合论者也是把真看成是命题和事实之间的符合。但是他们心目中的"符合"往往是简单的照相式的符合,而这是很成问题的。因为,一方面两个关系项要有完全的图像上的符合,是很困难的,大多数情况下它们只是有着各种各样的相应关系。另一方面,照相式的符合意味着这两个项处于完全不同的内、外世界之中。正是这种符合观造成了近代认识论中所公认的"鸿沟"困境。金岳霖说:

> 好些人把符合说撇开,因为他们认为命题与事实有渡不过去的鸿

沟;命题在我,事实在客;命题在内,事实在外。所谓"我内客外",当然有问题。但是我们现在不必提出。大致说来,用得着符合说的时候,事实一定在外在客,如果它不在客在外,我们用不着符合说;假如命题与事实同在我在内,则二者底关系是二者底融洽或二者底一致,根本无须乎符合。事实既非在客在外不可,符合说似乎不可能。如果事实在客在外,我们怎么知道它与命题符合与否呢?如果我们知道它,它又已经在内。真要坚持事实在外,则命题与事实之间有鸿沟一道,命题过不去,事实过不来,而我们老在命题这一岸。这样的符合根本没有实际的意义。①

所谓的内、外或我、客之分,是指认识主体的内在世界和外部的客体世界。一般来说,这两者当然有本质上的不同。认识主体内的是思想、意识、情感、意志、愿望等等,其内容的表达有各种方式,而知识性的内容就是主要以命题或陈述的形式。外部世界充满了事物或事实,要么是石头、树木,日月星辰、风雨雷电等等,要么是天下雨了,海地地震了,谷哥准备撤离中国了等等的各种事情。要把那样的命题和这些具体的事实加以比较,在认识论上向来是个很大的问题。

那么,这种鸿沟是怎么产生的呢?在金岳霖看来,这个认识论的困境是由这些符合论者所持有的背景理论所带来的。换句话说就是,这个困境是随附理论的。这种身怀"毒瘤"的理论,金岳霖认为就是近代以来西方思想界所流行的唯主学说。唯主学说就是以唯主方式出发而建立的知识论,而唯主方式就是指仅仅从主观的或此时此地的官觉现象出发的一种知识论立场或原则。这种理论认为,我们在经验中首先最为确定的是一种主观表象,即此时此地的感官感觉。这种表象是对外部周围世界的可能真实也可能错误的反映或印象,我们仅仅从中才可以了解和认识外部的事物。无疑,这是从笛卡儿和洛克以来西方的主流认识论思想。我们现在对其所带来的认识论困境已有了解。但是在上个世纪三、四十年代,金岳霖就已经认识到这一点,还是很不容易的。因为西方哲学界对笛卡儿理论的类似的深

---

① 金岳霖,2000(a),第912—913。

刻反思似乎都是在二战之后，代表性的如晚期维特根斯坦（2002）和赖尔（2005）等。然而金岳霖的真正难能可贵之处是，他不仅揭示出西方近代以来哲学主流（这既包括经验论，也包括唯理论，还包括当代的实证主义及新实在论）的局限和困境，而且还以完全不同的思想加以了改造。这个不同的思想究竟是怎样的，我们需要逐步梳理，现在我们仅仅先了解他对这些具体的知识论问题的独特处理和观点。

金岳霖认为如果我们抛掉这样的唯主学说，那么也就没有什么鸿沟存在了。而我们有什么必然的理由一定要持有那样的学说呢？他有完全不同的思想和理论，因此也当然不必再持有这种贻害无穷的唯主学说。从他的角度看，根本没什么鸿沟，因为他对"事实"这一概念有了全新的解释。这一解释使得命题和事实之间的关系处在一个与以往全然不同的框架中，即两者都在经验当中。因此，一方面，尽管它们还有异质的特征，但这已不影响它们可以被恰当地加以比较，可以有符合或不符合的认识论关系了。另一方面，尽管这两者都处于经验当中，却并不意味着符合说用不着，而只能应用融洽或一致的方法，因为它们毕竟性质上还是不同的两种东西。他解释说：

> 这就是说，命题和事实虽同在经验中，然而我们不能因为它们同在经验中遂抹杀它们彼此底分别。照本书的说法，命题与事实底关系非常之密切，就特殊的命题说，发现一特殊的命题之为真也就发现一件事实。发现一事实也就是发现了一真的特殊命题。关系虽如此密切，然而命题与事实底分别仍不能抹杀。既然如此，符合说依然用得着。符合是"真"的所谓，不只是表示真底工具或标准而已。……总而言之，即令命题与事实间没有鸿沟，符合说依然用得着。有鸿沟，符合说的确不可能；无鸿沟，符合并不就用不着。①

因为符合就是真的定义，是真的本质内涵。只有通过两个异质的关系项之间的符合，我们才能理解真。没有符合，真本身几乎是无法理解的。一个命题本身有什么真不真的呢？真一定是一种关系性质，而不是单单命题

---

① 金岳霖，2000（a），第914—915页。

或事实本身的性质。也不是命题之间或事实之间的关系性质,因为那只是在同质物之间的一致或融洽的关系。这样的关系不是内在关系论所说的关系,因为那样一来就没有了经验内的客观的事实了,而客观的事实就必然处于经验之外了,从而又使鸿沟成为不可避免。金岳霖的事实当然是客观的事实,却是在经验之内的。因此它和命题既是异质的,又同在经验之内而可以两相加以比较。所以,符合说用得着,而鸿沟却未必一定会有。

这样的符合当然不是传统所说的那种照相式的简单的符合,而有着复杂的多样性。例如,普遍的真命题相应的是固然的理,即可以和固然的理之下的事实直接符合,也可以和固然的理间接的一致。特殊的真命题和它所断定的特殊事实符合。真的历史总结和一限于时间或地点的普通情形相符合。符合的情形既然如此复杂,因此我们对各种符合情况的了解和认识就是经验的,有条件受限制的,因此需要应用各种不同的标准以获得真的命题,如融洽、有效或一致。这就是真的三个标准的作用所在,尽管所得到的真是确定的,真命题是没有时间性的,客观的,独立的,超越的。这其中并不矛盾,因为在金岳霖看来符合与这三者并不是平行的关系,而有着层次上的本质差异,但却又能在我们得到一条一条的真命题过程中各有其用,缺一不可。

对金岳霖的真理论究竟应该如何评价,不是这里的任务,我们不做过多讨论。不过应该指出的是,真这一概念是几乎伴随人类文明以来的最为常用的一个规范性概念,成为人们日常生活中的一个不可或缺又方便有效的观念,因此对它的理解和解释似乎不应该完全有悖于人们的日常用法,否则就不妨另外构造一个概念了。在这一意义上保持常识的健康意识是有必要的,这可以使任何哲学起码不至于显得过于突兀,或者说完全脱离生活。这是金岳霖所一直强调的,应该说是一种恰当的倾向。"哲学家既不能完全放弃常识,他也不能放弃常识中所承认的知识。他的确可以利用科学知识来修改一部分常识中的知识,但是他决逃不了要承认,所谓科学知识底最原始的基础,就是另一部分的常识中的知识。这就是说,修改常识底最后根据依然是常识。"[①]当然,常识尽管需要被尊重,却不能成为我们持有一个理论

---

① 金岳霖,2000(a),第896页。

的充分理由。当我们有充分的理由认为常识的观念有问题的时候,我们可以修改常识,例如虽然我们日常可以说太阳每天从东边升起,但我们也知道是地球围绕太阳旋转而不是相反。但是,修改常识观念往往是非常困难的,需要非常充分的理由。因此一般说来,我们应该从常识观念出发,直到它不能满足我们的经验,或意识到它很可能是在误导我们为止,再回过头来反思常识的观念。这正是金岳霖的知识理论所力主遵从的原则。这不能说是对哲学探求的一种有害限制,而不妨说是一种谨慎和淡定的态度。一般性地遵从常识并不意味着把常识当作教条,看成绝对正确的,而不过是给出一个较为中立的出发点或开端而已。它的宗旨恰恰是在于严格审视究竟有什么原则应该是我们可以持有和遵从的。

正是出于这种谨慎态度,金岳霖认为他没有看到有彻底抛弃掉符合论的必要,当然更没有必要质疑真这一范畴本身的权威性(这样的问题还没有进入他的视野)。他认为经过改进的符合论,辅之以三个真的标准的工具,即融洽、有效和一致,可以对知识的证实问题给出一个满意的答案。当然,金岳霖的真理论是否正确和成功,我们还需要进一步考察,因为单单通过对符合论的改造,尚不足以说明这点,还要看他对"事实"这一范畴的改造是否恰当。

从我们上面的简单介绍可以看到,他揭示了传统符合论所存在的认识论鸿沟其根源在于近代以来的唯主学说。也就是说,正是近代以来的唯主学说结合以古希腊亚里士多德式的传统的符合论,导致出现一条不可跨越的认识论鸿沟。虽然传统符合论本身有一定的毛病,但是更主要的问题却是唯主学说。唯主学说在开拓了人的内心世界这样一个广阔领域的同时,也使主、客体之间出现难以弥合的内、外之分,由此造成认识上的困境,即思想与实在的关系出现断裂,命题与事实不可比较。但是在金岳霖看来,当代那些哲学家由此抛弃符合论而提倡融洽说、有效说或一致说等等,是错误的,应该抛弃的是唯主学说而不是符合论。没有符合,真变得无法理解;而没有唯主学说,鸿沟可以销声匿迹。那么,这一切又是怎么做到的呢?如何抛掉唯主学说,而又保留符合论呢?关键的就是,我们需要重新理解"事实"这一概念。根据金岳霖,事实并不处于经验之外而不可被我们得到,它就在经验之内,与命题一样,因此这两者之间没有鸿沟;然而事实又不因为在经验之内就成为主观的而不是客观的了,也不因此就变成和命题一样的东西,从而使符合不再有必要了。可是,这样的"事实"是怎么可能的呢?

三、事实

金岳霖认为,事实就是以意念去接受了的所与。就它是所与来说,它是在主体之外的;就它又是以意念去接受这一点来说,它又是在主体之内的。"事实是一种混合物,它是意念与所与的混合物。我们既可以说它是套上意念的所与,也可以说是填入所与的意念。"①事实的这一特征使它在真理论中起了一个独特的认识论作用。正是以此,金岳霖使传统的符合论得以重生。

可是,这是一种什么样的"事实"呢?这和我们日常所说的事实似乎大不相同。当人们平常说到"那是事实"的时候,往往是指一种人们所不能随意左右的客观发生的事情,是既往发生或正在发生的事情。即使有人可以说"你可以改变目前的局面"之类的话,可那不过意思是说,你可以改变目前所发生事情在未来可能发展的趋向,而不是说你可以改变已经发生的事情。那似乎完全不是在主体之内的事情,怎么能说事实也是一种意念呢?如果这样的话,事实不就是我们主体意识的构造物了吗?那么这和贝克莱所认为的"存在就是被感觉"的观点如何区别呢?还能如何理解金岳霖所说的,事实就是意念去接受所与的结果,其本身也是在主体之内的呢?表面上看,这两种观点确实很类似,而且二人也都同样认为自己是从常识的、经验的角度出发所做的推论。金岳霖认为没有我们所不知道的事实,所有的事实都在我们的主体之内。说我们不知道的事实,在逻辑上就是自相矛盾的,因为他的事实概念本身已说明它处于我们的经验之内了。这和贝克莱对"物质"概念的批判基本一样,即没有什么我们所不知道的物质,说有人类不可能感知到的物质这种说法也是自相矛盾的。如果认为我们所认识的对象只能是感知表象或观念,像笛卡儿、洛克和贝克莱所主张的那样,那么上述的观点几乎没什么问题(虽然包含了一点点陷阱)。但是,金岳霖的事实概念却似乎远没有那么简单。

---

① 金岳霖,2000(a),第741页。

一方面,当金岳霖说没有不知道的事实时,他是从知识类来说的。"从一知识类着想,当然没有一知识类所不知道而又同时承认其为事实的事实。所谓一知识类不知道是该类中没有一个知识者知道;所谓一知识类知道是说该类中至少有一知识者知道。"①如果该知识类中没有任何知识者知道,也就意味着这个事实根本不在该知识类的知识经验中,不是相对于该知识类的所与。我们常说的不知道这这那那等等,不过是某些人不知道,或某些分门别类的知识不为一般人所知而已。这不等于人类所有人都不知道。所以说既然是事实的话,那就说明已经成为人们的经验,已经有所呈现或所与,而要再说没有人知道这个事实,可以说这句话本身从逻辑上来说是矛盾的。

另一方面,金岳霖的事实概念具有两面性。它既是所与,也是意念。因此事实既具有所与的外在性的客观的一面,又具有意念接受和安排所与的内在性的一面。他说:

> 事实虽是所与,然而它不只是所与;事实虽有意念,然而不就是意念。它是以意念去接受了的所与。一方面它是既有所与底秩序,也有意念的秩序。另一方面,它既有所与底硬性,也有意念底硬性。除了从这两方面着想外,事实之有硬性,是大多数人所承认的。事实是我们拿了没有办法的。事实是没有法子更改的。所谓修改现实,只是将来与现在或已往异趣而已。②

所谓的硬性,是对其客观性的形象说法。所与的硬性,是指事物的呈现不能被我们所随意掌握,甚至有时还不能随意地取舍。而只能逆来顺受,即对于出乎意外的所与,也只好顺其自然地接受。而且更重要的是,根据金岳霖的观点,所与并不属于官觉者。所与是官觉关系中的一个关系项,因此它不是这关系本身,也不是官觉者之所有。它有官觉之外的内容,所以谈不上说所与的存在就是其被官觉。这和贝克莱的观点就有了本质的差别,即我们所能认识的不仅仅是官觉之内的观念或表象,我们可以通过所与而能达

---

① 金岳霖,2000(a),第771页。
② 同上,第784页。

于官觉之外,而不至于被封闭于主观感觉内部的世界了。这是特别需要注意的一点,我们后面还会着重讨论。意念的硬性,是说意念既然已经形成,我们就不能轻易地改变它,而只能舍此取彼,或舍彼取此而已。比如你可以不用"东"来表示那个方向,但是无论以什么词来表示,去标示那个方向的意念是一定的。

这样一看,金岳霖的事实概念和我们的日常所使用的事实概念没有什么冲突。它也是客观的,我们所无法改变的,是既往的或正在发生的,等等。这和我们的常识观念没什么差别。只是,相较而言,它还有更多的规定性。那就是它是在经验之内的,是意念对所与的接受和安排的结果,是概念化了的。这样一来,一方面,事实和命题的比较没有了任何困难,因为两者都在经验之内。而另一方面,事实和命题之间有比较的必要,即需要看它们是否两相符合。因为它们还是不同的两类东西,有待验证的命题是完全没有事实所具有的所与的那种硬性的。如果我们把事实的这种两面性分别称为外在性和内在性的话,那么,我们可以说,事实因其内在性而可以合法地与命题加以比较,又因其外在性而有比较的必要。由此我们看到,符合论关于真的鸿沟问题就不存在了。金岳霖正是以重新规定事实这一概念来消解传统认识论困境的。

事实具有不受我们影响的那种客观性,也即硬性,正像金岳霖所说,是我们大多数人都承认的。没有这种硬性,那还能叫事实吗?那不是人人都可以按自己喜欢的方式编织各种事实了吗?因此事实具有那种外在性是无疑的。可是,事实果真也具有这种内在性吗?也就是说,它确实是意念对所与的整理和安排的结果吗?我们在提到,甚至只是想到一件事实时,它就已经是意念作用的结果了吗?在金岳霖看来这是无疑的,事实正是意念运用时间和空间,用性质、关系、东西、事体、变、动,用因果关系、度量标准等等这些工具,对所与的整理和安排。尤其是时间和空间的框架是首要的,所与一来,意念首先就把它置于时空的意念联结的网络中。因此事实都是特殊的,具体的和个别的,而没有普遍的事实。也就是说,尽管事实是已经概念化的,却不是普遍的,因为事实都在具体的时、空当中。它是特殊的真命题所肯定的。事实又因为有了意念对所与的整理而有秩序,不是杂乱无章的,它一定处于一个秩序的图案中。

这里的问题有很多,但我们不能细究。我们仅仅关注这其中的要点,那就是,这样的事实就是由知识的对象构成知识的普遍命题可以在这样的特殊的事实身上得到验证,因为事实本身有秩序,是概念化了的。然而事实之具有这些特征或规定,不是其本身自足的,而是意念所赋予的。这样的事实之所以有可能,之所以能进入我们的视野,成为我们的经验,进而成为知识的对象和根据,全在于意念对所与的作用。因此,仔细地了解金岳霖的意念这一范畴的内涵就有十分的必要。

四、意念

那么,什么是意念呢?意念就是思议的内容,是相对于想象的内容——意象而言的。要作这两者的区分首先要先区分思和想。思想是心灵的功能。尽管心灵的功能还不止这个,但在知识论来说主要关注的就是思想这一功能。思即思议,而想就是想象。想象的内容是像,是具体的、个体的和特殊的;而思议的内容是意念或概念,是普遍的和抽象的对象。这样的区分是心思细腻的金岳霖的得意之作。它一方面有助于条分缕析地把其复杂的意思阐述清楚,另一方面又有理论上特殊妙用。

金岳霖在书中不断强调说,他的知识论的宗旨是以得自所与者还治所与,或以经验之所得还治经验,而处于这中间发挥枢纽作用的就是意念。意念就是从知识的材料所与中抽象而得到的,然后形成事实及命题,得到新的知识之后再以之整理和安排新的所与。因此意念论可以说在他的知识理论中占据了核心的地位。他说:

> 所谓经验,实在是以得自所与者还治所与。这一点非常之重要。得自所与者,就是从所与中,利用抽象这一工具,而得的意念或意念上的安排。能有所得,当然要有别的工具,例如记忆、习惯,……等等,但是所得即意念或意念上的安排。还治当然也有工具,但是,在知识上的还治,最重要的工具仍是意念。所谓经验,换句话说,就是得到意念。真正地有知识上的经验,也就是真正地有意念。所谓真正地有意念,就是得自所与,与还治所与。这就是从所与有所得而又能还治所与。无

所得固然不能还治,而不能还治也就的确没有所得。①

意念的这种双重作用也可以叫做摹状和规律。"所谓摹状,是把所与之所呈现,符号化地安排于意念图案中,使此所呈现的得以保存或传达。"② 而"所谓规律,是以意念上的安排,去等候或接受新的所与。"③当所与或呈现源源而来时,我们如果对它们只有意象,即想象出一种类似具体的特殊的图像,而不抽象以形成概念化的结果的话,那么就无法形成一种事实或命题或陈述而把它们传达给他人或保存。这是所谓符号化的必要,而符号化等于把它们纳入于已有的概念图案中,这使经验知识成为可能。经验知识越多,也就是恰当的有用的意念也越多,就可以更好、更容易地接受和整理新来的所与,以得到更多的知识、丰富我们的经验和改善我们的生活。摹状和规律同时发生,同时作用的,谈不上哪儿一个先,哪儿一个后的问题。"就意念本身说,就是摹状与规律并重。意念不摹状,则与所与脱节,不规律,则不能还治所与。意念本来就是二者合一的,本来就是得自所与而又能还治所与的。意念的妙用,就是它底摹状与规律合一,不然的话,意念不能有它底妙用。"④意念的这种摹状和规律的作用,正在于把所与这种知识的原始材料转化成知识的直接对象——事实。没有意念的作用,我们面对源源而来的所与,一筹莫展,只能瞠目以对。就像一只瞪着眼睛的青蛙,只有本能的反映,而没有经验的自觉意识。外部刺激尽管汹涌地进入,而内部的输出却意外地贫乏。

那么,意念怎么会具有这样神奇的能力呢?或者说,思议或思想是怎么做到这点的呢?这也是在问,心灵或理智的这种功能本质上究竟是什么呢?思想的功能自然不是来自于所与,不是来自于外部世界的某种刺激,而纯粹是心灵或理智本身的一种主动性。那么这种主动性究竟是什么呢?它在自然中究竟意味着什么地位呢?无疑,它使人区别于动物,区别于世间其他的一切。可是这种区别究竟到什么程度,那是很令人倍感疑惑的。因为这似

---

① 金岳霖,2000(a),第384—385页。
② 同上,第356页。
③ 同上,第364页。
④ 同上,第385页。

乎使人有了一种独特的地位,从而出现一个不那么寻常的人与自然的关系问题。而对这个问题的思考和争议,贯穿了整个哲学史,也甚至贯穿了人类的整个文明史。这是一个真正的哲学问题。当然,科学也在一直研究心脑的功能,比如像经验心理学、神经生理学、认知科学和生物学等等。他们的研究当然是我们搞清这个问题的很好的途径,也一定会对我们恰当地解释和理解这个问题有很大帮助。然而,事情似乎还并不那么简单。这个问题所包含的意思远远超过一般人的想象,它绝不仅仅是自然科学的实验研究所能解决的。因为,最起码的,我们可以说,这个问题还有一种意思似乎是在问:正是像自然科学的研究那样的经验活动本身,怎么会使我们对一个现象有理解和认识的?或者说,它所问的好像是,这种经验科学知识本身是怎么可能的?因为,经验知识本身就正是意念作用的结果,是意念整理感知经验材料之后所得到的。那么,如果我们要追问意念的本质,再以意念的结果来说明是可能的吗?这是一个复杂的哲学问题,有无数的解释方式,看来不仅仅和科学相关。

  对这种意念的根源问题,金岳霖并没有直接去谈。他认为由于哲学史长期以来对心这一概念的争论使得这个问题过于繁杂了,所以还是避开的好。"一大部分哲学上的笔墨官司,是为心字或物字而打的。这个字在哲学上重要,在知识论上似乎更重要。"[①]虽然更重要,他却不谈心,而只谈心的其中之一的功能,就是思想。"本书仍以不谈心为原则,要谈思想能力的时候,我们只谈思想能力。心字无论如何用法,误会底机会总比较多。"[②]可是,不直接谈并不意味着他也不间接地谈,不意味着他完全不理会这个问题。事实上这个问题几乎是知识论所无法回避的。他无论探讨其中的什么问题,恐怕都要以对这样一个问题的思考为背景,几乎都是在对这一问题的思考之后所采纳的方案和解释。"本书虽不讨论'心',然而觉得心字是有用的字,颇不愿意把它底意义加广加淡使它等于包罗万象的宇宙,而因此而失去用处"。[③]那么,金岳霖对这个问题的看法究竟是什么呢?蕴含在他对

---

① 金岳霖,2000(a),第286页。
② 同上,第294页。
③ 同上,第340页。

一般知识论问题的探讨背后的思考究竟是怎样的呢？他的"不愿意"究竟是什么意思呢？这正是我们所关心的，不过这只有到最后我们才能体察出一点来。所以在这里我们只能提出这个问题，还不能做过多的讨论。

五、抽象

意念有摹状和规律的妙用，实际上就是指它具有的抽象能力。这种能力是把具体的、特殊的、个别的意象转换成某种普遍的、抽象的东西，即意念或概念。抽象的不是具体的像，不占时空。虽然抽自某个具体的东西，却不随其改变而改变，不随其消失而消失。用金岳霖使用的形象说法就是，"抽象是以所执的一去范多，以所执的型去范实"。他说：

> 意象是意象者之所私，意念不是意念者之所私。我们还是回到原来所执的一。原来所执的一由意象跳到意念，抽象的程序才能算是达到主要点。这一跳是由类似具体的跳到完全抽象的。在这一跳之后，所执的一已经成为思议的内容。经过这一跳之后，原来的类似具体的意象成为意念底定义，而原来所执的一已经过渡到抽象底意念领域范围之内。①

所执的一（普遍的概念）抽象化后就可以规范感性杂多了，所执的型（普遍的范畴）抽象化后就能够规范现象事实。抽象是收容和应付所与的主要工具，其重要性不言而喻。因为没有这些抽象的概念或范畴，"不但语言不可能，意念不可能，知识也不可能。只有官能而无抽象能力，不但共同知识不可能，即亲知也不可能。官觉者总要能够超出他一时一地底官觉底所得，不狃于特殊的与具体的，他才能有知识。具体的底重要在增加亲切成分，综合成分，图案成分，而抽象的底重要在化官觉之所得的所与为知识"。② 我们语言中使用的概念和连结词，无须说自然都是普遍的，不随一时一地的状况而变化，总能在不同时间不同地点得到各种方式的应用。那么，这些普遍的概念所表示的意念究竟是什么性质，历来是大有争论的。很

---

① 金岳霖，2000(a)，第230页。
② 同上，第228页。

多人就反对"抽象观念"一说。对此,金岳霖评论说:

> 反对抽象意念的人大都是以意念为意象,以意念为像,它当然不能抽象,因此他们也不能不反对抽象的意念。反对抽象的意念本身没有什么要紧,可是,如果我们意识到,在此情形下没有知识底可能,没有科学底可能,也没有哲学的可能,否认抽象意念的哲学,就说不通了。①

他所直接针对的无疑是休谟和贝克莱。贝克莱反对洛克的抽象学说,认为"研究精神事物的那些科学所以特别的复杂而晦涩,抽象观念的学说,实在是致误的最大原因"。② 而这一点居然被休谟当成是"近年来学术界中最伟大、最有价值的发现之一"③,并作为他的《人性论》考察人的心灵或理智所奉行的最重要原则。正是因为不承认抽象观念,休谟就找不到在具体的、特殊的、个别的印象与普遍的概念这两者之间的任何必然联结,从而无法承认在现象对象的内部关系中有什么必然的秩序。在他看来,普遍概念的作用不过是可以帮助我们在心灵中"唤起"那些类似的具体事例,而我们所以为的在这些具体事例之间的联结秩序,不过是我们自己"习惯"于这么去刻画现象而言。休谟的办法在康德眼里实在是过于短视了,囿于对抽象观念的偏见,而完全没有看到概念的范畴作用正是心灵或理智的纯粹主动性能力的发挥,是人的一种先验能力对感性杂多的编织以得到现象的秩序。能以先天的概念和范畴去规范表象的,就是康德所发现"我思"的那种统觉作用。在这一点上金岳霖同意康德的办法,思想的抽象能力就具有这种特别的主动性,完全可以用所执的一去范多,以所执的型去范实,即规范能力。

但是在另一方面,金岳霖却和康德走在了相反的路上,那就是,康德的概念和范畴是先天的,是心灵或理智自己设定的规范,与经验内容没有什么关系,即它们不是从经验中来的,而是纯粹理性的创造,是使经验成为可能的先验条件。金岳霖的概念或意念却与此相反,都来自于经验本身,是思想抽象自感知所与的结果。这就是他所谓的"以经验之所得还治经验"的意思。也正是在这种意义上,他认为自己的知识论是"经验与理性并重"。那

---

① 金岳霖,2000(a),第334—335页。
② 贝克莱,1973年,第87页。
③ 休谟,1996年,第29页。

么,为什么要二者并重呢?或者说为什么概念或意念一定要来自经验所与,而不能像康德的那样来自于理性的先天构造呢?他说:

> 如果我们从理性派底主张,我们可以说,我们无所得也能应付所与,因为我们有先天的范畴。如果我们从纯官能(即经验所与)说,我们也可说,我们无所得仍能应付所与,因为我们有本能的反应。可是这都是两极端的说法,这无非是把应付两字底意义改变。前一说法实在是把应付视为纯理意念底控制所与,后一说法,实在是把应付视为随自然而生存着的应付。其实纯理意念不能应付所与,而随自然而生存不是有意识地应付所与。无论如何照我们底说法,非有经验不可。无经验,不但无官觉而且纯理意念也不能控制所与。①

照休谟的办法,我们是遵从我们的自然倾向而习惯性地以普遍概念作为一种符号来理解事物现象,那是一种对外部刺激的本能的生理反应,这足够我们对自然的应付和共存了,事实上,我们一直就是这么生活的。而照康德的办法,"我思"的先天理性能力可以自足地构思概念范畴,以此规范和整理毫无秩序、杂乱无章的感性杂多从而形成了经验。因此事物现象之间的联结是必然的,且可以为我们所必然地认识,因为那正是我们自己所放进自然中去的。这两种理论在金岳霖看来走向了两个极端,都不能合理地解释普遍知识所具有的必然性和客观性。休谟固然不承认有这种必然性和客观性,可是康德却被哥白尼式的革命所迷惑,在相反的方向上走得太远。按康德的方式,那些先验范畴果真能应付所与吗?所与真的只是杂乱无章的、光溜溜的毫无秩序的吗?如此则事物现象就完全是理性的产物,是我们自己的构造物,而这无论如何都是荒谬的,过于违反常识。因为,要说我们周围的所有事物和自然宇宙的一切都是人的理性编织的结果,那只能有两种情况,其一,事物的面貌只能是照理性所构建的样子,也就是说,这是必然的事物状况。可是,这对其他任何生物或有知性可能的东西来说,也是必然的吗?那是不可能的,我们的自然不可能也就是他们的自然,因为他们不可能也完全同我们一样持有这种感知和理解的模式。我们这样做不过是以人类

---

① 金岳霖,2000(a),第244页。

的方式为榜样,当成自然的唯一可能而已。这无疑是一种自大的心理。其二,如果这样的自然不是必然的状况,那么就只能说,尽管是偶然的,它却恰好是这样的。无疑,这需要自然给我们帮忙,而且是很大的一个忙。可这不是自然所能做到的,因为这个推论的前提就是说它本身没有这种类似心灵或理智的主动性。那么,无为的自然为什么偏偏就是像我们所反映和编织的那个样子呢?什么在这中间起了关键的作用呢?大概只有上帝了,我们应该感激上帝的仁慈才对。这当然不是康德所愿意看到的结果,他的目的恰恰是要以理性取代上帝的地位。可是,还能有什么其他的结果呢?如果换成康德的名词就是,统觉的"我思"为什么就能必然伴随着我的所有表象呢?我的所有表象为什么就只能受"我思"的这样的规范呢?休谟是不会承认必然伴随着我的所有表象的"我思"的。在他,就只有那一束"知觉之流",没有什么"我思"可以统领。康德当然也不会喜欢散漫不受约束的那束"知觉之流"。正是在这种考虑下,金岳霖认为有必要贯彻经验论的原则,那就是意念或概念不是像康德所说的那样单单来自我们的理性本身,而是也有着经验的根源,是由所与抽象而来的结果。有主体努力意味的"我思"应该保留,但也不会像它在康德的先验哲学那里具有如此的神通广大,势不可挡。

意念也不等于就是抽象观念,这是我们要特别注意的,否则就会把金岳霖的意念论与洛克的抽象关系说混淆起来,以至于又成为被贝克莱和休谟所批判的靶子。意念是思议的内容,而不是思议的对象。观念在洛克眼里却是思想的对象。因而抽象观念也是一种具体的思想对象,有独立的认识论地位,也就是说它可以不依赖于思想的活动而存在。正是在这一意义上它受到贝克莱和休谟的严厉批判,因为那很类似于柏拉图式的完善的理念,从而成为一种形而上学式的实体。事实上我们无法找到一个具体的个别的抽象观念,无法想象这样的抽象观念的实际存在。而在金岳霖这里,思议是心灵的一种思想活动,这个活动有内容,也有对象。意念就是这种思想活动的内容,而思议的对象是共相或共相的关联。共相或共相的关联当然都是普遍的,但不能算是抽象的,因为它们和抽象这种思想活动可以没有关系。"它们是在'外'的,或者说独立于知识类的。它们不随一知识类的生灭而生灭。这一点非常之重要。共相不但是一类知识者所共,也是各类知识者之所同。① 知识的目标就是得到或发现这样的共相或共相的关联,也叫理或秩序。而其途经当然就是通过思想的活动,这一活动收集和接受所与,得到意念或概念,供给判断以形成关于共相和共相的关联的命题或陈述。如果这些命题无误的话,我们就得到了理或秩序或共相及其关联。在这当中,意念本身依赖于思议的活动,它是抽象活动的内容,而不是抽象本身。对人有一定的抽象能力,贝克莱和休谟都是承认的,更不用说洛克或康德了。即使我们的心灵真的就像洛克所说的是"一块白板",被"印上"了各种观念,那么心灵或理智也有能力把某些简单观念放在一起形成复杂观念,或把某些复杂观念分离开来变成简单观念。那种在心灵中随意"挑选"或"搬运"观念的能力,不用说,就是心灵或理智的一种抽象能力。这样的抽象能力不等于抽象观念,金岳霖并没有把意念或概念实体化,像笛卡儿和洛克所做的那样。意念本身不是实在的,不是实体性的东西,它只是思议的内容,不随外在事物的变而变,但它随思议而来去。在很多功能上,意念很像抽象观念,起着类似的认识论作用,但它并不等于就是抽象观念。意识到这两者的区别是很关键的。因而,休谟对形而上学的"愤怒之火"烧不到金岳霖的意念论身上。恰恰相反,金岳霖的知识论正是想要来"浇灭"休谟之"火"的。

引发休谟愤怒的,是传统形而上学家将抽象观念实体化的做法。这个问题没有被洛克所克服,然而被贝克莱所锐利地指出。但是,又让休谟困扰的是,人虽有抽象能力,也有那些抽象的概念,却还是无法在事物本身当中发现任何客观的普遍联结或秩序。因为他的这些概念不过是名词而已,仅仅可以帮助我们习惯性地"唤起"其他具体观念,却谈不上具有普遍必然的有效性。也就是说,现象当中的联结或秩序很可能只是偶然的,或者,即使有必然的联结或秩序,我们也不知道。他了解已经有人采取像后来的康德所用的办法,就是我们自己来编织观念,把这种必然联结或秩序放进现象当中去。但是休谟对此很不满意。在他看来,如果一个人费尽九牛二虎之力在现象之中寻找宝藏,结果发现他所找到的仅仅是他自己放进去的东西,那

---

① 金岳霖,2000(a),第338页。

似乎是很无趣的事情,也很无聊①。他对自己在自然里所放的东西不感兴趣,他是想了解那些科学家是怎么取得成功的。如果他们所做的也不过是发现了那些自己预先放进去的东西的话,那就很奇怪他们怎么能配得上人们所给予他们的那么大的荣耀。这样的说法可能不恰当,可是休谟就是因此而大感恼火的。科学家确实取得了很大的成就,这我们都应该承认。那么,他们成功的秘密究竟是什么呢?这几乎是近现代以来每一个哲学家都想了解和解释的。可是直到现在,我们似乎还没有看到一个令人十分满意的解释。不过,哲学上这令人尴尬的状况还是很可以理解的。因为,类似地,对人们为什么有一个上帝的观念,或者说,为什么会有各种宗教的信念,以及,人们为什么愿意遵循善或正义之类的伦理观念,又为什么具有审美意识,等等,我们至今也没有任何令人满意的答案。这看起来无论如何也像是哲学的悲剧,尽管我们可以找到很多的理由给自己些许的安慰。

休谟不给自己找什么理由,因此他倍感苦恼,进而对所谓的形而上学家的著作"大发雷霆",非投之炉火一烧了之不能释怀。在金岳霖看来,休谟的困难是由于他的工具"太窄"所致(这可能跟他本人因体弱多病而心胸褊狭有关系,不过实际上如何我们不知道,只是乱猜)。休谟没有恰当的工具,所以他想找到客观的秩序却无论如何也找不到,尽管现实中的秩序似乎随处可见。那么,金岳霖使用什么巧妙的工具就能找到这些秩序呢?

六、秩序

所谓秩序,就是有条理,有规律,而不是完全的杂乱无章,彻底的混沌。照金岳霖说来,大化本来是有理的。大化是不是有理,还真不好说。但是不管什么大化小化,起码我们眼前的万千世界,花草树木,日月星辰,四季更替,历史兴衰,悲欢离合,等等,给我们的感觉都是有条理、井然有序的。自然如果庞杂无序、混沌一片,恐怕人类也没法生存。可是,这样的条理还不就是哲学上所说的秩序。简单地说,哲学上的秩序是指自然之能够被类别化,或可规律化。这也可以说是我们的日常生活中最基本的信念,生存行为

---

① 当然,这是指的普通的经验的综合命题,而不是康德的那种先天综合命题。这有本质区别,所以才能说康德的做法可以称做是一种"革命"。

的最基本根据,像"自然齐一"这一说法。一般人不会特别地意识到,我们总是有这样的信念在支持着我们日常的行为,例如明天太阳还会从东边升起,春天来了草还会变绿,鸟还会欢快地鸣叫,等等。那是我们意识的背景,思想的舞台。而哲学家所反思的就是,这样的背景或舞台究竟是什么意思。

本然的世界是否有秩序,是一个问题。而我们通过经验是否能把握到秩序,那是另一个问题。我们所关注的当然是第二个问题。这个问题的含义是,就算是我们在经验中可以把握到某种秩序,那么这种秩序是经验中本来就必然所有的,还是仅仅偶然可用的呢?它有两个层次的内容,那就是,一方面,我们究竟应该怎么看待这种经验中的秩序呢?另一方面,我们究竟有什么理由去看待这种秩序是如何如何的呢?当休谟质疑说,即使自然可被类别化或规律化,可是我们对此却没有任何可靠的根据说它一定是如此这般,而不是如彼那般,我们这样区分周围的事物不过只是依从本能的习惯而已。如果这是质疑某种现象背后的实在可能和我们的经验完全不同,那似乎是更没有恰当的理由去做这种怀疑。因为在这种情况下,这种怀疑本身如何可能还是一个问题。而如果是质疑经验中的秩序,或者说是关于事物的表象似乎没有可靠的联结的话,那么在金岳霖看来通过一定的方式,也完全可以打消,因为他把思想中的思和想分开,从而有了恰当的工具可以得到我们所需要的秩序或条理。思议的内容是意念,想象的内容是意象。他说:

> 对于思想,我们不应仅注重思而不注重想,或注重想而忽略思。在从前确有承认想象而不承认思议的人。我所比较熟悉的是休谟。他底最大问题就在这一点上。我从前曾把他所谓"idea"译成意象,因为他在理论上没有我们这里所说的意念。意象是类似具体的,前此我们说过。休谟既只承认意象,当然不能承认有抽象的意念。他既不承认有抽象的意念,他所提出的一些问题,在他毫无办法(例如无量小),而他底哲学说不通。他有哲学,他底哲学不能例外。当然也是以抽象底意念表示的,然而他底哲学底内容又不承认抽象的意念,其结果他实在是以抽象的意念去表示没有抽象的意念。在这情形之下,如果他底表示工具不错的话,他底内容错了。如果他底思想内容不错的话,他得承认

他没有工具可以表示那样的内容。①

我们说过,把思想分开来讲,思议的内容是意念,而想象的内容是意象,是金岳霖的一个得意之作。这不仅仅是为了阐述的清晰,实际上更是为了解决休谟的问题。因为,意念或概念处于中间的枢纽环节,其本身是抽象的结果,有摹状和规律的作用,能够应付和收容所与,以及接收和整理所与,把所与安排于意念或概念的图案中,形成事实和命题,做成知识的直接对象而使知识成为普遍的和有效的。意念摹状所与,并不是把其中的具体的、特殊的、个别的接收下来,那是无法接收的,而是把所与中的普遍的和抽象的成分收容于意念图案中,再把这个图案如实传达到事实和命题。命题与事实相符和,就是真的,就是知识。在金岳霖看来,真的知识就是表示了共相和共相的关联。共相和共相的关联就是秩序,它在所与中就已经存在,经过意念的抽象,传递到事实和命题,反映于真的知识当中,贯穿于整个知识的形成过程。

根据金岳霖,说所与中已经含有了秩序,是说自然界能够呈现种种等等,形形色色,这这那那,无论在什么时候和什么地方,自然界中的各种事物都是有互相彼此的分别,也就是说,不管什么东西"总是有那是此即非彼,是彼即非此底情形"②。只要经验中有所呈现,这一呈现总是可以被区分为这样那样的事物的。即使我们一时没有一个相应的合适概念去形容或接收,也总是可以有各种一般性的应付办法,比如用"奇怪的东西"、"一个说不上来是什么样子的东西"、"怪事"等等之类的方式。既可以用象"古怪之物"这样正的办法应付,也可以用象"莫名其妙"这样负的办法应付。所与呈现之后,不在一意念或概念之下,就在另一意念或概念之下,它无所逃于概念之间。因此无论怎样,所与都不会呈现出我们所无法接受的状态。至于意念,任何意念都有结构或图案,也都在一个结构或图案之中。意念或概念的结构就是秩序。我们以意念接受所与,就是化所与为事实。当我们引用意念于所与且又引用未错的时候就是事实。因此,事实一方面虽然是所与,而另一方面也是我们的意念。事实既然一方面是意念,所以它就有意念

---

① 金岳霖,2000(a),第298页。
② 同上,第504页。

的结构,意念的结构是一种秩序,所以事实就也有这样的秩序。只要意念有结构,事实就总是有秩序的。像物理方面的事实有物理学的秩序,生理方面的事实有生理学的秩序。"事实的这种秩序当然不是凭空的,这秩序底根据在于所与的呈现。表现于所与的是共相和共相底关联或固然的理,此理也呈现于事实之中。"①但是,这并不是说在一个呈现中有一个特殊的理表现出来,而是说特殊的事实表现了普遍的理。这是我们理解在特殊的所与和特殊的事实中,为什么也会有普遍的秩序或理,有共相和共相的关联的关键所在。

金岳霖说思想具有抽象能力,思议对所与的抽象得到了意念或概念这样的具有普遍性的内容,而意念或概念有结构或图案,这一结构或图案可以应付和收容所与,又整理和安排所与,它有摹状所与和规律所与的作用,正确地接收所与的结果就是事实。这些说法并不难理解,只要我们承认思想的抽象作用,那就基本上都是合理的推论。问题是,在金岳霖这里,所与和事实都是特殊的、具体的、个别的,它们又怎么能有普遍性的内容呢?我们怎么能说它们又有秩序或理呢?它们中的共相和共相的关联是如何存在于其中的呢?说自然界呈现出这这那那,形形色色是很显然的,可是我们怎么能说自然界也能呈现出种种等等呢?共相和共相的关联是如何呈现的呢?呈现总是一时一地的,也是被呈现者之所私的,那么理或秩序如何表现于这样的呈现中呢?这似乎无论如何都不是很容易理解的事情,而且也正是哲学史上的诸多争论所涉及到的困难问题。那么,金岳霖是如何解释的呢?

这个问题的出现和解答,在哲学史上,基本都基于对什么是普遍的,什么是特殊的等等这样的概念如何理解,不同的理解就会有很不相同的答案。我们在这里没有必要介绍两千多年的哲学史上纷繁复杂的各种观点,而只需要知道金岳霖是如何解释的就可以了,因为我们后面还会讲到。

假如说,现在我前面有一棵紫色的玉兰树。在视野良好,周围环境也没有什么特别的地方的情况下,这么一棵树的形状、颜色、高矮粗细、枝叶花朵及其繁茂程度等等,都自然地呈现于我。我有一点植物学的知识,知道这是一棵玉兰树。它很漂亮,在三月尚是清冷的寒风中盛开着紫色的玉兰花。

---

① 金岳霖,2000(a),第469页。

说它呈现给我的是特殊的、具体的、个别的景象,那没问题,绝大部分人是都承认的,即使是那些实在论的哲学家。而要说其中也呈现给了我很多共相或共相的关联,那是很成问题的,起码那些反实在论者是会坚决反对的。那么,那些普遍的抽象的理究竟表现在哪里呢?金岳霖认为,要理解这个问题,我们必须首先分清什么是存在和什么是实在的意义。他说:

> 我们要记得有普遍的底有和有特殊的底有是不一样的。普遍的底有是实在,特殊的底有是存在;说呈现中没有某普遍的是说该普遍的不实在,说呈现中没有某特殊的是说某特殊的不存在。普遍的根本就无所谓存在,因为所谓存在就是占时空位置,而普遍既超特殊的时空,当然不占时空,既不占时空,当然无所谓存在。①

我们普通时候并不太区分实在和存在的确切差别。然而根据金岳霖,这是有本质上的不同的。存在要以时间和空间的属性为标准,具有时间性或空间性的事物,我们就可以称之为"是存在的"。而没有时间性或空间性的事物,我们就称之为"是实在的"。普遍的或抽象的意念或概念,条理或秩序,共相或共相的关联,它们的存在方式就是实在的,而不能单单地说存在着。那就难免引起各种思辨上的混乱。

那么,普遍的共相和共相的关联的实在性,如果没有任何时间性和空间性的话,又是如何体现于呈现或所与或事实中呢?在金岳霖看来,那棵玉兰树呈现给我,在呈现里面有那样的形色样貌,但确实没有"一"、"棵"、"树"、"紫色"、"花"、"玉兰"、"细枝"、"矮"、"稀疏"、"在……前面"等等性质体现出来,它只是那么样的一个呈现,比如说我们把它叫 X。我们从那么样的一个呈现 X 中哪儿里能找得到单单的"一"、"棵"、"树"、"紫色"、"花"、"玉兰"、"细枝"、"矮"、"稀疏"、"在……前面"等等性质呢?尤其是"在……前面"这么个关系性的东西,那是我们无论如何都看不到的。然而,我们可以用这些意念或概念去接受这个 X,这个 X 可以以"一"、"棵"、"树"、"紫色"、"花"、"玉兰"、"细枝"、"矮"、"稀疏"、"在……前面"等等意念或概念来形容,那是没有问题的。这个 X 本身,可以说就是"一"、"棵"、

---

① 金岳霖,2000(a),第 519 页。

"树"、"紫色"、"花"、"玉兰"、"细枝"、"矮"、"稀疏"等等性质的所谓。你还可以以"颜色"、"形状"、"植物"等等更一般的更普遍的意念或概念来形容这个 X。如果来一个植物学家的话，他还可以用更多的抽象词汇去描述和分析这个 X，把它归属于某些科属门类纲目当中，讲解它的生长习性植物学特征。而这些可能都是我们这样的门外汉所不大了解的。对待这样的一个植物，植物学家比我们一般人自然是有更多的意念或概念来应付和接收。

因此，金岳霖说，当我们说呈现中有普遍的东西时，我们千万不能真的到呈现中去找那么个普遍的东西，不能把普遍的想象成为一个有具体的特殊的样貌的东西。那无疑，正是某些传统形而上学所存在的问题。就是把普遍的当成了特殊的，当成了有具体的个别的存在了。这不是一个自相矛盾的行为吗？无论我们把眼睛挣得多大，那也是绝对看不到普遍的共相和共相的关联，看不到理或秩序的。说"一个普遍的东西"，这确实是很容易令人误解的，难免让人想到一个具体的存在物。如果我们想到它仅仅是实而不存，有而不在，可能会好一点。正是在这种意义上，我们才说所与和事实中有普遍，呈现中有普遍，自然界确实呈现种种等等。

那么，我们能质疑金岳霖所说的普遍的东西的这种"实在性"吗？这需要特别的谨慎。普遍的概念或者共相如果有一种实在性的话，那又是什么样的呢？首先我们可能不得不承认它们有一定的性质。否则，如果它们完全没有任何实在性，也就是没有任何意义的话，那么，就像金岳霖批判休谟的哲学没有恰当的工具一样，不承认抽象的普遍的意念，他怎么能谈论那些抽象的普遍的问题呢？可是，如果这些抽象的普遍的意念或概念仅仅是一些有用的语词，仅仅能够帮助我们去联结那些表象而已，那么，它们又怎么能恰好地应用于这些表象呢？怎么能恰好地应用于事实和所与呢？我们是以"玉兰树"来形容那个 X 呈现，还是以"芙蓉树"或"梧桐树"之类的意念或概念来形容它，这确实都是偶然的，随我们的意愿，或者说是我们社会的历史的语言的约定俗成。可是，这就能说"玉兰树"、"芙蓉树"或"梧桐树"之类的意念或概念，都没有任何实在的意义吗？即使它们仅仅是工具，也起码在工具的意义上是实在的吧？就意念或概念本身来说，它们可以说是我们的创造物，是我们所设定的。但是，怎么理解这种抽象能力呢？我们总是可以以一个意念去接收某个呈现，思想总可以以某种方式理解其内容，心灵总是有抽象的能力,这也是我们的社会的历史的语言的约定俗成吗?用康德的说法,"我思"必然伴随着我的表象,那是先天的。而休谟事实上也在暗中承认这一点,那就是我们总是有那么一种能力,可以在我们需要的任何时候,把某个表象拿出来和另一个表象放在一起,并加以比较,或者把某个观念拆开来,留下其中一部分而扔掉其他的部分,或者把它们合在一起,等等。对心灵或理智的这种能力,他备感"惊异"①。他把这种能力都归结为"想象"里去,因为他不承认抽象观念。而金岳霖从中看出实际上在休谟的"想象"中恰恰就包含了抽象能力,只是他自己不愿意承认而已。如果我们不承认任何普遍的东西,那么,我们就需要对这种抽象能力给出解释,它如何会创造出这种具有普遍意义的概念以为工具的。当康德说,概念具有范畴感性杂多的作用时,我们应该知道,概念本身是没有这种主动性的,能把概念用于范畴杂多的,无非是心灵或理智的能力而已。因此,当有人质疑说,概念或共相是实在的吗?有那种具有普遍的适用性或有效性的东西吗?那他们可能是在问,有这样一种主动性的能力吗?

这个问题复杂得可能超乎我们的想象,也有过多的本体论味道,而不适宜于在此作过多的探讨,我们后面还有机会研究。这里我们仅仅是介绍金岳霖在他的知识理论中区分思想为思和想,区分意念和意象的做法究竟是什么意思,究竟有什么妙用。从以上的说明我们可以看到,金岳霖的理论目的在于强调抽象能力的作用。而之所以要强调抽象能力的作用,在于依靠这种能力,知识主体可以从所与中接收下来那样一种秩序,并把它保持在事实中,再作经验的判断和探究,最终以命题的方式得到确实的关于这种秩序的知识。显而易见的是,如果所与中没有这样的秩序,或者即使有,也无法被知识主体所接收,那么,即使知识主体空有这样的抽象能力,恐怕也毫无用武之地。金岳霖可没有狂妄到康德那样的程度,以为理性的力量法力无边,可以范畴一切,为自然立法。他也没有休谟那么短视,看不见眼前现象中那万象森然的秩序。他认为我们应该尊重自然,大化本来是有理的,道行天下,万物齐备。如果把自然理解为没有任何秩序,也就是没有任何意义,那就或者像康德看待的那样,自然只是一个没有任何规定性的物自体,所与

---

① 见休谟《人性论》,1996 年,第 30—33 页。

仅仅是光溜溜的杂多等待着我们的控制而已；或者像休谟认为的那样，一切现象仅仅是自然的发生，所谓知识也仅仅是本能的习惯而已。显然，关于自然的观念有改造的必要。

那么，所与中究竟有没有秩序？如果有的话，又是否能被我们所顺利的得到呢？这正是本论文的核心议题。

第二节 金岳霖论所与

本论文的研究对象，就是金岳霖在《知识论》中所提出的所与理论。那么，什么是所与(the given)①呢？顾名思义，所与就是指被给予的。这没什么问题，任何人都可以这么去理解。但是当所与的字头从小写变成了大写(the Given)时，它就成了哲学上的一个专有名词。这时它的意谓就变得复杂多了，也难得能有一个大家都认同的明确定义。大体而言，在知识理论中的所与同感官功能或神经机制有关，是只有感官才能感知到的。但它又似乎有一种感官所无法控制的特点，只是感官被动接收到的。所以，它一方面和我们的经验有着必然的关系，即和我们的感官感知的方式有关；另一方面它又不能说是人所单独创造的，而是外部事物所给予我们的。因此，外来性和接收方式这两个因素，基本上可以说是所与这一概念本身所含有的特征。当然，它的性质或内容，还需要被理解和解释。而这将涉及到更复杂的理论问题。

那么具体来说，这种被给予的究竟是指的什么呢？一般地，它是指人在感知经验中所得到的。而对所谓的感知经验，哲学上也同样从来没有一个清晰的定义。这似乎是哲学的一个看似颇为"恼人"的特色。每当大家都在热心地探讨某个问题的时候，那个问题所涉及的概念或范畴却往往都极为模糊，从不能获得哲学家的一致意见。例如，除了这里说的所与和经验这两个概念以外，在哲学史上出名模糊的还有存在、本体、心灵、物质、实在、知识、真、善、理性、绝对、事实、意义、证实、因果和归纳等等这些范畴。这种情

---

① 对 the given 的翻译，除了"所与"以外，还有名词性的"所给"、"给予"、"给与"、"原给"、"所予"等等，意思一样，没有区别的必要。本文随金岳霖的用法，一律用"所与"。

况被许多人说成是哲学的缺点。然而这也可能正是哲学的迷人之处，可以让我们看到哲学家的反思和批判精神是多么令人叹为观止。至于说到感知问题，其模糊性可能与我们对人体的感觉器官的功能和大脑的神经机制的了解十分有限，有很大关系，也可能有其他原因。虽然人类对自身的兴趣可能从类人猿阶段就开始了，迄今为止随着科学的进展也取得了非常巨大的成就。然而，人类身上仍然有着许多对我们来说似乎很神秘的地方，例如意识的发生、艺术的灵感或特异功能之类。而且看来人类的潜能似乎远比我们想象的要强大。这固然是令人十分兴奋的事情，不过也给经验心理学和神经生理学的研究带来了很大的挑战。对哲学也同样，自古以来的许多哲学问题就和人的心脑的复杂功能密切相关。

当在经验心理学中，感知主要是通过人的某些行为来评估的；而在神经生理学上，它们又基本上是根据人的神经突触对各类感官反射状况的变化被定义的。那么，在哲学上应该如何看待感知经验呢？哲学的情况当然有所不同。它不必然地一定要通过对人的行为和神经运行机制问题的研究来进行，但它无疑会受到这些研究成果的影响。例如，从人的皮肤之下的神经末梢接触某种外部刺激开始，到经过各种神经的活动把相关信息传递到了大脑的神经中枢进行加工处理后形成某种图像为止，这一段过程似乎本不是哲学所应该去研究的，却仍然一直是哲学家所关注的重点。确实也有很多哲学家特别喜欢去从事这些功能性研究，就像在近期盛行的认知科学那样。而且也确实，经验科学的研究成果对哲学上的观点的形成一直都有很大的、甚至是实质性的影响。然而就一般情况而言，哲学上的研究主要是针对那些被形成的"图像"的。在外部刺激引起我们的感觉器官有所活跃之后，到形成这些"图像"为止，究竟发生了什么，这是一个问题。而这些"图像"是怎么影响我们头脑中的观念和思想的，这是另一个问题。而这两个问题之间的关系，又是第三个问题。这些问题自然很复杂，不是轻易所能解决的。至今它们不仅在哲学上，即使在科学上也是争论不休。不过，仅就一般的哲学上的"经验"来说，我们不妨暂时先简单地这么认为，如果我们的身体和大脑的意识能有所活动的话，那么我们大体就可以说我们有了一个可以辨别得出的感知经验。只要我们不是处于完全的昏迷当中，或传说中的"龟息"状态，那么我们身体上的感知官能，如视觉、嗅觉、味觉、听觉和触觉,就必定会发生或多或少的作用。只要它们有所作用,即只要人的神经系统有所活跃,我们就可以说我们有了一些"经验"。这样的经验当然是广义的。例如,我们日常眼见、耳闻、身触、鼻嗅或嘴尝到了什么,不管何种风花雪月,花鸟虫鱼,都是我们的经验。即使我们晚上在睡梦中,感知功能似乎也在运作而没有完全的停息,这样我们也算有所经验。还有就是我们还会有一些所谓的"内感觉",比方说"觉得疼"或者饿的感觉、躁动的感觉之类和思念什么等等,也可以是经验。但是,在这些经验当中需不需要我们能意识到这些感知神经所接收到的信息,也就是在感知经验中,是不是必然需要意识的发生,那是有很大争议的。有的哲学家就认为,只有当我们能意识到这些感知官能的发生和感知到的内容时,才可以算是有了经验,否则就只能是和普通的动物一样的本能了。例如,你有"疼"还不行,你还需要意识到"你疼"了才行。青蛙会觉得"疼"吗?这种对经验的看法可以算是狭义的。

不管对经验作广义的还是狭义的理解,无论如何,我们似乎都该承认,我们是通过感知经验来把握现象,接触我们周围的事事物物,了解我们所生活于其中的世界的。对这些颇为含糊的说法,当然争议不大。我们这些感知的能力应该算是被给予的。但是另外,我们还有记忆、想象、抽象、判断和推理等等能力,还会欣赏美的事物,还会有某种宗教的信仰,还会有思想的构思和创造,还会幻想,如此等等这些能力是否也都可以算是被给予的,那就大有疑问了。起码,在哲学家之间对此意见很不一致。其实,如果我们五官的感知功能是被给予的话,那么,上述说的那些记忆、想象、判断等等思维能力,恐怕也应该算是被给予的。

不过,对这些争论,我们也同样暂不讨论。人身结构和功能问题固然重要,但在知识论或认识论中,哲学家真正关注的,还是希望通过它们去了解知识问题。所与,作为这些经验中的被给予的东西,正是因为和知识问题有着莫大的关系,才成为了哲学上的一个重要概念。这种被给予的东西,一般是指人在感知经验中所获得的经验内容,而不是这种经验本身。正是通过它,我们才有了知识。所与如果不是知识的唯一来源的话,基本上也是最主要来源。知识就是在对所与的加工整理后获得的。在这一意义上,它有时也被叫做"印象"、"表象"、"观念"、"感质"或"感觉材料"等等。尽管细说起来,所与同它们都有着很大的区别,但是它们曾经一度可以相互通用而不至于引起误会。就像在我眼前的一张桌子。如果是白天阳光明媚的话,我可以很清楚地看到这张书桌。我还可以摸摸它,感受一下它的材质硬度。如果我用手敲敲桌面,我会听到一种清脆的"当当"声。这张桌子给了我这些表象,也就是我们说的所与,让我对它有了很直观的了解。我进而可以再具体地说出它具有的模样、颜色、形状和在我的书房中的位置,以及判断出它的材质硬度。还可以再进一步,说说它的高度和桌面大小对我是否合适,它的那些抽屉是否合于我的使用,它的形状样貌在我眼里是否美观或庄重,它的做工是否精细,等等。如果没有这样的一张书桌摆在我面前让我亲自看看的话,我这些判断似乎就很不容易做出了。或者即使做出,那也是极不准确的。我从中得到了这些印象或表象或观念或感质或感觉材料或所与等等,它类似于"在这样一个时间这样一个视野位置上的某一片色调",使我有了关于这张桌子的经验,可以就这张桌子,得到许多稍微抽象的知识。这些普通近乎常识的观点,可以让我们对在知识论中的所与是什么,有一个较为直观的了解。

相较于印象、表象、观念、感质或感觉材料等等概念的意思,所与还明显地具有一种"硬性"。也就是说,所与之被给予,是我们有点拿它没办法的东西,只能照原样这么去接收它。接收之后,再加以修理。有时我们甚至连接收不接收的权利也没有。它来了,我们就只能接收;它不来,我们可能还没办法非让它来不可;它怎么来,那也是它的事情,和我们好像无关。只要我睁开眼睛,面前的这张桌子想不看见都不行。就算我赌气闭上眼睛,可是只要一伸手,我还是可以碰到它。如果我索性站在那里闭着眼不动,它的材料和表面上的油漆还会散发出淡淡的味道,渗入我的鼻子。除非我真的进入一种"龟息"状态,与世完全无涉,或许可说是完全拒绝了经验到这张桌子。但我无法一直如此,而且别人还是同样都会很正常地经验到这张桌子。我们不可能都完全逃避于这个世界,那是作为感知生物的人类灭绝以后才可能的事情。但那不是我们这里所关心的问题。知识论一般所认为的是,所与似乎就是因此才得名,被叫做"所与"的。它的这种所谓"硬性",是否确实如此,也有争议。但很多哲学家就是在这种意义上,才喜欢以所与作为知识论的基础。因为这样的所与很能给人一种"客观"的意味,它是被给予人的,所以似乎不可能是人自己的创造物。这样我们就还可以在一个更广泛的意义上来理解所与了,亦即:从否定方面说,凡在经验中得到的,只要不是人类自己思想的产物,大概都可以被称为所与。这和所与这一名称的字面意义倒也符合,但这过于宽泛。而在知识论中,它被带有很多的限制。

以上说法,只是就所与在哲学上的最普通意义和普通用法而言的。实际上有关它本身的含义,在哲学上尚存在相当多的问题。对此我们下面会逐步讨论到。这里,我们仅仅只需要记住一点就可以了:所与,就是经验中被给予的。"被给予的",这是一个有趣的说法,颇值得我们细细地玩味。

在金岳霖的知识理论中,经验是知识的大本营,经验所与是知识的材料。经验知识获得的历程就是从所与开始的。在所与和知识之间的是意念,意念抽自所与又还治所与。或者说是,意念或概念收容和整理所与从而得到事实,并进而以命题或陈述比较于事实以得到知识,有了知识就有更多更好的意念或概念去收容和整理新的所与。随着经验的继续,所与源源而来,知识不断丰富和进步。在这个过程当中,意念的作用无疑非常关键而且巨大,但是知识的得到却不仅仅依靠意念单独的力量。如果自然本来有理,所与本来有秩序,那么,意念的作用基本上就在于保存和传递自然中的这些理或秩序,思想也就在于认识和发现它们,而不是擅自编造故事或强行给自然立法。因此,知识的对象和内容还决定于我们究竟有什么样内容和性质的所与。也可以说,所与的内容和性质决定了最终我们能有什么样的知识。可见,所与这一范畴的地位,在金岳霖的知识论中是基础性的和根本性的。说它是基础性的,是说所有的经验知识都来源于所与,建筑于所与之上。说它是根本性的,是说经验知识的本质性特征决定于所与的内容和性质。

那么,所与究竟有什么样的内容和性质呢?说所与有什么内容和性质,似乎有点误导的味道。因为所与还一点都没有被概念化,因而对它的任何说明和解释好像都有随意性的嫌疑。这也是为什么对所与的理解在哲学史上会出现那么多的纷争,难以有一致的意见。每个人都觉得自己很有道理,认为自己给予所与的说明是最恰当的。而没有概念内容的所与,由于还不是确定的事实,根本无法为自己的权利和形象辩护,只能听任哲学家们的摆布。结果,究竟所与是被给予我们而我们又不能不接受的,还是所与本身不得不接受哲学家们的各种慷慨赐予,还真是个问题。当然,我们并不是说所与真的就完全不能加以述说的。不用说所与,即使是根本没有被给予我们的东西,我们也同样可以对之说三道四,因为我们毕竟还有想象的能力,还有创造的能力,可以随心所欲地任思绪随风飘荡,或尽情翱翔。思想的翅膀不应该受到无端的限制。像本体的世界,上帝的观念,艺术的天地,等等,尽管可能没有在经验中给予我们什么感官感知,我们却是完全能够对其想象和思议的。只是,在对所与的描绘中,我们需要尽可能避免有随意的成分,因为,经验所与是我们的经验知识的来源,是自然科学的材料。而经验科学的普遍性和严格性,是我们都有目共睹的。经验知识既来自我们的经验所与,又可以在经验中得到证实,可以重复观察。因此,究竟怎么看待我们在经验中所得到的东西,怎么看待我们的感知所与,就决不是可以随心所欲、任意解释的事情,其中必有一定之规,内在之理。而发现并揭示出这个知识之理,也正是知识论的目的和任务。

  无疑,这并不是一件轻松的任务,否则,哲学家们也不会就此争论不休了。自近代以来,随着自然科学的飞速发展,人们就在尽其所能地试图从各个方面各个角度恰当地理解和解释经验科学的本质,科学取得不断成功的秘密,以及科学知识日益丰富发展的根源。像伽利略、培根和笛卡儿等人都是这方面的先驱。他们崇尚科学,弘扬理性,把自然科学当作人类理性的最高代表,以代替神学和上帝的地位。在这方面他们几乎达到一种狂热的地步。这很可以理解。面对科学的辉煌成就,谁又能不怦然心动、油然而生敬意呢?尽管如此,对科学的景仰无可非议,但是从哲学上,以一种科学的精神,对经验知识的本质进行考察,那却是另一回事。这既需要冷静的理智,也需要反思批判的精神。正是基于此,金岳霖对近代以来哲学史上的各种知识理论完全不能满意,认为他们囿于偏见,违背常识,夜郎自大,近于荒谬。他要改造知识理论,给自然科学或经验知识一个全新的阐释和说明。那就是,他要把科学的本质这个问题放在一个与以往完全不同的框架下来设想和理解。而他之能做到这一点,关键之处就在于,他对自然与人及其关系的诠释与近代以来知识论家的观念全然不同。在他看来,自然与人之间不是对立的紧张的,像西方那些知识理论所隐含的;也不是完全泯灭为一毫无差别的,像许多东方传统思想所主张的。自然本有秩序,心灵赋予意义,两者之间悠然契合,恰是天然之道的体现。基于这种理解,可以说是金岳霖所与理论的一个大的背景。我们这里仅仅只是简单提到这些以有助于我们介绍他的这一理论。

经验所与是我们的那些关于周围事物的经验知识的唯一来源,对它如何理解,就决定了在我们眼里,我们周围的事物是怎样的。而我们对周围事物如何理解和解释,又意味着我们正是这样来理解和解释我们与自然的关系的。这也正是经验知识的本质所在,因为经验科学恰是我们应付自然或学习如何与自然相处的根据和工具。如果所与是纯粹混沌一片,毫无章法,光溜溜的一个,那似乎就可以任由理性的控制、摆布或驱使而无任何反抗,可以任凭心灵的编织和裁断而无稍许抱怨。那确实是理性的胜利,我们该为法力无边的理性奉上皇冠,并拜倒在它那无上的荣耀之下了。可是,如果所与一切完备,秩序井然,万象森然,那么理性似乎也就不再有存在的必要了,因为它毫无用处。面对宇宙,我们就只能凛然而惧,戚然心惊了。而这两种极端的观念,正是许多哲学理论所隐含的结论。基于这样的考虑,金岳霖不满于已有的那些知识理论,而希望能够从新的角度加以改造,以使我们对事物,对科学,对自然的理解,尽可能臻于一个完美的意境。

那么,具体来说,金岳霖对近代以来哲学史上的各种知识理论究竟有什么地方不能满意呢?从他的《知识论》中,我们看到,他的不满主要集中于:那些理论以唯主学说为根据和出发点,导致对知识论的基础性概念所与的错误理解,进而建立了各种悖谬的知识体系。这主要包括两方面的内容:一方面是所与的内容,即关于外物的问题。从那些理论的唯主方式出发,所与里面没有外物,只有主观的官觉内容;外物需要用其他办法如假设或推论或建立等等方式去获得,而在金岳霖看来,这又是做不到的。他认为,外物就是秩序的体现,得不到外物,自然也得不到秩序。得不到秩序的知识论不合常识,没有给我们以真实感和实在感,有违科学,是无论如何都说不通的。另一方面是所与的性质,即关于正觉的问题。外物之所以得不到,就在于他们的唯主方式是从主观的或"此时此地此一片色"的官觉现象出发,不依据官觉而在不同的感官感觉中去寻找官觉,也不依据正觉而在不同的官觉中去找正觉。而这在金岳霖看来也是办不到的事情。知识论应该给予我们真正的共同和真假以及真正的客观,给予我们以真实感和实在感。这些无疑是一个对经验知识进行阐释的知识论所理应遵循的原则和具有的理论特征。而那些理论没有做到这些。

这两方面的问题几乎存在于绝大部分知识理论当中,甚至一直都是哲学上的主流观念。这说明其根源极深,似乎不是轻易可纠正的。然而,问题仍然要指出,改造也并非不可能。这正是金岳霖的知识论所要挑战的。他的核心武器就是关于所与的正觉关系论。正觉关系论又包含两个方面的内容,即他所谓的前提性出发命题:其一是,所与的内容就是外物;其二是,所与的性质就是正觉的呈现。"有外物"和"有正觉"(或"有官觉")这两个命题就构成了金岳霖的所与的本质。这样的所与决定了他的整个知识论的轮廓。他正是从这样的所与出发建立了他的知识理论。那么,为什么说这两个命题就是他向主流观念挑战的理论武器呢?它们又是否锐利呢?它们背后所蕴含的思想究竟是什么呢?这些问题,正是本篇论文所针对的,对它们的讨论构成了本篇论文的核心内容。在这里,我们着重介绍金岳霖的这两个命题的具体意思,后面我们再分析它们背后的意蕴。

一、有外物

金岳霖认为,有外物;所与的内容就是外物或外物的一部分。

这句话乍一看起来是非常突兀的。外在的事物还需要我们的承认吗?怎么会有这样的问题呢?感官感觉到的东西又怎么能就是外部的独立事物呢?无论如何都有内、外之别啊,二者怎么就蓦然地相等了呢?这相等又是怎么个等法呢?外在的事物怎么能跑进感觉之内呢?要对这些问题有深入的了解,需要等到后两章的仔细讨论。而在这里,我们仅仅了解和介绍金岳霖在这些问题上的一般看法。

所谓外物,一般地说,是有形色状态而又占特殊时空位置的具体存在。它的形色状态或运动变化就是经验知识研究的对象。知识的范围很广,除了我们一般日常生活中感官感知到的一切之外,还包括宏观宇宙的天文世界和原子电子等等粒子的微观世界。知识的大本营当然还是我们直接面对的耳闻目见的日常经验世界,其他的不过是间接地由此而推论出来的罢了。在知识论中,就我们普通所经验的现象,一般被区分为两类,一类是内容,另一类是对象。例如当我们见到一棵树时,如果闭上眼睛自然什么都看不到,而睁开眼睛时又可以看到。这棵树我们就叫它感官感觉的对象,那个随我们的眼睛的闭合而出现或消失的,我们就叫它感官感觉的内容。要了解感知经验,我们似乎不能不分别这两种现象。但是一经分别,它们的关系如何就变得非常麻烦难以说清了。在哲学上,根据对这种关系的看法产生了各种各样、形形色色的学说。"有根本否认对象而只承认内容的;有把对象视为因而内容视为果的;有把二者视为独立而又恰巧有一一相应的情形的;有注重对象而忽略内容的;有只承认内容,而想从内容推论到对象的。"①不论什么看法,大体而言,一般人都认为,对象(如果有的话)应该是在官觉之外的,而内容(如果有的话)是在官觉之内的;感官感觉的表象内容和外部的实在对象有一定的关系。当然,这些说法背后都是有很多含义的,不能视为当然之论。

在金岳霖看来,官觉的对象②无疑是在官觉者之外的,独立于官觉者,但是对象的对象性或对象质或所以为对象的理由并不独立于官觉,总是和官觉裹在一起难以分清。经验知识所研究的,就是这些外部对象的形色状态,或者说它们的性质和关系。然而,尽管对象很重要,官觉内容却是我们的直接经验,能给我们以亲切感,而其他的间接方式如语言或他人的介绍等等,就难以有那样的亲切感。例如,莲雾这种水果很多人都没有吃过,它的味道你不亲自尝尝是无法知道的。因此,经验的大本营还在官觉内容。这也正是一般的知识论家只承认官觉内容,仅仅从官觉内容出发建立知识理论的缘故。这看起来是很正常的,也很符合逻辑。如果他们再有好的工具和手段,那么很可能就可以建立起来一个知识论所需要的一切。因此,他们几乎都在不遗余力地寻找好的工具和手段,以彻底解释经验知识的本质。像罗素就很典型。当他从皮亚诺和弗雷格那里发现可以把日常语言数学化的形式化方法时,是多么的激动。事实上,这与笛卡儿和斯宾诺莎运用几何学的方法构建哲学体系的思路也没什么不同。而现在的自然主义哲学往往也持有同样的观念。但是,金岳霖认为,如果仅仅从官觉内容出发,真实的外物就得不到。

那么,首先的问题是,真实的外物应该是什么样子的呢?怎么才能说是

---

① 金岳霖,2000(a),第 24—25 页。
② 金岳霖把对象分为本然对象,官觉对象,科学对象等等。但在《知识论》中,他认为我们只能谈论官觉对象。

得到了真实的外物呢？金岳霖给出了四条衡量的标准。第一条，外物应该是非唯主的共同的外物。这个意思是说，这个外物不能是某官觉者自己的外物，即不能是"他的"外物。那叫私的，而不是公的。比如说，有 A、B、C 三人同时面对那棵玉兰树。A 眼中的玉兰，以及 A 眼中的 B 对玉兰的反应和 C 对玉兰的反应，固然可以相互比较，因为它们都是 A 的官觉内容。然而，也正因此，它们都是私的主观的官觉内容，A 眼中的玉兰就无法和 B 眼中的玉兰、C 眼中的玉兰去比较。我们都找不到一朵玉兰花是真正的共同的，是既相对于 A 的，又相对于 B 的和 C 的。因为，我们只有 A、B、C 眼中的私的主观的官觉内容的玉兰花，他们没有办法把他们各自的官觉内容安排到他们之外去和其他人的官觉内容相比较。这样就意味着没有真正的共同的外物，没有 A 的、B 的、C 的所共有的玉兰花，而只有他们各自私有的玉兰花。

第二条，外物应该是独立存在的。如果外物要依赖于官觉者的官觉而存在，那就不是独立存在的外物了。可是，究竟怎么理解独立存在这一说法呢？这在哲学史上却是最受争议的问题。现象事物的非实在性令古希腊人倍感困惑。贝克莱的质疑也是我们每个人都言犹在耳的。康德那个神秘的自在之物也让人如骨鲠在喉。在金岳霖看来，这个问题固然复杂，可能涉及到本体论的设定，不过我们起码应该遵从常识的观念，不把外物完全消解为主观的私人的，而应该有它的独立存在性，以保持一种实在感和真实感。即使常识不是我们持有这种看法的充分理由，但是我们更没有充分的理由推翻常识。

第三条，有本来形色状态的外物，而不是我们给它加上去的。一般人会认为所谓的颜色、味道、声音或质地等等并非事物本身所有，而是我们的官能所赋予的。这是近代以来极为流行的观念。甚至就连形状、运动、数量或质量等等，也是我们的理智所赋予的。"有人以视觉而论，色是目遇而成的色，不是目遇之而成色的那个'之'字所代表的性质。也许另外的人会说那个'之'字所代表的根本不是性质，它只是光波震动之某一速度而已。"① 可是金岳霖认为，外物本来就有某种形色状态而使"目遇之而有视觉内容，手触之而有触觉内容，耳听之而有听觉内容等等"，就都不是官觉者所赋予

---

① 金岳霖，2000(a)，第 63 页。

的。外物处于某种背景、环境或关系网中,因而本身有各种形色状态是必然的。只是具体有什么形色状态,那是经验科学研究的问题。

第四条,外物是各有其同一性的外物。这是说外物都有在时间上和空间上的延续性。至于时间的长短或空间的远近,那是另一回事。这并不否认事物有变化的可能,然而也正是因为有变化,才说明一定有同一性。没有同一性,变化无从理解。即使官觉者本身,也需要有同一性,否则官觉如何可能,还是一个问题。但是这种外物的同一性,在很多唯主学说中得不到。

不管什么样的知识论,不管它从哪里出发,也不管它对外物有什么样的态度,都需要说明和解释我们周围的现象事物一般地是怎样的,因为那是经验科学研究的对象,是经验科学所以可能的条件。事物是怎样的,这个问题正是各个门类科目的科学理论要解释的目标。没有了事物,也就没有了对象,从而经验科学如何可能就成了疑问。这当然不是任何知识论家所希望出现的情况。因此他们无论如何都需要在其知识理论中对事物状况的一般原则做出说明和解释。尤其是,如果从我们的经验出发研究知识论,那么独立存在的外物就成了可疑的东西,外物是否存在和如何存在就是迫切需要被解释的问题。于是,关于外物的问题也是各个知识理论的焦点问题。上面四个标准是金岳霖认为的作为真实的外在事物所应符合的条件。那么,究竟有没有满足这些条件的外物呢?有的话,又如何有法呢?

大体而言,对于外物之有的安排,有以下四种方式。

第一种办法,肯定其有。这也是金岳霖自己在其知识论中所使用的办法。可他的这种做法却是十分奇怪的。因为,他也是从经验出发,也是从官觉出发,那么外物的有和如何之有,不就也是个问题吗?他怎么就能直接承认其有呢?这是不是有些过于轻率了呢?这样的理论怎么能说通呢?他对此解释说:

> 在日常生活中我们对于有外物这一命题毫无疑问。在知识论之所以有问题者实在是因为思想家承认哲学上某一类的前提和引用某一类的方法使然,例如以主观官觉者底官觉内容为出发题材,以无可怀疑为出发原则。如果我们不引用该类办法,不承认该类前提,我们断不至于不接受有外物这一命题。直截地承认这一命题知识论也许枝离,也许

松懈;但是,这样的知识论也许能够满足知识论者在知识论范围之外的要求。①

这看起来似乎不像是一个直接的解释,而最多是一个侧面的说明。但是,我们需要注意的是他的言外之意。他说他和常识类似直接承认了外物之有。而在他看来,外物的有之所以成了问题,是在于那些理论本身,是那些理论本身所带来的问题。这意味着,所谓外物之有的问题,在他看来,根本就不是一个真正的问题。我们看到,尽管他的知识论也是从经验出发,从官觉出发,可是却和其他理论产生了如此巨大的差异,以至于可以消解关于外物的疑问。那么,他的消解是否真的成立呢?如果成立的话,即使这样的知识论再怎么支离或松懈,也没有什么关系。因为我们需要的是理论的真正感,就像他自己所说的那样。而且,他所谓的"知识论范围之外的要求"什么意思呢?指的是什么要求呢?有什么额外要求需要他这么做呢?这里的问题正是我们需要研究的。不过不妨先稍安毋躁。

第二种办法,假设其有。谨慎的人更愿意采取这个办法。因为他们可能觉得直接肯定外物之有实在是过于莽撞了。在他们看来,外物之有正是需要证明的,当然不可直接肯定。可是,他们从经验或官觉角度似乎又提不出任何有力的证据能够证实其有,但也不能否定其有,于是只好假设其有。而且,他们也认为,从逻辑上说,假设其有和肯定其有这两者,具有同等的逻辑力量,已经足够用来说明和解释经验内容和知识问题了。因此完全没有必要冒理论风险去肯定其有,而只是假设就可以了。但是,在金岳霖看来,假设其有没有必要,不如干脆直接承认好了。这样才能给我们被知之物的实在感和独立感,才能有理论上的真正感。而假设的办法做不到这些。

第三种办法,推论外物之有。应该说,这是一个比较标准的经验论的知识理论的做法,罗素就曾经是一个代表人物。他们正是"符合逻辑地"从经验的官觉内容出发,希望以此能够推论到官觉范围之外的外物去。这样做的前提是已经有了一个鸿沟在那里,而又希望能够"逻辑地"跨越过去。它先假设经验不能合法地过去,而又要求思想单独地能够过去。其不合理之

---

① 金岳霖,2000(a),第 65 页。

处是显而易见的。例如,有一种推论纯粹只使用官觉内容进行。它说官觉内容尽管随着官觉活动而来去,可是每次的官觉内容虽不完全相同,却有相似的性质和相似的关系,因此一定有独立存在的外物支持着这些不同次数的官觉内容。但在金岳霖看来这样的推论是不成立的,因为没有逻辑的理由认为这些官觉内容性质相似关系一致,它们只是如此这般而已。有人又会说"大概"有外物。可是,不根据外物,哪里来的"大概"呢?"大概"如果仅仅是限制在官觉内容之内,那和外物没有什么关系。看来还是需要一定的原则与官觉内容联合起来,才能进一步地推论。可是,不论我们使用什么经验中的原则,它也只能是帮助从官觉内容推到官觉内容,而不可能推到官觉之外去,因为那就不是经验的原则了,而这是推论者所不能承认的。这正是唯主学说的困难。

第四种办法,建立外物之有。"所谓建立外物之有是给外物以定义,从官觉内容中找出合乎该定义底标准,以该标准引用到官觉内容上去说有如何如何的官觉内容。"①这就像欧几里得几何学一样,直接给出某些几何图形的定义,而这些定义当然都是符合最初的几条公理的。这里没有推论,虽然很类似于推论。因为定义中所使用的概念是公理中已有的或已证明的。例如用个体所与建立"物"的卡尔纳普就是这样,罗素也一度热衷于用点或瞬来构建所有其他的知识论概念。建立就离不开工具和材料,而其所有的材料都是官觉内容,那么所建立的东西,不仅是"外物",而且还有"他人"和"我"等等,都不过还是官觉内容而已。实际上这样根本就建立不出客观的真实的对象,例如休谟用"一束知觉之流"无法建立"我",而罗素也无法用感觉材料去逻辑地建立"他人"和"外物"。

总而言之,金岳霖认为,不论是假设的或推论的或建立的办法,只要限于主观的官觉内容,就不可能得到真实的外物,从而无法给予我们理论上的真正感和实在感,当然也无法给予独立存在的外物的知识。他们所能得到的,无论如何都只不过仍然还是主观的官觉内容而已。如果外物是知识的"与料"(即被给予的材料对象),那么"不谈外物的知识论就是对不起与料的知识论,它只是知识者底玄想,不是理解与料的理论,因为它抹杀与料中

---

① 金岳霖,2000(a),第67页。

所与的外物。它抹杀与料中所与的外物,它就是不接受与料,不根据与料底如何如何去接受,而为理论底方便曲解与料"。① 而金岳霖所要求的有形色状态的外物具有一种硬性,它不是知识者所能左右和创造的。此种硬性因而能给我们一种真正感和实在感,而这种感觉还可以由被知的(外物)传递到被觉的(即官觉对象)身上,再使知识论的对象,即知识之理或事物的秩序或共相和共相的关联,都具有这种硬性,都给我们这种真正感和实在感。这样的硬性才是金岳霖不断强调的独立外物的本质特征。

  知识的理是对象的理,即共相和共相的关联。共相和共相的关联当然是普遍的,既不限于一时一地,也不限于某种官觉类。因此它就不能仅仅是人类所能官觉的,或仅仅是相对于人类而言的。这样一来,就要求知识的对象尽管是官觉对象,可又是外在于官觉的,独立于官觉类的,更不可能是某一主观者所私有的。这样的对象和对象的理,就要是完全独立的,外在的。因此,只有金岳霖的外物才能满足这样的条件。正是在这一意义上,金岳霖认为知识论必须肯定这样的外物。而通过上述的假设或推论或建立等等的方式得到的外物,不过还是官觉内容,根本不能满足关于普遍的理的知识论的要求。

  单单肯定有这样的外物是不够的。对金岳霖来说,肯定它的目的当然在于知识者能够直接经验到这样的外物,也能够认识这样的外物及其秩序。我们不需要官觉不到,认识不了的外物。那是云游天外的仙物,非凡人之所及,不是普通的知识论所需要讨论的。于是,金岳霖认为,这样的外物也必须是官觉外物,尽管这并不影响它的硬性。而说它是官觉外物的意思,是说它能够进入我们的视野,作为我们经验的一部分,成为我们的官觉内容。这就意味着,它得是所与。因此,金岳霖说,所与就是外物或外物的一部分。

  那么,为什么说所与就是外物或外物的一部分呢? 以上的介绍还不足以消除我们对他的这个命题所产生的疑问,至多只能是说需要什么样的外物,和肯定外物的必要,以及直接肯定其有的理由。也就是说,上面解释了金岳霖肯定"有外物"这个前提命题的理论目的和根据。这可以成为"所与应该是外物"的理由,却还不能成为"它就是外物"的理由。所与就是外物

---

① 金岳霖,2000(a),第 97 页。

的理由是,所与是正觉的客观呈现。或者说,外物之有的承认,根据在于正觉之有。因此,我们需要再仔细了解他的正觉关系论。

二、有正觉

金岳霖认为,有正觉;所与的性质是正觉的客观的呈现。

这样的规定绝非寻常,与几乎所有的知识理论的观念都很不同。要把它说清和说通很不容易。

正觉也是觉,一种官觉,即一种感官活动。知识论是对经验知识之理的研究,而谈经验知识,就必然要从感官经验开始,因为经验知识就是我们对日常生活中的感官经验现象的一种理论说明和解释。本来,一般的日常经验都是我们每个人很熟悉的事情。只要你的五官正常,那么你对周围事物的了解就很清楚,而且也和其他正常的人没什么太大区别。大家每天看到的都是自然界的这些花草树木,斗转星移,四时更替等等,或者人际之间的喜怒哀乐,悲欢离合,世代繁衍的现象。经常,在人们三五相聚时往往会对这些现象议论一番,各抒己见。意见固然各有不同,然而其背后的对周围事物的大体看法,对自己的感官经验的信任程度,基本上是大同而小异的。除非个别的时候可能会有生理上的疾病,正常的人没有完全不信任自己的感官知觉的。否则,如果怀疑我们每时每刻的所见所闻,那么生活如何进行下去似乎就成了问题。因此,就一般而言,我们绝大部分的人对待日常的感官经验维持着这样一种普通的常识观念,即我们通过我们的感官感知与周围的事物接触,从而获得了关于周围事物的一般了解。我们正是看到了,听到了,尝到了,闻到了,或摸到了所有那些,才知道事物是如此这般的,或如彼那般的之类。这种常识观念是人们生活的基本依据和基础信念。虽不能说它就是完全正确的,我们总是可以说这样的信念起码是恰当的,对我们的生活是合理的或有效的。常识当中自然也有很多错误的地方,但是常识不能完全推翻。而改正常识,完善常识,丰富常识的内容,就是经验知识的任务。经验科学正是帮助我们可以有一个更恰当更好的方式了解周围的事物是怎样的,以提升人们生活的能力和质量。

尽管如此,应该如何看待人们日常的感官经验,在哲学上竟成了问题。我们说过,在知识论中,就我们普通所经验的现象,一般被区分为两类,一类是内容,另一类是对象。知识的大本营是感觉经验,而感觉经验的大本营是感觉内容。感觉内容对我们来说无疑是最有亲切感的,是直接的经验。因此,一般而言,哲学家们都愿意承认感官感知的直接内容,尤其是感觉者本人的感觉内容,如"此时此地此一片色"。这样的感觉内容似乎是最确定的,最没有异议的。他们认为,这不但在心理上无可怀疑,甚至在逻辑上都无可怀疑。因此根据感觉内容来解释经验中的其他一切,以此建立整个知识论体系,就似乎是很自然的和很正常的事情了。可是,在金岳霖看来,我们首先应该承认的,未必就是这样的感觉者本人的感觉内容。那么,他首先承认的是哪一种感觉呢?还能有什么感觉内容比感觉者本人的感觉内容更基本更确定呢?金岳霖的回答是:正觉。那么,什么又是正觉呢?

关于感官感觉的区分是一个大问题。根据金岳霖,普通的感官感觉可以根据感觉者本身是否正常而区分为官觉,幻觉,梦觉之类。幻觉和梦觉都指感觉者处于非正常的身体状况,从而导致非正常的感觉活动。像这里说的幻觉就是指感觉者可能长期处于神经错乱或生理疾病之类的。而"官觉是指随时能以正觉去校对的官能活动"①。对官觉,还可以再根据感觉者所处的感知环境是否正常而区分为正觉,错觉,野觉等等。正觉是指"正常的官能者在官能活动中正常地官能到外物或外物底一部分"。② 错觉和野觉都是说在感觉者本人身体状况正常的情形下,仍然会发生的感觉混乱。这往往是由周围的感知环境条件不佳所致,或者可能受到了其他外界因素的干扰。当然,这样的区分是不是恰当是可以讨论的。不过感觉活动总是涉及到感觉者本人和周围环境的情况这两大因素。但是知识论还关心另一个因素就是感觉对象,也就是我们前面所讨论的外物问题。知识论关心它是不是以正常的方式呈现给感觉者。这当然也是一个合理的角度。很多知识理论确实是根据感觉对象的情况来做区分的,比如说区分为正觉,错觉和幻觉。这里的正觉是说对象如其所是的呈现;错觉是说对象和其所呈现的有差异;幻觉是说根本就没有对象。很多区分还把做梦也当作感觉的一种。至于直觉能力,或所谓人的第六感,是不是也算作感觉,那就更难得有一致

---

① 金岳霖,2000(a),第163页。
② 同上,第125页。

看法了。而心灵的洞察或感悟之类,一般都不会进入知识论者的视野。这些区分方式都各有利弊,而且往往在做区分之前已经认同了某一种理论。可见,感觉分类的问题的确很复杂,可能还需要更多的经验研究,比如说经验心理学或神经生理学的实验研究。金岳霖的分类也不是很严格,对此复杂性他很清楚,知道"所谓觉不易安排","觉是非常复杂之概念"。事实上,时至今日,我们也没有一个十分恰当的标准来一般性地区分感觉,而只能在某一研究的需要下,暂时以某一标准做区分。但是这个标准是否恰当,那又取决于具体研究的需要。

  当然,在实际情况下,在人们的日常经验中,人们往往都是根据正觉来区分辨别其他觉的,都是出于正常的经验来说明和判断其他的感觉活动,都是从正常的理智来对其他的感觉活动进行研究和分析的。然而,与日常生活和经验科学的研究不同,从知识论的立场出发,在最一般的意义上,也可以说各种感觉是地位平等的。因为知识论的研究不能首先不加审查地就接受任何特殊的具体的标准来区分各种感觉。在知识论的意义上,各种感觉方式不仅在定义上,而且在经验上,都是很类似的,都是我们与周围事物的接触和交融,都是通过五官的接收信息而使大脑的神经中枢产生反应。单从神经中枢活跃的角度讲,它们甚至没有区别。尽管我们在经验上要承认它们都有各自的特点,但也似乎不应该偏向某一种而贬低另一种,因为我们没有一个完全公正恰当的中立的视角来做裁判,任何做判断的人在任何时候几乎都是处于某种感觉状况当中的。另一方面,我们似乎也不应该以某一种来定义或区别另一种,因为这更需要充分的根据,而这种根据我们不容易找到。正是在这一意义上,历来的知识理论都从一般的感觉说起,即把它们都看成是一样的而不做预先的区分,或者即使不说,也是以各种感觉地位平等作为前提进行其他问题的讨论。当然,这样一来,如何能在各种感觉中找到官觉,或者如何能在各种官觉中找到正觉,就成了很大的困难。这个困难,正是诸多知识论所力求解决的。

  哲学家们都很清楚,无论有多大的困难,区分感觉经验内容的基础这个任务,似乎也是必须要完成的。因为,无疑,经验知识是建立于官觉内容之上的,或者就是在正觉内容之上的。我们不可能说自然科学的观察和证实都是根据错觉或幻觉,甚至也不能说它们所根据的观察都不确定,都很可能是错觉或幻觉,更不能说科学家们有可能都是在做梦了。这或许有逻辑上的可能,然而不论如何我们得承认,这并没有事实上的可能。知识论就是要研究经验知识的这一基础是否牢靠,是否恰当。所以不分清经验知识的基础来源是不行的。基础可靠,我们对科学知识的信任才有根据,似乎才能接受说自然科学对事物是怎样的这一问题的说明和解释的方式是恰当的,才是我们应该与自然相处的方式,才真正能使我们知道自然与人的本质。否则,这个基础模糊或暗淡或根本没有的话,说明很可能经验知识的有效仅仅是偶然的碰巧而已,或者可能仅仅是上帝的仁慈而已。而且,如果事物给予我们的呈现与它们的本来面目没有任何必然的关系,或者说,我们对事物的经验与事物本身没有任何必然的关系,那么,我们如何生存都是一个问题,不论我们有什么样的手段和办法去应付自然。这样一来,我们可能就不得不改变对科学,对自然,对常识的等等方面许多根本性的看法了。因此,官觉或正觉,与其他感觉之间的区分,并不是一个简单的技术问题,不是一个可有可无的问题,不是那种解决了固然好,不解决也没有关系的问题。一句话,这是一个真正的哲学问题。

那么,究竟应该如何在各种感觉中区分出官觉,或者在各种官觉中区分出正觉来呢?金岳霖怎么就能从各种感觉形式中,单单摘出官觉,甚而正觉呢?这个问题说起来很容易,他的解决方式看起来也不复杂。可是要在理论上把他的解决方式说清楚,可就一点也不轻松了。因为,这涉及到了金岳霖整个知识论体系的核心思想,也是他的知识论最重要的哲学创见。在金岳霖的整本《知识论》中,我们可以看到,这几乎就是他着墨最多的一个问题,他翻来覆去地不断在解释这么做的理由。然而他最终有没有解释清楚,却是大有疑问的。有时甚至连他自己可能都觉得论述得有些含混。但是,无疑,对这个问题的重要性,他是非常清楚。对他自己在这个问题上的创见的意义,他也是非常清楚的。因为,他对这个问题的思考,几乎贯穿了他的整个学术生涯。他在《知识论》中提到"觉"这个问题时,曾经说:

> 本书底作者个人对哲学发生兴趣底时候,或者发生兴趣最早底时候,也就是对觉发生问题底时候。觉似乎无从说起,把它底范围扩大,它可以是整套的知识论,把它底范围缩小,我们又似乎找不出好的工具

去讨论它。那时候的问题现在似乎还是没有解决。①

在他的晚年,他又用了十年左右的时间苦心孤诣地试图把他的这一思想重新阐述出来,那就是《罗素哲学》②。尽管在那本书里,他的论说方式无疑受到一些时代因素的干扰,但是很明显,他始终是在以唯物论的概念做名义,以罗素的相关理论做衬托,全力阐述他在感官知觉问题上的独特思想。《知识论》也是用十年时间写就的,尽管这中间颇多曲折,仍然堪称是呕心沥血之作。从这两本书中,我们可以看到,他的主题是很清晰的,那就是他在感官经验的问题上,有着和几乎所有西方哲学家都不同的思想,有着他自己独特的创见,并基于这个创见建立了他的知识论体系。而这个创见的特殊意义在于,它很可能会使我们不得不改变对经验知识,对我们周围的事物,对自然与人及其关系,对哲学等等原有的很多我们已经习以为常的观念。正是在这个意义上,我们需要注意的是,金岳霖不是单纯地把西方哲学认识论或知识论思想引入中国,也不仅仅是以中国哲学的传统来改造西方哲学思想,或以西方哲学思想来改造中国传统文化。而毋宁是,不囿于古今中外的思想,而仅仅基于哲学本身,基于人类的文明本身,探讨我们究竟应该持有什么样的观念,应该持有什么样的哲学。

现在,还是先让我们来看看金岳霖的具体论述吧。

关于觉的区分问题,是由知识论究竟应该从哪里开始这个问题所引发的。知识从感官经验开始,当然是无疑的。然而,应该从什么样的感官经验开始,是令人困惑的。这个困惑就是关于感觉的区分问题。金岳霖认为,其他的关于知识的理论虽然有很大的理论差别,但是在一点上几乎都是一样的,那就是他们都是从主观的或此时此地的感觉现象出发。他说:

> 本书所代表的知识论只是理解承认了之后的知识。这样的知识论在近代似乎是正宗的知识论。就正宗的知识论说,这主观的或此时此地的官觉现象底出发方式又似乎成为正宗的出发方式或主要潮流。在这主要潮流中派别很多;它们底分别可以大到连它们底共同点——即

---

① 金岳霖,2000(a),第30页。
② 见金岳霖,1988年。

同属于这主要潮流——都看不出来。康德和罗素或维也纳学派底学说分别总算大吧,然而照本书底看法,他们底学说都是属于这主要潮流的。①

他把这种仅仅承认主观的或此时此地的感觉现象的理论叫做唯主学说,认为它根源于西方哲学中传统的自我中心论和人类中心论。这种学说还奉行一个相关的理论原则,就是无可怀疑原则。这个原则是要求命题或者是自明的,或者是逻辑上不能不承认的,或者是无从怀疑起的。应用在知识论上,这个原则就要求知识论的起点应该是一个无可怀疑的命题,只有从这样的命题出发,这个知识论才是逻辑上可靠的,实际根据充分的,信念上有保证的理论。否则,其所得到的结论,自然是大有可疑的。最早做出这种表率的是笛卡儿。他的"我思"即是典型的唯主学说的产物。在笛卡儿看来,"我思故我在"是逻辑上无可怀疑的命题,怀疑就会自相矛盾。可是,在金岳霖看来,这个命题"毛病很多",绝不是无可怀疑的。比如说,除了说这话的本人外,在旁人眼里,这命题就不是无可怀疑的;而且,其中之"故"那更不容易说了。后来贝克莱的"存在即被感觉"说,也可以说是唯主学说的一个合理结论。休谟只认印象,观念也是从印象而来,认为外物无从谈起。他比贝克莱还彻底,单单从印象是连心灵也不可得到的。康德的先天综合判断无疑也是纯粹主观的,客观外物作为物自体没有任何积极性,只能等待主观产物范畴的规范。刘易斯(Clarence Irving Lewis,1883—1964)也继承了康德的这种思想。"就现在的人说,在知识论给人们以最大的影响的也许是罗素。"②许多知识论也把此时此地的感觉内容叫做感觉材料,或感质,或感素,其性质基本一样。在金岳霖看来,他们都有这样的共同主张包含于其中:

第一,外物不是我们所能直接经验到的,外物之有不是我们所不能不承认的。第二,外物是须要推论到的或者建立起来的,外物之有也是。关于外物,有的似乎觉得它是多余的,我们根本不需要它;有的虽

---

① 金岳霖,2000(a),第42页。
② 同上,第46页。

赞成第一、第二两条底主张,然而觉得外物仍是需要的。后一方面的人才有推论或建立底工作。……第三,如果有"我"或"主观者"或"官觉者",这也是要推论出来或建立起来的。从此时此地底官觉内容去推论到"我"或主观者或官觉者是不容易办到的。限于此时此地底官觉经验的我或主观者或官觉者也许是容易推论得到或建立起来。可是这样的"我"或主观者或官觉者没有多大的用处;有用处的是独立于一时一地底官觉内容而又在时间上有绵延的同一性的"我"或主观者或官觉者。这样的"我"或主观者或官觉者推论不到建立不起来。显而易见,它超过此时此地底官觉内容范围之外而又没有该范围之外的思想或工具去帮助我们推论或建立这样的"我"或主观者或官觉者。①

仅仅承认此时此地的感觉内容的理论,就必然有需要去推出或建立感觉者自身,然后再到外物和他人等等。而承认主观的和此时此地的感觉现象的理论,也还是需要设法推出和建立外物和他人。金岳霖认为,这样的需要是他们所持有的这种唯主学说所带来的问题,而不是任何人都有这样的需要。如果不持有这样唯主学说,那么,这种需要很可能也不存在。

唯主学说所带来的理论问题还远远不止是关于外物或他人的困难。还有很多别的问题,在知识论中同样也很重要。金岳霖分析到,基于唯主学说建立的知识理论不能给予我们真正的"共同"。所谓真正的"共同"是说,不管感觉对象也好,还是感觉内容也好,应该有独立的成分,而不能完全是感觉者所私有的,完全是个别感觉者个人的或主观的。当然,它可以有个人的或主观的成分,但是不能都是个人的或主观的,一定还应该有独立的共同的,不仅仅相对于一时一地一人的成分在内。这意味着要求感觉内容不仅仅是在内的,而应该还有在外的成分,要能超出内在的限制。

金岳霖还批判了另一种唯主学说的理论,即行为主义。行为主义不去简单比较某个感觉者自己的对于他人或外物的内容,而是从他人的行为或反应上加以比较。然而,所谓他人的行为或反应,也仍然还是感觉者的感觉内容。这并没有实质上改变唯主学说的困境。金岳霖的批判对在上个世纪

---

① 金岳霖,2000(a),第46—47页。原文的序号是英语小写字母a、b、c。

五十年代之后才流行的行为主义学说仍然有效。

一般人公认唯主学说可以有内在的一致。这是它的优点，不能否认。但是这种一致不能使金岳霖满意。他认为小范围内的一致并不说明就是在大范围内也会一致。这种大范围内的一致也可以叫"真"。小范围内的一致可以是一致的假。而客观的真，在唯主学说是不可能得到的。他们只有个别的证实，而没有共同的观察证实。没有真正共同的真假，其小范围内的真假，也就不是真正的真假，不管它是否在小范围内的一致。究竟怎么才能建立一个真正的公共的空间，似乎是唯主学说无法解决的难题。罗素努力一生，最后也只好承认自己失败了。

那么，既然唯主学说含有这么大的困难，带来这么多麻烦，看来我们完全应该抛弃它了。可是，抛弃唯主学说，是不是也就意味着抛弃经验的立场吗？是不是也需要抛弃从感觉经验出发来建立知识论体系呢？金岳霖认为完全不用。唯主学说当然也有合理的地方。除了能有内在的一致性以外，它的从感觉经验出发的总的立场还是正确的，是关于我们经验知识的知识论所必须的。只不过，究竟从什么样的感觉经验出发，那就需要仔细斟酌了。金岳霖说：

> 官觉立场和唯主方式……不是一件事。本书赞成官觉立场。……官觉论须以官觉为中心。可是官觉不只是人类底官觉。即就人类底官觉而论，官觉也不只是主观的。即就主观的官觉而论，官觉有内容有对象，主观的官觉也不只有内容而已。官觉立场不限制到主观官觉者或官觉内容，把观点限制到主观的官觉者或官觉内容才是唯主方式。我们没有不败的或必然的理由让我们选择官觉立场，也没有必然的或不败的理由让我们接受唯主方式；就这一点说，这立场和这方式有同样的情形。除此之外，它们底分别很大。选择官觉底立场，我们仍可以有独立存在的外物，独立存在的他人；接受唯主方式，独立存在的外物和他人都成为严重的困难。①

可以接受官觉立场，但是不能像唯主方式那样把立足点仅仅限于主观

---

① 金岳霖，2000(a)，第82页。

的官觉者或官觉内容,而应该还包括独立存在的外物和独立存在的他人。这也就说,知识论的出发点就应该有知者,被知者和二者的关系这三个成分在内。忽略其中的任何一个成分都不能在理论上得到真正感和对象上得到实在感。这是金岳霖在批判唯主学说之后得出的结论。他认为,"理论上的真正感要靠对象上的实在感,而要维持对象上的实在感我们决不能忽略被知的"①。因为我们不能随心所欲地去创造被知的,否则,我们就可以把"情感"也当成事实,把"理想"也看成实在的了。被知的实在感取消,知识没有实在感;知识的实在感取消,知识论也就没有了实在感。我们可以不知道某个具体的对象的存在,也可以没有对某些特殊的东西还没有任何经验,比如对那些虽已有而我们却尚未知道的,或尚未被发明出来的东西等等。但是这并不是指知识论中我们可以普遍地不知道知识的对象一说。就普遍地说,我们只有确定的被知的对象,才能谈得上对对象的认识,才能有一般的经验。如果我们不知道有独立存在的被知的,则我们根本没有知识。这也不是说我们有普遍的对象。普遍的对象从来没有,只有特殊的,具体的,个别的对象存在。而正是这样的特殊对象的存在,说明有那样普遍的事实,即对这些特殊对象的一般经验。没有特殊对象的存在,普遍的知识也不可能;或者即使有,也不是我们所说的经验知识,而只可能是我们自己编造的内在一致的故事。

在金岳霖看来,要有这种被知的实在感,官觉对象就不能只因官觉而存在,它就不能仅仅作为对象而已,否则,它就变成了官觉内容,随官觉的来去而来去了。它可以相对于官觉,此时我们有官觉内容,有了对这一官觉对象的经验或知识。但是它不仅仅只是相对于官觉或官觉活动才存在,它可以有独立的存在。被知的对象的存在是一回事,而官觉它存在或觉得它存在又是另一回事。同样,被知的所具有的形色状态或性质属性也并不随个别的官觉者而存在,但它可以有相对于一类的官觉者而有的性质类。性质类尽管相对于官觉类,这相对性也是普遍的相对性,"是遵守法则的,而不是乱来的"②。所谓遵守法则,是说官觉对象性质的普遍相对性,是不拘于一

---

① 金岳霖,2000(a),第93页。
② 同上,第104页。

时一地的，不是主观官觉者凭他的心思意志所能改变的，它们都在一个关系网的关联中。

尽管如此，指出唯主学说所存在的理论困难固然容易，要保持感觉对象的实在感和知识论的实在感也固然应该，可是，究竟怎么才能在坚持官觉立场的同时，又能不忽略知者、被知者以及二者之间的关系这三个方面的成分呢？这三者究竟应该处于一个怎样的关系状态中才是恰当的呢？这正是金岳霖在他的知识论中所要解决的最重要的问题。

要解决这个问题首先就不能固守唯主方式所秉持的原则，即无可怀疑原则。金岳霖认为它"是一束缚思想的工具，它可以画出一圈子而它逃不出该圈子"①。要不限于这个圈子，就必须抛弃无可怀疑的原则。金岳霖用有效原则来替代它。知识论不是逻辑系统，也不是演绎系统，而是关于经验知识的理的系统。它需要的是能给我们带来知识论的实在感，知识的实在感和知识对象的实在感的出发点。能够满足这样的要求就是有效的，这可以使理论不仅通，而且真。这个原则就是有效原则。这和实验主义以有效性为命题的真假的衡量标准，有本质不同。遵循无可怀疑原则，难免要求我们放弃实在主义的基本观念。而遵循有效原则没有这样的要求。我们没有必然的理由一定要坚持无可怀疑原则。而坚持实在主义对实在感的要求可能还会有很大的困难，不过不至于像唯主学说那样完全说不通。

那么，金岳霖究竟如何来说通他的不同寻常的官觉立场呢？他的立场的要点如下：第一点，从官觉说起，不从觉中去找官觉。第二点，以官觉中的正觉为标准去决定其他的官觉，如错觉或野觉。第三点，正觉是外物与官觉者二者之间的关系集合。第四点，正觉的呈现是客观的。第五点，这客观的呈现就是所与。第六点，所与就是外物或外物的一部分。第七点，所与或外物是知识的材料。这仅是他大体的思路。

从这几点中我们看到，如果所与确实是外物或外物的一部分，那么它是知识的材料是毫无疑问的。这一点我们可以很容易的理解。但是，为什么说所与就是外物呢？金岳霖的理由是，所与是正觉的客观的呈现，正觉是外物与官觉者二者之间的关系集合。这当然是需要分解的。而对于正觉或官

---

① 金岳霖，2000(a)，第113页。

觉之有,在金岳霖看来是可以直接确定的。他根本不从觉中去找官觉,也不从各个官觉中去找正觉。而是直接从正觉出发。可是,我们当然不能因此就直接确定他的观点,有必要仔细看看他这么做的理由是否充分,根据何在。因为,从我们前面的介绍可以知道,有没有正觉或官觉,这个正觉又是什么样的正觉,是一个关于经验知识的知识论最为核心,也最为复杂的问题。不把这个问题说清和说通,金岳霖的整个知识论也就是不清不楚,不通不畅的。因为,他的整个知识论体系可以说都是围绕所与进行的,所与的性质就决定了这个知识体系的框架和结构,决定了他对知识论的几乎所有的规定。因此,所与是否如他所言的那样,就是至关重要的。所与如他所言,那么他的知识论即使还有问题,也不会有太大的问题。如果非他所言,那么他的知识论就大有疑问。或者干脆地说就是,不能成立。那样一来,或者我们只能说,他的整本书也就只能算是把西方知识理论简单地介绍进中国来,而谈不上什么理论创新,体现不出他本人在知识论上有什么真正的哲学思想。

对他的正觉关系论的详细讨论,我们要留到后面。这里,我们仅仅把他上面的思路,分别从以下几个方面来加以一般的介绍:第一是关于觉或官觉的具体区分问题;第二是关于呈现问题;第三是关于客观性问题;第四是关于内、外在关系问题;第五是关于正觉关系论。这几个方面有相互的连带关系,并体现在最后一个问题当中。

第一,觉或官觉的具体区分问题。我们前面已经提到过这是一个复杂的几乎难以厘清的问题。可是金岳霖却大刀阔斧、干脆利落地加以决断。痛快是痛快,可是还需要有充分的根据为基础才能真正令人痛快淋漓。那么,他的根据究竟是什么呢?结论虽很简单,理由却是相当的复杂。在《知识论》中从第 20 页到 183 页,他几乎都在翻来覆去地陈述着他对该问题的观点,然而却似乎仍然给人以不很清楚的感觉。这一方面说明此问题的复杂性,另一方面也说明他要在此问题上有所创新是多么困难。就其理由,我们择其要者,是他认为,"在不同的觉中去找官觉而又不以官觉为立场是办不到的事"[①]。我们在实际情况下总是以官觉来衡量

---

① 金岳霖,2000(a),第 29 页。

其他觉的。

一般而言，各觉平等，都有各自的实在感。做梦的人在梦中也通常以为梦境里的事情是真的。可是如果我们能说做梦如何如何的时候，我们所根据的就是官觉。我们可以研究各种觉，可是研究所根据的也是官觉，而不会以幻觉来研究官觉，也不会以梦觉来研究幻觉。各觉都没有内在的标准来使我们做出恰当的区分，即使我们有觉的定义，而要在经验上区分出来各个觉也基本不可能。他说：

> 我们既然要在不同的觉中去找官觉，我们只能在"觉"底经验中去找标准。"觉"中没有标准。觉只有这几种，没有不属于这几种而独自为觉的觉，也没有超过各觉之上的超觉。我们不能从觉中去找标准。这其实就是说没有超过任何觉底本身范围之外的标准去决定 X 是某种觉。这句话非常之重要。普泛的觉不能帮助我们，我们只能从各不同的觉底本身去着想。……对于 X 究竟是如何的觉，我们既没公正的外在标准，也没有内在的标准去决定。①

在实际经验中，我们所有的一切，不过都是各种感觉而已。这是我们的经验限制，是我们的经验范围。我们只能从中得到我们的所有经验知识。我们能跑出经验的范围吗？有人说可以，但那是另一个问题。就经验知识的范围而言，我们只能在经验之内做出我们的选择和判断。这说明没有其他任何超出感觉范围之外的东西可以作为我们区分感觉的标准。就是说我们没有外在的公正的裁判。所以我们也只能在各种觉的经验中来找官觉。可是立足于各个觉本身，各个觉自己都是自足的，而对觉的怀疑又只能来自其他觉的根据。各个觉认为自己为该觉的标准不是充分的，而它们认为自己不是该觉的标准也不是充分的。像幻觉者大都不承认自己在幻觉，做梦者也往往不承认自己是在做梦。这说明感觉本身也不能提供内在的标准来做恰当的判断和区分。

没有内在的或外在的标准，我们只有实际上所使用的标准，那就是官

---

① 金岳霖,2000(a),第 35 页。

觉。我们在经验中总是站在官觉的立场,并以官觉去分辨其他的感觉。不以官觉的立场,我们甚至都无法经验到不同感觉的分别。"结果非常之怪,我们要在各不同的觉中去找官觉,我们得利用官觉底标准。"①可是,官觉本身也是可错的。官觉虽有正觉,但是也有错觉和野觉,也有短时间的偶尔的幻觉。比如像半在水中半在空中的直棍子会显示出是曲折的,镜子或水中的影子,雾中的幻影等等。在这些官觉中,我们怎么区分正觉呢? 这个问题和我们在觉中找官觉的情况是类似的。我们同样不能在各个官觉中分别的找正觉,而只能以正觉来衡量其他官觉。也就是说,我们一样没有内在的或外在的标准去区分正觉和其他官觉,而只能站在正觉的立场上,来区分其他官觉。"官觉总是知识底窗子,即令有些窗子发生问题,决不至于所有的窗子都发生问题;如果我们认为所有的窗子都发生问题,我们就抹杀事实。除非我们采用唯主方式,除非我们把自己关在窗子以内,我们不能一致地认为所有的窗子都有困难问题。"②这意思是说,我们决不能因为官觉中有野觉或错觉就抹杀官觉中还有正觉这一点。这样,官觉中心论也就自然过渡到了正觉中心论。

就肯定"有官觉"或"有正觉"这一点来说,以上的说明当然还谈不上是严格的证明。它最多只能是说,我们不能在不同的觉中去找官觉而又不以官觉为立场,也不能在不同的官觉中去找正觉而不以正觉为立场;我们在实际经验中就是以正觉为标准来区别其他各种感觉形式的。金岳霖还以摩尔(George Edward Moore, 1873—1958) 式的实例来论证说,当我举起左手时,我可以说"这是我的左手";然后我还可以再举起我的右手说,"这是我的右手"。摩尔就是以此来证明外部世界的存在。可是在绝大部分哲学家眼里,这样的证实"近乎笑话"。因为很明显这两个命题恰恰是要被证明的结论,而不能被用作前提或证据。或者,这两个命题仍然属于官觉内容,所能证明的还是官觉内容,而不是真正的外部世界。这都难逃循环论证的指责。但是,在金岳霖看来,如果在唯主方式下,这样的命题能够证实一如何如何的内容,那么在他的非唯主的方式下,也能够证实一如何如何的外物。从逻

---

① 金岳霖,2000(a),第36页。
② 同上,第117页。

辑上说这两种情况是一样有效的。

但是,无论如何,金岳霖自己也感觉自己的这些说明或证明是"粗疏的"。然而他认为"粗疏的证实依然是证实,我们不能因为它粗疏而否认它为证实"①。很多人正是觉得不能得到有效的证实,所以才否认有外物的,或者仅仅是假设有外物。在金岳霖看来,假设其有与直接肯定具有同样的逻辑值,但是后者却能给我们理论的实在感和对象的真实感。因此没有必要只是假设其有。当然,更关键的还是,能够证实的,为什么还要去假设呢?

我们前面曾经介绍过说,他最早对哲学发生兴趣就是关于觉的问题。那时他是只假设有这样的正觉,因为那时他只假设有客观的呈现,而不是确定地认为有客观的呈现。而现在,他能够肯定其有,是为什么呢?最主要的原因是,他认为,他有了非唯主的理论。在这一理论下,"有正觉"和"有外物"这两个命题都是合理合法的,都是恰当的。他的长期思考,就是反思唯主学说所存在的问题,反思唯主学说给知识理论带来的困难。在这样的反思之后,他认为知识论的难题不过是唯主学说理论所随附的问题,而不是真正的难题;如果不坚持唯主学说,就不见得有这些困难。通过反思和批判唯主学说,他认为他有了非唯主的理论,可以恰当地解决一直存在于知识论中的问题了。

当然,在持有一种非唯主的理论下,对究竟如何解决这些问题的困难程度,还不能过于乐观。就像觉或官觉的区分问题一样,他的"粗疏的"的证明是否最终成立还是一个问题,还不能遽而就下定论。我们还需要结合他对正觉问题的其他几个方面的说明一起来考虑,因为这几个方面的问题是密切地相互关联在一起的。

第二,呈现问题。所谓呈现,一般地说,是指事物对感觉者的一种表现状态。普通这么说说当然没什么问题,可是一到知识论中,它就变得与感觉区分问题几乎同样复杂了。不过我们现在仅仅先介绍金岳霖在这个问题上的一般看法。

从笛卡儿开始,这样的呈现一般被称为表象,即事物在感觉者内部所产生的一种图像。这种情况持续到了当代的绝大部分哲学家那里,只是该词

---

① 金岳霖,2000(a),第 138 页。

也往往被"感觉材料"所替代。可是，金岳霖的《知识论》没有提到"表象"这个词，只提到当代知识理论一般使用"感觉材料"，而他不用。他对此也没有对此作过多的解释。这是很有趣的一个情况。表象或感觉材料与呈现之间有一个微妙的差别，那就是，表象或感觉材料一定是在内的，是感觉者的内在状况，是感觉活动在感觉器官内的产物；而呈现完全不同，它并非是内在的，它可以是外在的。尽管呈现也可以被说成是感觉者的感觉内容，这并不绝对意味着它只能是处于感觉者的感觉官能之内的。当然，所与也有这样的中立性。很明显，正是这样的差别，为金岳霖的正觉说提供了技术上说通的可能。

金岳霖认为，一般来说，只要官能一活动，就会有呈现。官能一活动而无任何呈现的情况，我们可以不必讨论。呈现是特殊的，个别的和主观的，它总是一时一地的呈现，是相对于某个官觉者的。但是，这并不能排除说呈现也有普遍的和客观的，有共同的因素在里面。正觉的呈现就是所与，他说：

> 我们称正觉底呈现为所与以别于其他官能活动底呈现。所与就是外物或外物底一部分。所与有两方面的位置，它是内容，同时也是对象；就内容说，它是呈现，就对象说它是具有对象性的外物或外物底一部分。内容和对象在正觉底所与上合一；在别的活动上这二者不必能够合一，例如我想象在伦敦底朋友，内容是一事，对象是另一件事。就所与是内容说，它是随官能活动而来，随官能活动而去的，就所与是外物说，它是独立于官能活动而存在的。①

所与可以有两方面的位置，从而使我们说"所与是外物"这样的命题，起码在字面意义上，变得可以理解了。而所与作为感觉活动的所得，是感官功能的产物，又怎么可以具有这两方面的位置呢？从技术上的处理角度说，使之成为可能的，就在于呈现的性质。这应该就是金岳霖不用表象或感觉材料概念，而使用呈现和所与的缘故。

呈现本身并不一定具有这样的两种位置。在金岳霖所说的唯主学说那

---

① 金岳霖，2000(a)，第130—131页。

里,呈现与觉或官觉一样,仅仅是主观的或此时此地的官觉现象。而在金岳霖的非唯主理论中,呈现已经是正觉的呈现,可以有两方面的位置了。这意味着正觉的呈现可以超出官觉内容的范围,超出个体呈现的限制,而能达于外物了。

显然,要区分有什么样的呈现问题,与觉或官觉的区分问题完全是一脉相承的,性质类似。如何能区分正觉的呈现与普通的呈现,就像如何能区分觉与其他觉,官觉与其他官觉一样,都是复杂的问题。不过,在讨论呈现问题时,他使用了一个新的论据,却是需要我们特别注意的。

金岳霖认为,要理解有这样的呈现,就要反对一种有害的抽象。例如,我们再用那棵玉兰树的例子。虽然我们都知道不管从那个角度,不管什么时候,也不管是哪一个正常的感觉者,在现实中都应该可以知道这里有一棵玉兰树。然而,也确实有那么一种官觉内容是随着我的眼睛张合而出现或消失的。从中我们可以得出什么结论呢?我们是不是只能承认说"我看见我所看见的呈现"的呢?很多哲学家就是这样。他们认为这是逻辑上不可避免的结论,即我的官觉现象是确定的,而那棵真实的玉兰树是有待证实的。对"我看见一棵玉兰树",和"我看见一棵玉兰树的现象"这两个命题加以抽象,得出的结论就是"我看见我所看见的呈现"这一确凿无疑的命题。金岳霖认为这是有害的抽象的结果。他说:

> 单独的呈现或只能是呈现的呈现或不能同时兼是外物的呈现,是有害的抽象;经验上没有这样的东西,经验上虽有不同时兼是外物的呈现,然而的确没有不能同时兼是外物的呈现。这里的理论也许有不妥当的地方,要把它说得妥当似乎要有很详细的讨论;但是主要点我们得坚持,那就是经验上没有只是呈现而不能兼是对象的呈现。[①]

他的意思是说,在实际经验中,虽然有不包含外物的呈现,可是也有包含外物的呈现。"有不包含外物的呈现"这一点,并不蕴含"所有的呈现都不包含外物"这一点。我们有做梦的时候,也有出现幻觉或错觉的时候,然而也有非常正常的清晰感觉的时候,即正觉的时候。当然不能说有梦觉或

---

① 金岳霖,2000(a),第 170 页。

错觉什么的,就一定没有了正常的感觉。可是,"有不包含外物的呈现"这一点,虽然没有否定"所有的呈现都不包含外物"这一点,也还并不能说就蕴含"有包含外物的呈现"啊。无论如何,到此地步的结论,金岳霖和那些唯主学说还不能完全分开。他们也承认有外物,可是在他们来说,那是需要解释的,而不是能够直接认定的。所以,还需要有进一步的论证。

第三,客观性问题。根据金岳霖,在正觉中,所与就是客观的呈现。"一官能者在官能活动中所得的呈现有主观或客观的问题。客观的呈现非常之重要,它是知识底对象底基本材料。否认客观的呈现,就否认知识底共同对象。"①经验知识当然有共同对象,有客观的对象。

呈现都是特殊的,可为什么在正觉中的呈现就是客观的呢？我们看到,他在其知识论中,对"客观"一词的使用是不同寻常的,并不是我们普通所说的那种意思,即相对于主观而言的,是不随主体的改变而改变的,不以人的意志为转移的,或非人所能创造的,或事物的本来如何等等。他的客观的含义主要是针对在知识论中的呈现而言的。其定义是:如果某官觉类中的某官觉者对于 X 所得的呈现是该官觉类的类型的呈现,则此呈现为客观的②。换一种简明的说法就是,客观即是类观。再简单地说就是,"对于同一外物底同一部分,在它没有性质上的变更时期内,一类中的正常官能个体在正常的官能活动中所得到的呈现是有同样性质的"③。

在金岳霖看来,这样的客观概念有两点含义:首先,它不仅仅是个体观,不是主观的,因为它没有受某个特殊官能个体所私给的影响。其次,客观的呈现不一定就是相同的呈现。同一种官觉类型中的不同个体对于外物常常有不同的呈现,但却可能是客观的一致的呈现。就像我们每个人都可以对那棵玉兰树有各自不同的印象,但却不是不一致的呈现。呈现可以不同而仍一致。

这是一个很奇怪的规定。我们都知道每个人所有的所与或呈现都是不同的,都有差异,都依赖每个人的感官状况如何,或者感觉环境如何,感觉对

---

① 金岳霖,2000(a),第 160 页。
② 同上,第 147 页。
③ 同上,第 133 页。

象的状况等等条件。尽管我们也知道我们每个人看到的那棵玉兰树都大同小异,有相似的所与或呈现,可是相似就是一致吗?怎么就能说它们可以是一致的呢?这样的一致就是客观的吗?说所与或呈现既是特殊的,不同的,可又是一致的,客观的,这里难道没有冲突吗?金岳霖认为没有,他说:

> 其实它们毫无冲突。说这些呈现是特殊的只是说,它们在单位上或数量上彼此不同,可是在单位上或数量上不同的很可以各有同样的共相,这就是说很可以有同样的性质。这桌子上有两个特殊的洋火盒子,它们的确是两个,的确是特殊的;但是这并不阻止它们之各为洋火盒子。这就是表示:正常的官能个体,在正常的官能活动中,目有同视,耳有同听……等等我们称这样的呈现为客观的呈现。正觉底呈现是所与,它总是客观的。①

尽管在单位上是两个,这一个和那一个,在数量上是两个,可是它们有一致的性质,有一致的形色状态,是一样的类型。这就是金岳霖所说的类型的呈现,即类观,类型的呈现就是客观的,客观的呈现是正常的呈现。个体的呈现虽然是特殊的,可是如果它也属于类型的呈现,即这个个体所属的类的呈现,那么这个个体的呈现就可以是客观的。也就是说,这个呈现的内容虽有这个个体的影响,却也会有这个类型呈现中所有的那些相似的特点,或者说一致的性质状态。只要事物没有"性质上的变更",那么它对某一类的官觉者的呈现就是一样的,性质相同的。该类中的个体的官能只要正常,即属于这类的类型的官能状态,那么该个体所接受到的对此事物的呈现就是类型化的,客观的。

为什么类观就是客观的?那么,还有没有我们普通情形时所谓的纯粹的客观,或事物本来的如何如何呢?金岳霖认为根本就没有什么单纯的所谓的客观。所谓的事物本来如何如何,就是说事物本来是怎样的情况,在日常的使用中可以有很多种不同的解释。例如,一般我们所"以为"的事物如何如何,其实也不过就是类观而已。要说事物本身"真的"如何如何的话,事物本身实际上谈不上什么真的或假的。所谓真假是形容我们对于事物所

---

① 金岳霖,2000(a),第133—134页。

肯定的命题,事实上所根据的还是类观。

至于最通常的解释是,所谓"本来"是说事物不受我们的观点或角度或看法等等的影响,或者没有受到其他任何相关的东西的影响,而是其本来自有的状况。这就涉及到究竟怎么看待事物之间的关系问题,或感觉者和被感觉对象的关系了。金岳霖认为,所谓本来一说,往往是指某事物没有受到任何其他事物的影响,或者说是没有与其他事物有任何关系,而这似乎是不可能的,即使可能有这样的事物,我们也接触不到,知道不了。这就是说,没有一个个体是毫无关系的。毫无关系就是没有所对,无对的个体似乎没有。不论宇宙有多大,其中的个体总是处于各种关系网中。他说:

> 可是,我们可以退一步着想,我们可以假设有毫无关系的个体,而我们仍不能知道它。我们无法摸它,或看见它,或听见它,或嗅着它。显而易见,只要我们官觉到它,它就与我们有关系,而所官觉的就是有关系的,不是无关系的。知识也是如此。如果我们以这样本来如何如何为客观地如何如何,我们底官觉不会客观,知识当然也不会客观。其实根本就没有这样的本来,也没有这样的本来如何如何。①

就我们的经验来说,没有任何关系的事物是不可能的。或许我们可以想象那样的事物,可是想象恐怕也已经把它纳入一个关系网中了。所以单纯的客观是没有的。而我们经验中所有看待事物的根据,就是以类观为基础。类观的怎样,也就是我们一般所说的本来的怎样。这是我们用以校对各种不同的观点的工具。

那么,个体既然都处在这样的关系网中,这些关系是否会影响到呈现的性质状态呢?这就涉及到内在、外在关系问题了。

第四,内、外在关系问题。内、外在关系理论是上世纪初期布莱德雷(Francis Herbert Bradley,1846—1924)与罗素和摩尔在哲学上争论的一个焦点。普通的说法是,就如何认识事物是怎样的问题的看法来说,布莱德雷的内在关系论认为所有关系都是内在的,任何事物之间都有可相互影响的关系,要认识任何事物而不通过认识宇宙整体的真理是不可能的。这当然

---

① 金岳霖,2000(a),第144页。

是一种黑格尔式的普遍联系观念。罗素和摩尔对此产生怀疑,他们对宇宙全体的真理不感兴趣,然而这样就无法认识任何事物了吗?这明显不合理。不需要全体的观念,他们仍然能获得具体的真命题,比如数学或逻辑命题。这就需要采用一种外在关系理论,即事物之间,或事物与感知者之间,是处于外在关系当中的。这使得对我们周围具体事物的确定性认识成为可能,而完全不必要去关心天狼星上发生的事情。这一争论影响很大,因为它不仅仅只是关于一般的关系是怎样的问题,事实上几乎涉及到哲学的所有领域,例如形而上学,知识论,逻辑,语言哲学,心灵哲学和科学哲学等等。内在关系论在罗素和摩尔的激烈批判下不久就偃旗息鼓,外在关系说成为哲学上的主流观念。

  金岳霖无疑也受到罗素外在关系说的影响,在官觉者和官觉对象的关系问题上采用了外在关系说。他赞同罗素的观点,认为如果关系都是内在的话,即如果任何关系都使两个个体受影响,从而被这种关系改变了性质状态而与原来不同的话,那么认识就成为不可能。就全体与部分之间的关系说,全体变而部分未必就一定会变,部分变而全体也未必就一定会变。就关系和性质来说,关系变而性质未必变,关系不能必然地改变事物的所有性质。"一个体之为该个体决于该个体与任何其他个体底关系而不决于该个体底性质"①。因为两个个体可以有完全相同的性质,却又是两个不同的东西,就像工厂的批量产品一样。因此,有外在关系是不能免的。这样的话,改变一个个体的关系,只是意味着改变了它的以前所具有的关系而已,而并不必一定要改变它的性质。

  但是在另一方面,金岳霖并没有完全同意罗素的外在关系说,那就是他认为事物之间也有内在关系。这意思是说,事物之间可以构成一种内在关系,因为它们的相互影响而使其性质状态发生根本性的改变。在罗素说,所有的性质都可以分析为关系,像类一样,包括"事物"这一概念本身也是关系所构成。而构成这些关系的单元宁愿就像莱布尼茨式的单子,或者像数学上的自然数一样,谈不上有什么性质,性质都是可分解的。当然,金岳霖不会这么看。金岳霖没有单子式的外物,他的外物都是有形色状态,普殊俱

---

① 金岳霖,2000(a),第 152 页。

备综错杂陈的个体,因此事物之间不可避免地就会既有外在关系,又有内在关系。"请注意我们不是反对有内在关系,……内在关系之有我们无法否认。本段不过表示不是所有的关系都是内在关系而已。这也就是说有外在关系。"①这说明,在他看来,关系有内在的,有外在的,即不是所有的关系都是内在的或外在的。

从技术角度说,有了内、外在关系俱有的理论,金岳霖才可以很好地构筑他的正觉关系论。否则,不管是内在关系论,还是外在关系论,都和他的正觉关系论有冲突。

第五,正觉关系论。前面所讨论的问题都是金岳霖为了恰当地阐述正觉关系论而作的理论铺垫或准备。他的知识论的核心思想就在于这个正觉关系论。这是他针对唯主学说所阐发的非唯主的知识理论的中心内容。

在金岳霖看来,正觉当然是一种官能活动,有官觉内容,可是它又不止是一种官能活动,它还包括外物或外物的一部分。在普通经验中,确实有其他官觉活动是没有外物的,如幻觉或梦觉之类。但是也有包含外物的官觉,那就是正觉。说它不仅仅是一种官能活动,是说它其实是一个关系集合。在这个集合中,有某一类的某个官觉者,有外物,二者相互之间形成一种正觉关系,即如"S_nRO"。S_n表示某 n 类的某官觉者,S,R 表示正觉关系,O 表示外物。他说:

> S_nRO 固然是 S_n 底官能活动,也同时是关于 S_n 和 O 的事体而这件事体是一关系集合。此关系集合牵扯到两关系者,即 S_n 和 O,及它们底关系,即 R。就成分底结构说,S_nRO 是关系集合;就整体说,它表示一件特殊的事体。就它是一件事体说,它在某时某地发生,例如我在某时某地看见一张桌子。它既然是一件事体,当然有事体所共有的情形。②

这样构成的一个关系集合既是特殊的,个别发生的一件感觉活动,其中包括有感觉者和被感觉者在一起,这两者都是这一关系集合中的必要成分。而这两者之能形成有这样的必然关系,就在于这是一种正觉关系。只有在

---

① 金岳霖,2000(a),第 156 页。
② 同上,第 126 页。

正觉关系中,它们两个才是这样一个集合的必要成分。而在别的关系中,这两者不必在一起,可以分开来,各自独立,甚至一点关系也没有,就像在梦中一样。

这当然是一个很好的关系集合。如果确实如此的话,那么可以解决很多知识论上的难题。可是,我们的某些疑问似乎还在而没有消散。例如说,即使我们承认,一般来说在某些正常的感知活动中这两者可以处于一种正觉的关系,可是我们仍然会有那样的问题,即在正觉之中,官觉者和外物是什么关系呢?或者说,S_n和 O 之间是怎么样的一种关系呢?很多人是用因果说来解释的,认为外物是呈现的原因,而呈现是外物作用的结果。但是金岳霖解释说,这和正觉关系集合没有关系。因为在正觉中,呈现不仅是官觉内容,它还是外物的呈现。而且,这一集合作为一个整体,集合之内谈不上什么因果关系。这一集合的形成可能有它的来因去果,但这与集合的元素之间的关系不相关。

还有人用代表说来解释,认为呈现代表了外物。金岳霖认为这和正觉关系集合也没有关系。尽管所谓代表一词的含义有很多,可是都是把代表和被代表的当成了两个东西,或两个个体。他反驳说:

> 一件东西或一个个体和它本身不能有这样的代表关系。在正觉中呈现就是所与,所与就是外物或外物底一部分。它们根本不是两个个体或两件东西,呈现或所与只是外物或外物底一部分之为正觉者所正觉而已。在这情形下外物或外物底一部分的确有两个立场:一个立场是独立存在的外物底立场,一个是正觉关系集合中的关系者底立场,因为在两个立场的是一个个体,我们不能说在一个立场的个体就代表在另一个立场的个体。①

虽然我们日常有时候会说"我是代表我自己投的票"什么的,可是这和这里的代表说不是一回事。代表说是指一个东西代表了另一个东西。正是因为这是两个不同的东西,才谈得上需要一个代表另一个。而在正觉关系论中,外物就是外物,它已经在那里,不需要再有什么来代表。我们或者也

---

① 金岳霖,2000(a),第 135 页。

可以用日常语言说,它已经代表它自己了。

还有一种说法就是"存在即被觉说"。那是我们熟知的贝克莱的观点。完全取消外物的观念,在金岳霖当然不能同意。但是"如果我们把存在即被觉说视为外物底性质是相对于官能类的,本书非常之赞成"[1]。外物的形色状态是相对于某官能类而言的,就像耳闻之而为声,目遇之而成色里的声和色一样。但是要说这两句话里的"之"也是相对于官能类的,那金岳霖就不能同意了。因为那是外物本有的形色状态,而不是官能者所能加之其上的。他认为,这种说法虽还有别的含义,却不完全是针对正觉关系论而言的。

因果说和代表说都是基于仅仅只承认官觉内容或单纯的呈现,从而使官觉的对象是否是外物这一点成为了问题,才应然而生的。这些唯主学说的持有者也承认经验知识是关于客观外物的理论,因此他们就只好从官觉内容出发去寻找外物。可是,就正觉而言,呈现或所与已经包含有外物在内,把外物当作是其内在的必然成分,所以完全不再需要因果说或代表说以寻求外物。而如果不在正觉的立场上,也就是在其他官觉或觉的立场上,官觉活动不涉及外物,仅仅是官觉内容或单纯的呈现而已,那么,通过因果说或代表说去寻找外物,又是不可能的,仅仅只能被限制在内容或呈现里面。"在这样的呈现中绕圈子是绕不出来的。就知识论底许多问题着想,这样的呈现是无能的,它根本不能帮助我们解决问题。"[2]很明显地,正觉关系论不在单纯的呈现里绕圈子,根本就没有需要去寻找外物的问题,不需另外想方设法试图去沟通内容与对象,或呈现与外物,不存在内、外的鸿沟。

金岳霖对觉或官觉的区分,以及呈现,客观,和内、外在关系这三个方面的条件对这种正觉关系都是必不可少的。觉或官觉的区分,使"有正觉"成为可能,从而使正觉关系论有了坚实的基础。在正觉中,不同的官能种类当然有不同的呈现,人与牛可以都看到红色而所见是不一样的。这说明在官能活动中官能者与外物的关系是内在的,因为它使外物成为此一官能类的官觉外物,关系自然有所改变。然而,尽管官能活动与外物有内在关系,却

---

[1] 金岳霖,2000(a),第136页。
[2] 同上,第171页。

也有外在关系,即官觉活动并没有改变外物的性质。他们处于一种既是内在的,又是外在的关系中。这正是正觉关系的独特之处。官觉种类和外物当然不必一定有这样的关系。但是在正觉之中,它们就有这样的关系。这正是我们上面所讨论的金岳霖关于呈现、客观和内在、外在关系论思想的理论目的。独立的外物就在正觉关系中成为官觉外物,然而它不因为是官觉外物而失去独立性,它仍然是有独立性的外物。它也不因为成为官觉而失去它本来的性质状态,它还保持有它自己的特征。只是,在正觉之中,它作为官觉外物,也是官觉者的官觉内容,成为官觉者的客观的呈现,成为官觉者的所与。如果所与不是呈现而是表象,那么它就只能局限于官能者的身体之内,是官能者内部神经所产生的图像,它就不可能包含有外物。而如果所与不是客观的,也就是说不是类型化的,那么它就是主观的,也即仅仅是官觉者个别的所与,而这既构不成公共的空间,也不是事物本来的形色样貌,只是官觉者之所私的,因而无法得以交流。如果官觉者和外物之间只有内在关系,或者只有外在关系,那么他们之间也就无法构成正觉这样的既是内在又是外在的关系,因而要么不能有本来样貌的外物,要么有这样的外物却又不能被官觉者所官觉。可见,呈现,客观,内、外在关系这几个方面的要求,对正觉关系论都是十分必要的。正是基于此种所与或呈现,我们可以构建关于客观外物的经验知识。

　　介绍至此,根据金岳霖的正觉关系论,我们可以说所与的内容是外物或外物的一部分,所与的性质就是正觉的客观呈现。"有外物"和"有正觉"(或"有官觉")这两个命题,构成了所与的本质特征。显然,所与不是单纯的呈现,也不是混乱一团或毫无秩序的混沌,也不是光溜溜没有任何内容可言的空白一片。在正觉关系中,它是对外物的类型化的客观呈现。这一所与虽然还是以特殊、个别、具体的形式出现或发生,却仍然包含有外物本来的形色状态,有外物的条理或秩序,有外物的共相和共相的关联。这样的所与既是官觉对象,又是官觉内容;即是外物,又是外物的呈现。它有这样两方面的位置,就既可以处在官觉者之内,又可以同时处在官觉者之外。作为正觉关系集合的所与,没有了内、外之别,浑然一体,了然无痕。这样,知者,被知者,以及这二者之间的感知关系,在金岳霖的非唯主的思想下,得到了一个全新的理解和诠释。无疑,这一切在唯主学说的知识理论中,是无论如何都得不到的。正是在这一意义上，金岳霖说：

> 这一整本书可以说是正觉底分析，不过开头注重正，现在注重觉而已。说知识有进步，简单地说，就是不同的正觉有增加；说真理得不到，也就是说，知识老有进步，不同的正觉老有增加。本书可以说是始于正觉，终于正觉。假如我们对于其他的觉有兴趣，我们可以回到其他的觉上去。果然如此，我们实在是在知识底立场上去论其他的觉。在那种场合下"官觉达它"（感觉材料）也许是非常之有用的意念。①

这是《知识论》整本书的最后一段话，是相当有意味的。我们能从中感觉到金岳霖对唯主学说的某种讽刺语气或嘲笑味道吗？能体会出他有一种如释重负般的轻松心情吗？那是需要仔细品味的。

由正觉提供的这样的所与就是经验知识的材料。"任何经验知识，就材料说，直接或间接地根据于所与。就活动说，直接地或间接地根据于正觉。日常的知识如此，科学的知识也是如此。"②对此所与，知识者可以用抽象和抽象的意念为工具，摹状和规律它，收容和应付它，并加以整理和安排于意念或概念的图案中，以之形成事实和命题，而符合事实的真命题就是知识。知识就是以抽自所与的意念还治所与。

我们知道，这样的所与理论，来源于金岳霖的非唯主的思想。所谓非唯主的思想，从字面上理解，当然是针对唯主学说的思想。他一直就是在对唯主学说的批判中阐释他的所与理论的。可是对他的非唯主理论，他却并没有进行任何系统的论述。这对我们来说，不能不说是一个遗憾。究其原因，或许是由于他写作当时及后来所处的时局的关系③，也或许是他自觉该思想尚未完全成熟吧。尽管如此，我们从其所与理论中，已经可以知道他的非

---

① 金岳霖，2000（a），第 953 页。
② 同上，第 185 页。
③ 我们知道他是在战争年代极为恶劣的写作环境下，把数十万字的《知识论》写了两遍，历十年时间（1938—1948 年）。而刚一写完，即 1948 年 12 月，北平就解放了。书稿在商务印书馆就此压下，直到 1983 年 11 月在他 90 岁去世（1984 年）之前才得以出版。时局的变化一方面使他无法再继续知识论问题的研究，另一方面该书的未能面世也使其中的思想无法及时得到其他哲学家的关注、交流和批评。这一定使金岳霖感到分外遗憾。可能正是因此，他才对该书的最终得以出版表示"非常"非常高兴。

唯主思想的大意。而把这一思想提炼出来,并加以深入地探讨,就是我们后面章节的主要内容。不过,在此之前,我们还很有必要先看看历史上的那些哲学家们都是怎么考虑这个问题的。因为,正是两千多年以来的那些哲学理论,构成了金岳霖非唯主思想的背景。

第二章 事物是怎样的

金岳霖为什么对唯主学说不满意？要对此有所了解，就需要从根本上探讨和分析，在关于我们周围的事物究竟是怎样的这一问题上，以往的哲学家们都是怎么理解和解释的。

第一节 现象的解释原则

一、惊奇与困惑

对现象的惊奇是哲学的根源。而对现象的看法自然包含那是某种所与的意思。尽管这意思还不是那么明确，但无论如何这已经是所与思想的初步发生了。实际上，自然现象作为人们希望认识、理解和把握的对象，是远古神话、艺术、宗教、科学和哲学发生的一个源头，是它们关注的永恒领域和主题。后来它不仅包括单纯的自然现象，还包括了人的感官知觉和灵魂思想。把它们合而统称为人的经验，那还是近代随着自然科学的发展以后才出现的事情。在古希腊，人们开始对这一类问题有了现在可称作是哲学式的探讨：我们究竟怎么理解这个世界上在我们周围的事物呢？怎样理解自然和我们之间的关系呢？我们对这些现象的各种说法怎么才算是恰当的呢？我们可以由此把握到揭示事物真实面目的真理吗？只有我们确实把握事物是怎样的，才可以有助于人类的幸福和安宁，才可以避免灾难和痛苦吗？等等之类。古希腊的贤哲们对这些问题的探索和讨论，给后来的几乎整个西方哲学和思想提供了一个理性的框架，成为西方文明体系的基础。

古人最初对各类不同事物可以说有了认识或理解，是把它们做一个简单的直观的归类，并加以命名。比如说把某些"东西"都叫做"树"、"羊"、

"老虎""石头"、"山"、"火"或"水"等等,这样就大可不必给每一棵树、每一块石头或每一滴水都起个名称。这给了人们相互间的交流极大的方便,从而使生活和娱乐的质量有了很大的提高。当他们开始琢磨怎么解释这些不同的类的时候,可以说哲学也就诞生了。在我们周围的事事物物,不管属于什么类,好像都由一样的东西构成,例如"水"、"气"、"火"等等,或者干脆叫"无定"、"种子"、"原子"等等更抽象的基本元素。这些就已经是很深奥的关于世界和在世界上的万物的理解了。再进一步,为了对这些理解再做理解,就需要讨论关于"一"、"多"、"动"、"静"、"相异"、"相同"、"实体"和"属性"等等的抽象概念了。第一个伟大的思想人物是柏拉图(Plato,前428—前347)①,有了完整的思想体系,一直影响着人类文明近三千年来的历史发展。由于他的思想和本篇论文的主题有非常大的关系,因此我们需要较为详细的介绍一下。

二、理念

起初现象事物的变化万端给古代的人们造成了巨大的困惑。但是,如果我们周围一切可感知的事物都是不断流变而缺乏任何确定的东西,像赫拉克利特(Heraclitus,前540—前480)所认为的那样,那么如何来描述和解释它们就成了一件不可思议的事情。它们没有任何性质吗?然而存在呢?有自身的同一性或同其他事物的差异性吗?那么,这样的话,它们究竟是什么都成为一个问题。另一方面,如果像巴门尼德(Parmenides,鼎盛年约在公元前五世纪左右)所认为的那样也很成问题。他说事物没什么变化的,一切都是统一的"一"。但是,我们的现象世界毕竟是可区分的,有直观能见的变化,怎么能轻易的完全否定呢?原子论者德谟克里特(Democritus,前460—前360)于是认为,可感事物的原子"流射"进了我们的灵魂,发生作用并产生影像,就是感觉。但是这些感觉内容是不真实的,是我们意见的"约定"。受大化流行所迷惑的最极端的哲学观点是那时的智者,比如其代表

---

① 或者我们需要说柏拉图是和他笔下的苏格拉底一起作为最早的、最重要的思想家的。因为柏拉图在浩瀚的著作中都是以他的老师苏格拉底的名义在发表意见,而苏格拉底本人却没有任何著作留传下来。在柏拉图的著作中,哪些是他本人的思想,哪些是苏格拉底的思想,至今难以分清。不过一般的说法还是柏拉图自己的思想居多。

人物普罗泰哥拉(Protagoras,前481—前411)的观点就风行一时:我们所见的变化万千的现象世界相对于每个人来说都是真实的,任何事物就是它呈现给一个人的那个样子,因此人就是万物的尺度。他说的是对每一个人来说的,而每个人相互之间却无法比较感觉现象。所以这种早期相对主义的观点很容易就被引到高尔吉亚(Gorgias,约前480—前375)那样彻底的说法:在变化的现象之后没有这种存在的事物;即使有这种存在的事物,我们也不可能认识它;即使可以认识它,我们也无法表述我们对它的认识。他由此指出了在我们论说"存在者"和"不存在者"时蕴涵很多难以解决的认识论矛盾,所以寻求现象背后的确定的存在物是不恰当的。

这些怀疑论的主张导致苏格拉底(Socrates,前469—前399)和柏拉图开始认真思考人的认识是怎样可能的问题。在我桌子上有一个红苹果。当我说"这是一个红的、圆的、甜的苹果"时,我当然是在把"红的、圆的、甜的"这些性质归属于这个苹果。但是在我把这些性质归于它之前,它是什么呢?也就是说,如果不算那些关于苹果的性质的话,那个"它"或"这"或"那"是什么呢?我们对那个光溜溜的"它"或"这"或"那"能说点什么呢?如果不通过那些属性的话,怎么去理解这个"它"或"这"或"那"呢?"它"因变化而根本就没有,或者"它"和那些属性是完全不可分的,或者"它"可以随你意思,愿意怎么看就怎么看吗?这是普通人不会注意到的专业的哲学问题,涉及到后来所谓的本体论。但我们在这里还是把它看作是一个认识论问题。

正是要理解这些现象性质和这些性质所附着的那个"它"以及这两者之间的关系,是那时的哲学家们所关注的一个核心问题。

在考察各种不满意的观点之后,柏拉图提出了他的"理念说"[①],及"分有说"和"回忆说"。"既然以这种方式被创造出来,这个宇宙就被造就为理性和心灵可以把握的这种样式,它必定是不变的,具有必然性,如果这些前提不假,那么这个宇宙是某个东西的影像,是完全必然的。"[②]既然这些现象

[①] 关于柏拉图的"ideas"或"forms"有多种译法,如"理念"、"形式"、"原型"、"理型"、"型相"、"形相"等等。本文不做区分,一律使用较为通俗常用的"理念",除了在引文中按译者的原译文外。

[②] 见柏拉图:《蒂迈欧篇》,柏拉图,2005年,第三卷,第280页。

性质都是被生成的,也就是被创造的,那么它们一定是根据某种标准的原型,即理念摹写出来的,是分有了那个理念才成为人们意见的对象的;而这个生成过程发生于其中的东西,就是那个"它"所意味的;人的理性和心灵正是通过把握这种理念,来认识这些现象性质和性质所归属的东西;这些理念因其不变性而具有必然性,对它们的正确认识就是真理。世上的万事万物,都有它们的理念,像那些花草树木或山川河流。尤其是要理解那些我们对其缺乏直观的性质,如"正义"、"勇敢"或"善良"等等,更是需要有理念的帮助。我们看到,在柏拉图的著作中,苏格拉底孜孜以求对各种事物的理解如何能达到确定的程度,如何能归纳出完善的定义。柏拉图的理念说,针对的就是苏格拉底的那些问题而做出的。这样,赫拉克利特说的没错,现象世界是流变不定的,不能给人的知识;巴门尼德说的也没错,不过那个不动的实在的世界并不是赫拉克利特指的感觉世界,而是另一个概念世界,即理念的世界。理念世界和现象世界有着完全不同的性质,现象世界只是理念世界的影子而已。我们看见那些所谓"红色的",不过是因为有"红性"的理念而已。我们要理解"那个苹果",也需要先理解那个类的普遍的完善的"苹果"才行。这种完善的理念也叫共相。柏拉图说:"因此我们也必须承认有一类存在是始终同一的、非被造的、不可毁灭的,既不从其他任何地方接受任何他者于其自身,其自身也不进入其他任何地方;任何感觉都不能感知它们,惟有理智可以通过沉思来确认它们的存在。"①我们对这个理念可以有完全确定的认识,而且有了理念作为根据和标准后,我们也可以了解变动不居的现象世界了。所以,普罗泰哥拉和高尔吉亚的相对主义或怀疑论的观点是错误的。

  理念是否存在,当然是个需要讨论的问题,而且很关键。"红性"或"正义"这样的理念或共相真的存在吗?这是让柏拉图最为头痛的事情。就它的认识论作用来说,无论如何它都应该而且必须存在。但是它的存在问题给它带来了许多难以接受的困难。这些困难被讨论在柏拉图晚期的著作《巴门尼德篇》中,并努力加以解决。有意图表明柏拉图在他的理念说遭到许多批评后立场有所动摇。实际上在他的《巴门尼德篇》之后,经过亚里士

---

① 见柏拉图:《蒂迈欧篇》,柏拉图,2005 年,第三卷,第 303 页。

多德(Aristotle,前384—前322)的批评和改造,也确实没有人会认真看待理念是否真的独立存在于另一个世界了。但它具有那样一种认识论作用这一点,其影响却绵延至今不绝,构成整个西方哲学史上最重要的主题之一。如果理念被当作是实在的,有独立的存在性,那么这可以被叫作一种较强的或本体论的柏拉图主义;如果只把理念当作一种认识论根据,而不对它的本体论地位有所承诺,那么这可以叫做一种较弱的或认识论的柏拉图主义。

  我们主要关心的就是这种认识论的柏拉图主义。它还涉及两个不能被忽视的问题和理念说的另两个辅助理论"回忆说"和"分有说"相关:第一,心灵是怎么能认识理念的。不管理念是不是存在于某个确定的世界,我们可以承认它具有柏拉图所赋予给它的认识论作用,那么,它为什么能被人的心灵和理性所把握呢?它和人的心灵和理性有什么必然的关系吗?如果人只是碰巧能够认识理念,那么这种认识的真理性又如何保证呢?看来心灵和理念之间需要有一种内在的关系,才能保证这种具有必然性的关系。这样才能使"红性"或"正义"的理念确实就是关于红色的东西或正义的行为所相对应的完美理念。但是柏拉图对此有所疑虑,因而并没有给我们充分的理论论证。他的办法是:心灵先天就知道了关于理念的事情,不是后天习得的或通过经验才获得的。人的灵魂在其以往的各种存在状态中早已经历了所有事情。因此,灵魂知道一切,仅仅会偶然忘却而已。如果经过提醒,灵魂自然可以回想起这些以往经历过的事情来。可感事物本身无法使我们认识这种完善的理念,却可以提醒我们进行这种理性的回忆。或者,我们通过"教育"也可以回想起被遗忘的理念来①。但是,这样的"回忆"还不能解决我们的问题。因为我们可能会仅仅偶尔回忆到某个理念,也还有无论如何都回忆不起来的时候,甚至有所有人、所有时候都回忆失败的时候,由此我们对那个理念的认识就大成问题了。而且更重要的是,即使回忆出来的那个理念是不是就是我们所寻求的那个完善的理念,还仍然是个问题。我有什么根据和理由说,我所回想的这个东西就是完美无缺的理念呢?如果这个问题成立,那么,整个认识论的根本问题就还没有涉及到,更别提解决了。而这,似乎也是柏拉图在《泰阿泰德篇》的末尾所提出的最后一个难

---

① 见柏拉图《美诺篇》、《斐德罗篇》、《泰阿泰德篇》和《国家篇》。

题,并导致关于"怎么才算知识"这个问题的讨论终无结论①。总而言之,心灵和理性对理念的认识不能仅为一件偶然的事情。否则,理念作为认识论的最终根据就成了疑问,也就是说,这个根据本身又是怎么成为根据的?如果这样的问题变得合理,那么怀疑论的观点就是不可避免的。但是这样的话,就完全违背了柏拉图提出理念说的理论初衷。

第二,既然已经分有了理念的可感事物,为什么还不能成为知识的对象。在柏拉图看来,心灵和理性甚至可以不必和可感的事物发生关系就认识像数学那样的先天真理,比如说毕达格拉斯定理。而可感事物仅仅是意见的对象,在其中没有更多的实在的东西。它们仅仅因为分有了理念成了我们可以理解的对象,那种理解也仅仅是意见,不可能达到真理的程度,因为这种意见的对象,即现象,不具有确定的本质。只有对理念的认识,才可能成为真理,因为理念才是完美的。这是我们能有真理性认识,即知识的最充分的根据。他在反对普罗泰哥拉"人是万物的尺度"和"感觉就是知识"的观点时,从各种角度分析了事物的那些感觉性质并不就是事物本身所具有的。因为一方面人的感觉经常发生错误,即有各种错觉或幻觉情况存在,而且,人们在对这些感觉所得进行判断时也会经常发生错误;另一方面很多感觉性质都是和人的感官能力本身有密切关系,人们往往误把这些被人的感官所产生的性质附加到了事物身上。他说:

> 剩下的问题还有做梦和身心失调,尤其是疯狂,以及据说是由疯狂引起的在视与听或其他方面产生的所有错觉。你当然知道所有这些例子都可以用来否定我们刚才假定要接受的理论(指"感觉就是知识"),因为在这些状况下,我们确实有虚假的感觉,这就表明,并非它对任何人显得如何便是如何,而是正好相反,这些呈现没有一样是真实的。……这样一来,那些主张感觉就是知识、事物就是它对某人呈现的那个样子的人还有什么论证剩下来呢?②

可感的事物没有什么明确的属性使它成为知识的对象③,可以通过心

---

① 见柏拉图:《泰阿泰德篇》,柏拉图,2005 年,第二卷,第 752 页。
② 同上,第 673 页。
③ 也见柏拉图《克拉底鲁篇》和《蒂迈欧篇》。

灵对相应的"理念"的理解而被解释掉。关于"那个红色的苹果",似乎没什么可算作知识的。只有关于"红性"或"苹果"的了解,才能给我们以关于一种水果的知识。可感的事物并不因为分有了理念的一部分而就具有任何程度的实在性。意见的对象不是知识的对象。那个红色的苹果即使具有红性,并且也是苹果类中的一个,却也不能使它带有稍许可知性。那个苹果本身是不可知的,我们却可对它发表意见,具有信念。

然而,为什么分有了理念的可感事物一点可知性都没有,是无法理解的。世间的繁华壮丽,难道都是昙花一现吗?我们的直观和直观所得难道没有任何认识论的价值吗?这固然是"分有"这一概念所带来的困难,但是柏拉图没有使现象世界具有任何可知性的意图,这也是大有问题的。这样的理论不能说很有说服力,也不能说明在现实中我们似乎确实有对于普通事物的理解。而且,更重要的是,所有的理论问题之所以被我们关注和讨论,恰恰是因为我们需要对周围日常事物的一个合理的理解。把它们都消解掉当作虚无的学说一定有问题。后来理念论在这方面受到亚里士多德的批评和改造。

不过,对柏拉图的理念论所存在的问题,我们焉能苛求两千五百年前的古人呢?事实上他对人的认识能力的讨论极为细致详尽,其所涉及到的认识论问题几乎仍然是我们今天所探讨的哲学主题。这些问题蕴涵有关于人类本身的一些根本性问题。古人力求理解和把握在他们周围的事物的本质,力求对可感的现象世界有一个恰当的看法。这不仅可以丰富和提升他们的日常生活和社会交流的内容范围和价值程度,而且更重要的是,在知道人和自然的本质之后,可以使他们知道人应该如何与自然相处,又应该如何与他人相处;既能趋乐避苦以获得身心的安宁和幸福,又能基于真善美的规范,使个人、国家和社会,使整个世界,达于和谐而完美的境地。柏拉图和毕达格拉斯、巴门尼德、赫拉克利特等人一样,在如何获得关于事物本质的确定性知识,因而如何能得到真善美的规范这一点上,惊人的一致:那就是,在感官知觉的世界里,我们是无法把握真理的,那只有靠心灵的沉思才行。就像我们可以先天地理解数学,又通过数学来理解事物及事物间的关系那样。对心灵和理性这一特殊性的如此强调,是古希腊一个极为有趣的现象。他们究竟以此是想告诉我们什么呢?他们极力在辨明的是什么呢?尽管他们在许多具体观点上不同,甚至互相鲜明地针锋相对,但他们思想的基本倾向却是一致的,都强烈主张心灵和理性有一种特殊的力量,可以使我们有对事物的真正的理解,可以给我们带来与日常瞬息万变的杂乱的意见不同的确定的知识。而且,只有当我们能够恰如其分的运用我们自己身上的这种理性的力量时,这个世界才对我们具有真正的可理解性,才具有真正的意义和价值。所以,理念本身是否现实地存在这个问题并不重要,重要的是心灵和理性本身就可以认识和把握完美的善,然后由之可以进而理解和解释我们周围的事事物物,这样纷繁杂乱的可感世界也可以成了有序的可理解对象。心灵和理性的这种特殊能力,被他们看作是人的本质所在。这一点也被亚里士多德后来用作人的本质定义:人是有理性的动物。

这使人脱离了人的肉体或单纯的动物性,而成为自然中一个特殊的存在。这个特殊的存在,又反过来使自然脱离了单纯的物性,具有了意义和价值。但是,这其中是否具有必然性,是令人困惑的。也就是说,心灵和理性能够完全脱离肉体和动物性的羁绊,而变得完美、超越、永恒和纯粹吗?自然的意义和价值,如果脱离可感性质的依赖性,能够基于其自身而得到吗?这些问题不是理念论所能解决的,涉及到心灵和理性本身的限制。柏拉图充分意识到了这个问题,知道这里隐含着人类自身所可能无法解决的困境,就像被囚于洞穴中的囚徒一样,依靠其自身的力量似乎难以解脱[1]。这种困境使柏拉图产生深深的忧虑,它也使金岳霖陷入同样的沉思。正是这种困境,使柏拉图认为我们很可能只能依靠"太阳的光明"这一至善的导引[2]。正是太阳的光照,开启了我们的心灵和理性,从而使我们的认识得以可能。然而,以"太阳"这一至善力量为最终的源泉,真的只能是我们唯一的选择吗?让我们记住这个问题。因为它正是金岳霖所思考的核心问题,也即是本篇论文的核心主题。

柏拉图的思想,是哲学上永恒的话题。我们后面还会不断地讨论到。这里我们仅仅是概观了一部分和我们的主题相关的重要问题,因为它们代表着人类古代文明对这个世界和我们周围的事物的理解方式。在这种理解

---

[1] 见柏拉图:《国家篇》第七卷。
[2] 见柏拉图:《国家篇》第六卷。

方式中，我们看到，我们周围变化的可感事物无法给予我们什么确定的知识，它们只是意见的对象。理念才是我们理解和解释这些可感事物的根据，它们仅仅因为是理念的"淡淡的影子"，才得以被我们所理解，其本身却不是独立的存在，不是实在的，因而没有什么可知的。甚至这些可感事物本身究竟能算是什么，如果不根据理念的话，都不太容易说清楚。理念才是知识的对象，它们不是从经验中被给予我们的，而是我们先天具有的。我们可以依靠心灵的回忆或教育来认识它，可感对象只是提醒了我们回想起那些理念。从这种意义上说，理念也是被给予我们的，并构成我们理解和解释其他事物的根据和源泉。虽然我们不必然地具有理念，它们只是我们的心灵在以往的历程中所获知的。这样，我们自己可以有知识的确定的对象，尽管不是在经验中，而是在我们自己的心灵中。经验所没有给予我们的，我们从另一个世界得到了。

三、形式与质料

说亚里士多德把飞翔在天空中的柏拉图拉回到了地上，是很形象的。如果形式或理念①真的只是存在于另一个缥渺的所在，那么我们要它们来干什么还真得重新琢磨一下。我们的目的是使周围的似乎是变幻莫测的事物能有一种对我们的可理解性，因此与事物分离的或形式或理念所能起到的解释作用，一定十分有限。在亚里士多德看来，事物的这种可理解性应该通过它们本身得到。所谓理解一个事物，就是要把握它产生变动的原因。如果理解一物变动的原因必须根据一个标准的形式或理念的话，那么这种形式或理念也应该存在于事物之中，而不是在事物之外。他说：

> 至于那些主张以形式为原因的人，首先，他们为了把握我们周围事物的原因，先引入了与诸事物的数目一样多的东西。这样做，好像一个人要点数事物，觉得东西还少，不好点数，等到事物增加了，他才来点数

---

① 亚里士多德的形式应该就是柏拉图的理念，在古希腊文中都是用的 εἶδο。但是拉丁文则把柏拉图的理念译为 idea，英语和法语中是 idea 和 idée，意为理念或型相。而对亚里士多德的形式，拉丁语则译为 forma，英语和法语为 form 和 forme，意为形式。我们根据中文中的通常用法，即在柏拉图是理念，而在亚里士多德是形式。

一样。因为实际上形式并不少于事物,或是与事物的数目一样多。这些思想家们在对事物试作说明时,从事物本身走到形式。……再者,我们所用以证明形式存在的各个方法没有一个足以令人信服;一般而论,形式诸论点,为了形式的存在而取消了事物,实际上我们应更关心于那些事物的存在。……最后,大家可以讨论这个问题,形式对于世上可感觉事物(无论是永恒的或随时生灭的)发生什么作用;因为它们既不使事物动,也不使之变。它们甚至于并不是这些事物的本体,它们若为事物的本体,就将存在于事物之中,所以它们对于认识事物也不曾有何帮助。它们若不存在于所参与的个别事物之中,它们对这些事物的存在也就无可为助。……说形式是模型,其他事物参与其中,这不过是诗意的比喻或空洞的言论而已。……一般说来,虽则哲学旨在寻求可见事物的原因,我们却曾忽视了这旨趣(因为关于变化所由发动的原因我们从未谈到)。[①]

我们应该通过事物本身所具有的形式来理解和解释它们,因为一切自然事物都明显地在自身内有一个运动和静止的根源[②]。而对事物当中的形式,我们是否能认识呢?亚里士多德认为,我们就是通过感觉器官来接受事物的可感觉形式,就像蜡块接受图章的印记,虽然并不接受它们的质料。感觉器官的功能就是我们的五官的感觉。每种感官都有它独特的感受方式,有各自不同的感受对象。苹果的红颜色是只有我的眼睛能看到的,而敲桌子的声音是只有耳朵才能听到,如此等等。我们也有一种"统觉"可以使不同的感觉器官之间得到沟通和关联,它没有专门的器官,可能在心脏中。它对两种或多种或全部感官所共同感受的某些性质得以相互协调并被我们接收。比如说,体积和形状是视觉和触觉都感觉得到的,或者,当我们综合几种感觉方式往往可以产生被感知对象的一个大体整体的轮廓[③]。例如,我看到桌子上的那个红苹果,拿在手里掂了掂,又吃了几口,还可以闻到它发

---

① 亚里士多德《形而上学》,卷一,990b—992a30。见亚里士多德,1996 年,第 23—28 页。引文有所改动。
② 亚里士多德《物理学》,第二章,192b14—15。见亚里士多德,1997 年,第 43 页。
③ 见亚里士多德《论灵魂》,Ⅱ和Ⅲ。

出的水果香味,最后,一个基本完整的苹果形象就在我脑海中出现了,它包括这个苹果的形状、体积、大小、重量、软硬、味道和气味等等。这时我就对这个苹果有所了解了。苹果的这些形状、体积、大小、重量、软硬、味道和气味等等就是它的性质或形式,通过我们的不同的感觉器官给予我们印象,使我们可以因此了解它的本质。而它的质料却并不在我们的感觉器官中留下任何印记,因此我们无法对苹果的质料有任何了解。但苹果具有质料也是无疑的。否则这些性质就无所依托了,反而又使形式本身得不到恰当的理解。亚里士多德还注意到一种情况,就是感官对象往往在感知者身上产生影响才导致感知者有对这个对象的感觉的,比如说当手碰到冰块时,手会慢慢被冻得很凉,而碰到很热的东西时,手也会变得热起来。当我们看到东西时,可能也是有一些东西跑进了眼睛才使我们产生视觉的,如同德谟克里特所说的原子"流射"进了眼睛产生影像一般。不过,亚里士多德并没有对这个问题做过多的探讨。

那么,既然我们可以在感觉中接收到事物的形式,错误又是怎么产生的呢?

在亚里士多德看来,这就涉及到人的判断能力的应用了。如果我们知觉的辨别能力误把一种东西当成了另一种东西,错误就发生了。我如果把桌子上的这个苹果当成了西红柿,那当然我一定是搞错了。可是,我们的判断能力又是怎么能恰当地辨认事物呢?这就需要它能够合理地运用概念和范畴于我们通过感官所得到的印象上面去。基本的范畴有十个,它的运用需要符合逻辑,即亚里士多德的三段式。它也不能脱离开那些经验所得进行思维,即对外部事物所印在我的感官上的"印记"进行恰当的整理。如果我所判断的并没有被感觉器官所感觉到,我的判断自然是出了差错。凡在理智中的无不先出现于感觉中。这一点后来被托马斯·阿奎那(Thomas Aquinas,1225—1274)所强调,成为西方社会人们日常生活中的一个最普通的经验常识。

但是,如果我们只能通过感觉经验了解事物,那怎么能保证我们在感觉中所得到的东西和我们对这些东西的判断,就一定是事物的本来面目呢?这是我们直到今天仍然在探讨的问题。亚里士多德的解决方式是他的关于知识的共相理论。知识就是关于事物的形式即共相,这些形式或共相使我们能把握可感对象,因为这些形式或共相也就是事物本身所具有的。我们在判断中所表达的知识,都是对关于这些共相之间的本质联系的理解。对一个事物有所认识,就是说能把它归属于种或属之下,而这就是这个事物的本质。共相和共相之间的关联,就是事物的本质和本质之间的秩序。没有事物之间的本质关联,我们就无法联结共相,从而无从判断,得不到任何知识。他所构想的种和属等等共相之间的分类模式,和柏拉图用"通种"的理念和较为低层次的理念所构成的世界图景,基本类似。

一个事物所具有的所有共相被统合起来,就叫做"实体"或"本体"①。这正是柏拉图一直感到困惑而难于处理的"它"或"那个"、"这个"。明显地这不是一个理念所能解释的,因为它没有任何性质。柏拉图把它处理为一种抚育、安顿那些理念的"窝",如鸟窝一般。或者如空间一般可以容纳各类可感性质,而其本身却不是可感的,就类似心灵的性质可以包容所有知识一样②。这个问题在亚里士多德这里得到较好的解决。这个"它"就是我们理解事物的最基本范畴——实体。实体不仅包括了那个不可理解的"它",而且还包括这个实体所具有的那些性质。也就是说,他的实体是"实心的"。

> 这些就是可感觉本体,一切可感觉本体均有物质。底层是本体,本体之一义即物质(物质的本意我用以指明这潜在的是一'这个'而并非已实现的'这个'),其另一义则为公式(怎是的定义)或形状(那是一个可以用公式来表明的'这个')。第三义则为两者的复合,只有这复合物才有成坏而全然能够独立自存。③

除了实体而外没什么别的范畴能够独立存在,因为所有别的范畴都被认为只是实体这个主词的宾词④。我们没人见过一个没有任何性质的"苹

---

① 亚里士多德《范畴篇》,第五章"论实体"。见亚里士多德,2003 年,第 12—18 页。对亚里士多德的"实体"概念的理解,哲学史上争议多端。这里我们的理解是根据他对事物应该如何被恰当地解释所需要的实体范畴,这包容了他在对这一概念的阐述中所存在的各种含混之处。
② 见柏拉图《泰阿泰德篇》和《蒂迈欧篇》。
③ 亚里士多德《形而上学》,卷八,1042a25—33。见亚里士多德,1996 年,第 161 页。
④ 亚里士多德《物理学》,第一章,185a33—34。见亚里士多德,1997 年,第 18 页。

果"或"桌子",关于它们的各种性质的描述,不过是在陈述实体"苹果"或"桌子"的实在内容。每个实体,由于具有多重内容而成为独特的个体,是不可重复的,且其中有我们所无法认识的东西,如它的"物质"。因此,实体的这种复合性不同于简单的部分相加为一个整体,而是成为一个不同于各个部分的独特的个体。苹果的各种性质如红色的、圆的、香的、甜的和有营养的等等分别的并不就是苹果本身,只有它们的综合起来才成为苹果这个实体。而这个实体苹果又和它的某个个别性质是完全不同的。我桌子上的这个苹果作为一个个体的实体,又具有着一般的苹果所具有的那些普遍的性质。它因为具有这些共相而成为那些普遍性质的例证,是可知可重复的对象。这些共相由此成为沟通我们和事物之间的桥梁。我们正是根据这种形式或共相来理解和把握周围的事物的。就像我是通过红色的、圆的、香的、甜的和有营养的等等性质,以及它是某种水果来理解和把握苹果这一事物的。作为一个实体,即是一个独一无二的个体,又包含有无数的普遍性的性质或属性共相在其中。

　　世界上的事物被给予我们这一点,在亚里士多德看来是不言自明的。而且给予我们的,恰是作为实体的事物。这样这些事物本身就既是不可重复、变化万端的个别现象,同时也有可为概念所把握的形式、共相或秩序。但是,尽管对实体的理解需要包括形式和质料这两个方面的原因,但是只有形式或共相才是理解和解释事物的根本原则。实体由于有共相而对我们来说是可理解的、可知的,具有确定的意义。可感现象不再是可被柏拉图及其之前的那些哲学家所消解掉的没有任何实在性的稍纵即逝的瞬间变化。这样,这些事物所给予我们的一切已经足够使我们可以充分理解和把握它们本身了,自然无需去寻求其他的理解方式。我们所需做的就是对这些给予我们的现象事物进行彻底的研究,寻找它们形式或共相之间的关联或规律,以获得关于事物的本质和世界的真相的知识。

　　亚里士多德的理论,复杂的地方还很多。不过,总而言之,他不像柏拉图那样对人们是否能必然地把握理念这一点底气不足。亚里士多德对我们可以理解和把握周围的事物的确定本质这一点,是很乐观的。围绕着他的那一群人被叫作"逍遥派"在中文中倒是名副其实了。他热衷科学研究,忙于收集材料,进行归类整理。他理智地潜心探索我们周围事物的真实状况,而不作柏拉图那样过于幽远的玄想。他确定通过经验的研究,我们可以得到所需要的知识,却不太费心去证实这些知识是如何可能的。他保持健康的常识态度,没有过多的我们所谓的形而上学的情怀。虽然这一名词正是来自他的著作,但在那里,他对形而上学或哲学的看法是自然主义倾向的①。也就是说,他认为只有我们周围的事物才是我们需要探究的对象;而要理解和把握这些事物变动的原因,那只能在这些事物本身之中去寻找,无须它求;这个现实的世界上的事物就是实在的,也具有确定的本质,即共相或秩序;我们的感觉器官可以感受到事物的这些形式或共相或秩序,由此得到关于这些事物的共相的知识。亚里士多德的乐观看来很有根据,绝非盲目。就事物本身而言,无需他求的探究态度,似乎让他避免了考虑许多那些在他看来是无谓的理论纠缠。但他的这种"避免考虑"并非是一种简单地脱离哲学反思的倾向,而实际上是他的关于实体、共相和知识的理论本身所带有的。如果由此我们可以解脱出柏拉图式的那种"忧虑",从而对人的认知状况,对人与自然的相处相洽的理解,对人的本性发展的未来,果真有乐观的理由,那正是我们所求之不得的。尽管如此,反思亚里士多德的思想,我们被柏拉图所感染的那淡淡的忧虑似乎仍然无法完全排解。这一点被后来的那些深具怀疑思想的哲学家所指出。

四、怀疑

伊壁鸠鲁(Epicurus,前341—前270)继续发挥德谟克里特的解释方式,把世界描绘成一个完全是原子的运动变化的世界,甚至灵魂也是由内部原子通过外部原子的作用组成的。原子刺激感官,产生表象,我们就有了感觉经验。一般概念和抽象观念,都是因感觉多次重复而导致的。一切知识都来源于这些感官感觉中原子的作用。可是,光有这种感官刺激和表象并不意味着心灵就可以从中产生知识啊?这一点被斯多葛派所指出。克吕西普斯(Chrysippus,公元前279—前206)就认为,每当心灵接受一个印象时,心灵必须赞同和领悟才能产生知识。

那时期的怀疑论者,像皮罗(Pyrhon,约前365—前270),把亚里士多

---

① 见亚里士多德《形而上学》。

德、伊壁鸠鲁和斯多葛派都称为独断论者。他们提出:首先,超出感觉印象以外去寻求那种关于实在的隐蔽真理是不合理的或不可能的;其次,思想和感觉经常会相互冲突,可我们没有恰当的标准来衡量它们谁对谁错;第三,印象总是与环境和知觉者等等有关系,不同的人在不同的时候对同一个对象都会有不同的印象,因此它本身不能作为衡量真理的标准,其他任何东西也不能成为衡量真理的标准;还有,任何事物只有当在与其他事物联系时才可以被认识,而单单通过它自身是不可认识的,所以只有在对其他事物绝对了解时,才能认识与其联系的事物,而这又是不可能的,所以任何事物对我们来说都无法知道;另外,我们也许最多可以得到一点关于事物的或然性的了解,但得不到确定的知识;如此等等。这些怀疑是有根据的,不能轻易被打发。但是他们的很多结论却也有独断的嫌疑,不必过于当真。只是他们所意识到关于认识和知识的那些问题,是需要重视的。例如,如果我们只能被束缚于感觉之内,那么我们如何能超出感觉所得以达到对永恒或纯粹的知识呢?直觉吗?还有什么办法呢?或者我们只能满足于某些或然性的知识?每个人的感觉差异的存在,确实说明我们不能有关于事物的真理的知识吗?我们如何能突破个人感觉的限制呢?印象如果不能成为真理的衡量标准,其他任何东西也不行吗?事物只有在相互联系时才能被认识,这将会导致一种认知悖论吗?认识论的怀疑论对人类的认知状况提出疑问,这本身也是哲学的反思,因此和我们的主题密切相关。

五、共相

共相理论就是被用于解决这些认识论问题的一个很好的尝试。柏拉图的理念或亚里士多德的形式,都是具有普遍意义的共相。无论它以哪一种方式存在,都似乎是我们对现象事物进行理解和解释的一个很好根据。除此之外,还有什么能被说成是关于事物的知识呢?如果我们确实有共相的知识,而它又是关于周围事物的,那么,它作为在这些个别的事物和我们对它们的感知之间的一个桥梁,可以很好地解决我们上述所关注的那些理论问题。可是,确实有这样的共相吗?这对中世纪的经院学者们也是关键的,因为在我们如何能具有关于上帝的知识,和依据上帝我们怎么可以得到关于普通事物的知识上,共相理论似乎都是一个必然的选择。不过柏拉图的方式有点问题,所以实在论者托马斯·阿奎那接受亚里士多德的观点,否定共相的独立存在,而是存在于事物自身之中。他认为普遍性是心灵的一种作用。事物之间本来就有着共同的形式,相互是类似的。心灵正是身体的形式,所以可以去认识单个事物所具有的形式。心灵应用主动理智把我们在感觉中所得到的那些相似的印象抽象出来,而成为了普遍性的概念。一切知识来源于感官经验,这个亚里士多德式的准则由此被很好地贯彻①。不过,人的主动理智由于它本身拖泥带水的本性,即受人的肉体的羁绊,也经常会犯错误,对经验所得做出错误的判断。

这样的哲学观点可以得出他所需要的神学信念,即哲学或科学就因此明显不如神学具有较高的确定性,因为神学的确实性不是来源于人的理性,而是来源于上帝的光照。但神学可以凭借哲学来发挥,虽然不是非要它不可,而是借它来把自己的义理讲得更清楚些。所以,神学高于哲学,哲学不过是神学的奴仆②。这种贬低哲学的看法在经院哲学家那里并不鲜见,对神学而言也很正常。我们需要注意的是,他们得出这样的结论并不是仅仅根据启示或信仰(尽管有的经院哲学家是这样),而是总结了柏拉图、亚里士多德或在那之前的哲学理论之后得出的。

这或许是一个有趣的哲学图景:首先,古代哲学家大体都承认的是,我们有确定的知识,可以通过把握确定的对象而得到真理;其次,有分歧的是,知识来自于何方?都来自经验呢,还是心灵或理性的先天能力;第三,分歧更多的是,在经验中可感事物是可理解或可知的吗?第四,有分歧的是,心灵或理性的先天能力既然能把握确定的对象,也会在判断中犯各种错误吗?第五,我们根据什么来理解经验中的可感事物,又根据什么来说我们心灵把握对象的判断犯了错误呢?对于这些问题,上帝的启示起码可以说是一个最方便的选择。在经院哲学家眼里也可以说这是最佳的答案。而其他哲学家所能给出的答案总有这样或那样的理论困难,以至于直到今天我们似乎也难以见到一个令人满意的非神学答案。这个状况是颇为耐人寻味的,令

---

① 托马斯·阿奎那《神学大全》,1集,1部,82题,1条。载于北京大学哲学系编《西方哲学原著选读》,2002年,第269页。

② 托马斯·阿奎那《神学大全》,1集,1部,1题,5条。同上,第260—261页。

人回想起柏拉图的忧虑。这是他的忧虑的一个必然结果吗?还是说,神学的结果也在他的忧虑之内呢?这本来是需要我们警觉的问题,却似乎一再被后人所忽视,以至于我们在现当代哲学中好像仍然能看到这种对哲学来说的不幸状况的反复出现。而这一不幸状况又似乎给人类社会中的某种现象以貌似合理的解释,这种现象就是那些给人世间带来灾难和痛苦的事情也在不断重复发生。正是这种令人不安的理解,导致我们有思想上"跑警报"的需要,就像金岳霖面对残酷的战争场面所暗自叹息的。实际上,他的叹息,不仅是针对那一时一景。更深的,正是对这一颇为令人无奈的人类历史现象的反思所致。

经院哲学家中还有一些唯名论者,如奥卡姆(Ockham, 1280—1349)和邓·司各脱(John Duns Scotus, 1265—1308)等等,对共相理论进行了抨击。他们也知道共相的重要意义,并不反对它所能起到的认识论作用,而只是否定它也是个别事物所具有的。在他们看来,事物即使没有这种内在的共相,也一样可以被心灵所理解,即被心灵直觉地思考。而共相只是我们思考对象事物的内容或概念,它们并不存在于心灵之外。奥卡姆由此对某种历史久远的不健康的理论倾向提出了警告。这种观点认为,心灵本身不能认识个别事物,只能理解从可感事物给我们的印象中抽象出来的普遍特性,即共相。奥卡姆认为这是一种知觉的表象论,它使心灵和感官之间有了隔离和脱节,即心灵仅仅能面对事物的表象而不是事物本身。然而,事实上心灵或理智有直觉能力,可以直接思考个别事物,而无须任何中介。他说:

> 首先被获得的关于个别事物的这种单纯的特有的认识,我认为是直观的认识。这种认识是第一位的,这是清楚的;因为关于个别事物的抽象认识是以同一对象的直观认识为前提的,反之则不然。直观的认识才是关于个别事物的真正的认识,这也是清楚的;因为它只能由这个个别事物直接产生,或者它的本性是为这个个别事物所产生的;它的本性不能由别的个别事物所产生,即使是同一类的事物。我认为,单纯的和从起因看在先的某种抽象的认识,并不是关于个别事物的真正的认

识,相反地,它甚至永远是对许多东西的共同的认识。①

这样,在个别事物和我们对它们的直观认识之间并没有任何障碍,所以也不需要共相作为沟通这两者的桥梁。虽然我们的思考离不开共相,是关于具有普遍性的概念的知识,但是如果没有这样的直观认识,那些关于共相的认识内容也几无可能。然而奥卡姆并不反对说我们也还是需要通过共相才能使对事物的认识形成确定的知识。可是,真的像奥卡姆所说,我们有那种对可感事物的直观认识吗?真的在心灵或理性与可感的现象事物之间没有任何障碍吗?果真如此的话,在我们周围的事物的变幻万千并不构成对我们的任何神秘莫测,那么从古希腊开始的思索者们似乎就大可不必费尽心机了,所谓的理念、形式或共相之类也似乎缺乏存在的必要了。这样的结论固然喜人,然而却难免使人疑窦丛生。

第二节 科学图像

一、艺术与科学

中世纪的经院哲学家给我们的启示是特异的,他们在理论上的思辨能力出色得令人惊奇。但是他们疏于对感官知觉的经验研究,而采取一种全然不同的思辨方式。只有到文艺复兴时期,随着绘画、建筑和雕塑等等艺术的兴盛,人们才开始真正重视这样的实用研究。而艺术家的研究最终被自然科学在光学、力学、化学、解剖学和神经生理学等等方面取得的迅速发展所大幅度推进,并进而导致哲学上的一些新鲜思想的出现。最明显的例如,绘画艺术和光学的发展就有连带的关系,也和生理学上对感官知觉的了解相互促进。像达·芬奇(Leonardo Da Vinci,1452—1519)、米开朗琪罗(Michelangelo Buonarroti,1475—1564)和拉斐尔(Raphael Sanzo,1483—1520)等等这些当时的艺术大师,对人的眼睛的透视功能深有研究。他们用光学的透视原理和解剖学的成果出色地改造了以往的绘画技术,从而使他们的作品达到了令人瞠目的艺术效果,惊世绝伦。

---

① 奥卡姆:《逻辑大全》,同上,第 292—293 页。

历来人们往往只关注这些艺术大师的那些艺术作品的宗教题材或神话内容,而忽视了他们在绘画技艺上的许多革命性的创造。实际上,他们既是艺术家,也是科学家。那些技术革命才是像达·芬奇这样的科学家似的工艺大师所真正沉迷和醉心的。他们的画室并不是他们天天沉浸的所在,那些庞大复杂、设备先进、仪器精密的实验室,才是他们的大部分时间被消耗的地方。他们往往有许多的发明创造,也有更多的奇思妙想。他们兴趣广泛,才华横溢,对机械、化学、光学、医学等等许多学科,几乎都通过试验和观察作了极为深入的钻研,堪称这些科学领域的专家和权威。可以说他们是最早开始真正重视经验的地位的人。达·芬奇就认为:"我们的一切知识来源于我们的感觉。被称为人类灵魂之窗的眼睛,是人类最充分最完满地认识自然无限作品的主要传感器官。"①很多时候,艺术对他们的吸引力,甚至并不比那些精巧的机械模具或专业的人体和动物解剖更大更强烈。艺术不过能使他们赢得社会声望、地位和金钱,而技术研究却既能提高他们的艺术水平,又能满足他们对神秘的自然现象的好奇心和酷爱完美的心态。达·芬奇就说,透视学就是作为向导和门径的正确理论,没有它,在绘画上就一事无成。如果他们在绘画技术上有了新的巧妙发明,使其艺术作品臻于极致的话,那对他们不啻至上享受,往往令他们欣喜异常,不能自已。他们的大多数杰作往往首先是技术上的创新或突破。所以,如果对他们在绘画技艺上的奥妙不大了解的话,那么对他们的那些神奇的作品恐怕也只能做很有限的欣赏。很明显地,在《蒙娜丽莎》中,画中人物的那种淡淡的微笑首先是需要作者对光线的聚焦和折射有着特别的研究才能办到的。文艺复兴时期,正是这些艺术家作为先驱,带动了自然科学的繁荣发展。比如,正是他们对透视原理的光学研究导致不久之后望远镜的发明,这使伽利略(Eclipse Galileo,1564—1642)得以掌握有力的工具来证明哥白尼的日心说。

然而,正是在这里我们发现一个有趣的历史意外,那就是这些艺术大师的科学研究还具有一个深远的哲学意义,而这却是他们在当时还完全没有预料到的。这个意外说的是,他们对视觉中出现的错觉和幻觉的研究结果

---

① 达·芬奇,2007 年,第 4 页。

竟然对不久之后的哲学产生了巨大的影响。像颜色问题，就成为我们直到今天仍然在哲学上时常探讨的话题。他们出于绘画和雕塑等艺术上的需要，在实验室里对人的视觉情形进行了精细的试验和观察，并特别注意并加以仔细地研究了视觉中存在的那些错觉和幻觉问题。颜色就是一个奇怪的事情。他们发现在一个有颜色的物体当中，无论如何试验都无法找到这个物体的颜色究竟是什么东西。当然，他们对这些问题在哲学上的意义似乎还完全没有清楚的意识，更没有把它们当作一个系统的哲学理论的主要内容。事实上，他们完全没有什么系统的哲学理论，因为他们的兴趣根本不在哲学上，而在艺术和科学研究上。尽管如此，他们仍然清楚地知道一点：我们平常对周围事物的感官感觉，远非我们通常所以为的那样简单。你看到桌子上有一个红色的苹果，就等于桌子上有一个红色的苹果吗？你看见斗转星移，就真的是斗转星移吗？那可绝不一定了。你会说"我明明看见什么什么呀"，可是结果却还是发现自己搞错了。因为，这些艺术大师发现，在外部事物和我们的眼球之间，在眼球和我们的脑部神经中枢之间，有太多的事情发生，有太多的中介物，需要太多适宜的环境条件，以至于我们已经无法把外部事物和我们脑中的影像看成是完全一样的了。他们不但详细研究了前半段的刺激过程，即外部事物和我们的眼球之间，在各种不同的光线情况下和在各种不同的角度下所产生的视觉效果。而且还惊人地研究了后半段的神经过程，即眼球和脑部神经中枢之间，解剖了许多种动物和人体，以了解视觉信息的神经处理机制。尽管自古以来人们对视觉中的错觉和幻觉，已经有所了解，但是还没有把它们视为哲学上一种充分有力的理论根据，用来建立完整的哲学学说。古代的思想家们的思想，虽然也涉及错觉和幻觉，表现出对现象的极大困惑和好奇，但是与这里的视觉中的错觉和幻觉的情况有所区别。（这一点我们后面还会讨论到。）第一个真正围绕这些错觉和幻觉存在的现实情形，来建立哲学理论的人，是在这些艺术大师之后不久的哲学家兼科学家笛卡儿（Rene Descartes, 1596—1650）。正是他，出于对错觉、幻觉和梦境的考虑，提出了完全与以往不同的看待世界和世界上在我们周围的事物的方式。他的这一方式，竟几乎成为此后大约三百年来西方文明社会的主导理解模式，以至于我们又用了近一百年的时间来不断加以剖析和批判。

不过,在介绍笛卡儿之前,我们有必要提到伽利略的历史作用。他虽然是科学家,然而可以说是最早从现代自然科学研究的角度提出了一个与以往全然不同的对自然现象的看法。我们刚才说到,像达·芬奇或米开朗琪罗那样的艺术家,并没有清晰地从他们的科学研究中提出什么哲学理论。而伽利略却完全不同。他提炼自科学研究的科学方法,自觉地具有了哲学意识。他鲜明地抛弃了亚里士多德的解释原则,例如对自然的一种目的论解释(这是亚里士多德的形式之一种,即目的因),而代之以机械和因果的解释,即现象本身是由其自身的固有的因果规律所引起的,没有外在的目的作为原因。亚里士多德本来也是主张要从事物本身来理解和解释事物的,只是他为了总结古代思想家的各种观点而保留了关于目的论的解释。这样做是否恰当,是很值得探讨的。不过,在伽利略眼里,这却毫无必要。他认为,一切事物都是由原子构成,都是原子运动的排列组合,只有它们之间关系的变化,而没有什么起源或衰亡。原子运动是可以用量来刻画的,由此形成事物的性质,这些性质可以被我们感知。"宇宙这部书就是用数字写成的",这是他的著名口号。自然事物能不能被我们所认识,是要根据它能不能被用数字来加以度量来决定的。这些数字之间的关系如能形成公式,那么这就是原子运动变化的规律,用它可以解释自然现象。伽利略强调数学的力量的同时又宣称,一切知识都应该以观察和实验为基础。这和培根(Francis Bacon,1561—1626)对此的宣传,基本上都是 17 世纪初的同一时期。

伽利略的主张让我们看到后来所谓科学方法的典型形式:在观察和实验的经验基础上,运用数学或逻辑的工具得到知识。在逻辑实证主义那里,它作为科学主义思想的特征达到高峰。这种方法在自然科学研究中,当然没有什么问题。并且,除了在自然科学中的应用,它现在也被广泛地运用于那些不容易被归类到自然科学门类的社会科学当中,如经济学、心理学、社会学或人口学等等领域。这种科学方法的使用,显然有助于提高那些学科的研究效率和研究成果扩展积累的速度,也确实在实践中取得了巨大的成功。对此,没有人会草率地加以怀疑的。尽管如此,当把对这种科学方法的意识提升到一种哲学学说时,对可能会产生的结果是不是可以作乐观的评估,很意外地,居然大有疑问。这个问题当然不能简单地被一言以蔽之。事实上，这正是本篇论文的核心问题之一。但是，我们的主题词"所与"同这种科学方法，又有什么密切的关联呢？这需要到后面经过我们的逐步揭示，才能渐渐明了。现在，还是先让我们看看，对这种科学方法的哲学意识，在现代哲学史上都形成了哪些形态各异的理论。

二、错觉、幻觉和梦觉

在我们的日常感官感觉中，错觉和幻觉无疑经常地发生。那时我们可能需要不断地校正才能得到一个清晰的印象。尽管其他的感官也有这种情况，视觉的例子还是最典型的。在视觉中，错觉的情况是随处可见的，最通常的例子是直的木头在水中看起来会是曲折的。如果桌子上有一枚硬币的话，我们从侧面看过去，它给我们的印象是它的形状是椭圆的。太阳在一早一晚靠近地平线时，似乎要比在中午日正当头时的大一些。我们如果坐在在平静的湖面上行驶的轮船内不会觉得船在前进。光线过强，我们会视觉大乱。如果光线黯淡的话，我们还会由于把路边一个站立不动的人当成了一根电线杆而被吓一大跳。我们有时睹物思人，眼前不免会出现所思念对象的影子。要是碰上正在发烧，那更是满脑子幻象了。不过，在平常生活中的大部分时候，我们主要还是因为视觉环境模糊，而导致一些常见的判断错误。比如说，如果我今天一出门碰上有大雾，在朦胧中感觉前面似乎有一个影像，我很难判断出那是什么，甚至那可能什么也不是，仅仅是那一块的雾比较厚一点而已。要是我初步判断说那是一头狮子，这恐怕对的时候很少。待到走近一些，我看出来那是一个人时，我可能胡乱地猜测说我觉得那是苏格拉底，然而这猜对的时候还是几乎没有。再走近些，我再猜那可能是柏拉图。这中大奖的机会也基本不存在。到了最后，那个身影走到了我面前，我可以清晰地看出原来这是我的一个友好的邻居叫王二麻子。视觉环境差导致判断错误是很平常的。但这种平常情形能不能算作是错觉或幻觉有所争议，除非我似乎明明见到有个人的身影结果却是棵小树的情形。当然，一般情况下，我们会对模糊的影像尽量寻找最有可能出现的答案，而那种"猜"是需要我们的其他相关信息和联想的能力的。普通情形下，那些随时被纠正的错误判断不大容易被我们注意到，只有偶尔一些有趣或奇异的误会才被提到。我们并不总是能随时校对我们的感知判断。但是就大部分的日常生活而言，偶尔的不良感觉环境给我们带来的不便，或者因此而做了一些错误的判断，却很容易能得到纠正。这样，一般有所误会的事情不会因此给我们的日常生活造成什么过于严重的后果。我们往往习以为常而对之并不以为意。因此，当普通人发现这些日常的错觉和幻觉在哲学上（而不是在自然科学中的研究中）却是一种重要的理论根据时，会感觉很惊讶，难于理解。

　　然而，情况确乎如此，只是对错觉和幻觉的重要意义，一般人并没有意识到罢了。不过，这里我们加以特别提出需要注意的一个问题是，古代的思想家对周围事物的变化感觉奇妙和困惑，那和我们这里一般而言的错觉和幻觉问题不大相同。在他们来说，真正的错觉和幻觉这些感觉上的特异情况还没有引起太多的讨论，还不具有太重要的理论意义。他们所特别注意到的只是感觉的个人性，也就是说，对同一个对象不同的人却会有不同的印象，或同一个人也会因不同时间和地点或不同的其他情形而有不同的印象。我们上面所描述的对浓雾中的情况就是一例。这种情形是最为普通的了，就像看待在我们眼前的桌子上的一个苹果那样，如果我在或明或暗的光线下，或者从不同的角度去看，它都会给我一个不同的透视图。同一盆水，我摸着觉得凉，而你摸着可能就觉得热，这不过是因为我们俩人手的温度本来就有差异的缘故。这些问题现在在我们看来，当然，已经都没什么好奇怪的了。每个人的感官感觉确实同环境和感觉者的状况有密切关系。这些可说是泛指的错觉和幻觉，而不是我们要说的另一种特定的错觉和幻觉。就像古希腊的智者普罗泰格拉所强调的那样。另一种狭义的错觉和幻觉是说，即使当一个人处于完全正常的情况，并且感觉者所处的视觉环境也完全正常的时候，仍然有可能发生错觉和幻觉。像我们上面提到的另一些例子，直的棍子在水中显出曲折的形状，或者在船舱内的感觉者如果没有外面的参照物的话，他会感觉不到船的航行。又比如海市蜃楼的情况等等，都是些明显的错觉和幻觉的例子。这些错觉和幻觉的发生和感觉者的感官状况或感知环境没有什么关系，即使换个人或换个时候都会出现类似的情况。一般来说，当我们感知到对象是某种情况，而实际上对象的情况仅仅是有所差异时，我们称为"错觉"，比如像水中的棍子那样；如果说在那时根本就没有这样的对象存在，而我们却感觉到有那种对象存在，像海市蜃楼的情况，那我们就称为"幻觉"。这两者之间的区别有时候并不容易分清,如在船舱内的情形。不过,这没有关系,这样的区分本来也不是本质上的。我们只需要知道大体有这不同的情况存在,这对我们后面的讨论会有所帮助。

　　还有一种感觉出现异常的情况,就是做梦。对此我们比较容易理解。当人们做梦时,梦中的景象当然是虚幻的,尽管有的时候它似乎可以很真,以至于我们一时想不清那究竟是不是在做梦。不过,不管这和做梦者的精神状态有什么关系,或者和他白天的某些遭遇有什么关系,总之,对梦中的情形我们当然认为不是真的,因为那是可以通过各种校对的方式加以澄清的。这些说法都是我们在日常生活中对做梦的正常态度,没什么可怀疑的。然而,一当我们在哲学上探讨起做梦的情况来,问题就变得很复杂了。不过我们对做梦这样一件类似感知方式的理解,还是可以采用平常的方式,因为那并不会影响我们对它作哲学的讨论。

　　把这些错觉、幻觉和梦觉带入认真的哲学思考的人,是笛卡儿。经过他的沉思,我们会发现,这些日常的感觉问题竟然会给哲学家造成那么严重的理论困难。我们现在已经几乎无法想象,笛卡儿的理论给当时社会的人们带来怎样的心理上的震动。这当然,很可能和那时的宗教环境有关。但是无论如何,这也和他的理论本身的新奇和大胆有特别的关系。尤其是,他对传统观念束缚的突破使当时的人们大有恍如隔世之感。因此笛卡儿的哲学在当时几乎类似于急风暴雨一般,迅速流行于欧洲。当然,我们说过,经过文艺复兴时期出现的艺术和自然科学的试验研究,人们对视觉中存在的错觉和幻觉的情况,已经多少有了些了解和认识。由于这些情况也确实是在人们的日常生活中常见的,一经专家提醒,我们往往会恍然大悟:噢,原来是这样!由此,很多人会进一步推论说,看来在我们的直接感知所见和我们经过思索或经过理论的校正之间,是有差别和距离的,是很不同的。看来轻易地相信感官所见很容易发生错误,显得很"没文化"了。这种心理成了当时许多所谓知识阶层的人时尚的观念,风行于世。而这种对感官感觉的看法,相当大程度上是针对传统的中世纪所流行的官方正统理论—亚里士多德—托马斯主义的反抗。这一理论说,凡是在理智中出现的,无不先出现于感觉中。经过托马斯主义的教化,这一观念一直是西方人秉持至今的常识。不过很奇怪,即使经过达·芬奇、伽利略、波义耳(Robert Boyle,1627—1691)、笛卡儿、贝克莱(George Berkeley,1685—1753)和休谟(David Hume,1711—1776)等人的现代科学思想的持续攻击,它似乎至今仍然顽强地存在于某些普通的常识中。

当然,普通人的习惯是经不起专家的"琢磨"的。文艺复兴之后,随着自然科学的发展,新兴的知识分子,像笛卡儿就是一个数学家,已经把我们普通的感官感知看得很没价值了。这其实也很正常,不然怎么会需要自然科学的伟大探索呢?正是因为我们从一般感官感知中得到的大都是错误的东西,对自然现象还完全缺乏正确的了解,也就是还没有从中得到恰当的知识,所以需要对这些自然现象进行全新的深入研究。而在他们看来,以往亚里士多德所创立的那些古典科学知识,和古代基于那些知识的对自然事物的看法,比如形式和质料的学说等等,都已经完全过时,不再适用了。笛卡儿甚至认为亚里士多德很"不老实",远不如"追随自己的老师苏格拉底"的柏拉图,起码柏拉图还能"老实承认自己没能找到什么确定不移的东西,满足于写下自己以为似乎真实的事情,为此想象出一些本原,用来解释其他的事物"。[①] 而亚里士多德却没提出什么像样的理由就用另一种"胡说"来改变柏拉图的解释方式,以致那些跟随他的人都"不再想去寻求更好的东西"。他们居然主张任何事情"确实与否应当取决于感官,因而对感官完全信任,据说伊壁鸠鲁就敢于反对天文学举出的全部理由,断言太阳并不比我们看到的大些"。[②] 我们怎么可以从感官感觉中得到事物的形式呢?就像颜色,那倒是我们的最鲜明的感知,可它根本就不存在于事物之中,根本就不是事物的本质属性。还有像味道、声音、气味和软硬的质地等等,都不过是事物的一些偶然性质,和事物的本质没什么关系。然而在亚里士多德看来这些居然都是事物的形式,构成了事物实体的本质属性,真是错误至极。还有,即使也许世界上任何地方都没有三角形,可是这并不妨碍有三角形的某种确定不移的性质、形式或本质;而这种性质、形式或本质是不需要原因的。由此可见亚里士多德—托马斯主义有多么荒谬。因此,笛卡儿认为我们需要全新的思想以说明在我们周围的事物的本质。那么,根据笛卡儿,我

---

① 笛卡儿:《谈谈方法》(附录一),见笛卡儿,2004年,第64页。
② 同上,第65页。

们究竟是怎么看待在我们周围的事物呢？

笛卡儿抱怨他从小时候就把一大堆错误的见解当作真实的接受了过来，那自然是在指责亚里士多德—托马斯主义的学说对当时的人们产生了误导性的影响。他认为建立在那些靠不住的原则上的一切也都是十分可疑，十分不可靠的，尤其是对感官的信任。但是他也知道一般人对日常经验的依赖，因此十分谨慎地一再对此进行论证和说明：

> 我很愿意告诉他们（指那些信奉亚里士多德—托马斯主义的经院哲学家）：有许多别的事情他们也许认为十分确实，例如我的身体、天上有一些星星、有一个地球之类，其实全都不甚可靠；因为尽管我们对这类事情有一种实际行动上的确信，谁要是敢于怀疑它们至少显得很狂妄，可是问题一涉及形而上学上的确实可靠，情形就不一样了。①

所谓的"形而上学的确实可靠"，是指在本质上是不是具有真实性，或者说，这些事物是不是根据其本身而具有真实性的。如果在其本身之内就存在真实性的根据，那么就可以说它们在形而上学上是确实可靠的。反之，则不然。而所谓"在其本身之内就存在真实性的根据"，又是指事物运动变化的原因是在自身之内，而无需到事物外部去寻求。很明显，在这点上，亚里士多德—托马斯主义的观点和柏拉图式的理论是针锋相对的：一个要根据事物本身来理解事物，而另一个要根据另一种和事物完全不同性质的理念来理解事物。究其原因，笛卡儿认为我们在事物本身当中找不到确实的根据以给予我们对事物的理解和解释，因为，我们都知道，由于错觉、幻觉和梦觉的干扰，我们对事物的经验时常出错，没有办法从中得到确实的认识。他又进一步提出理由论证说：

> 可是以后，有许多经验逐渐破坏了我以前加给我的感官的全部信任。因为我多次看到，有些塔我远看好像是圆的，而我近看却是方的；耸立在塔顶上的巨大塑像从塔底下看却是小小的塑像；这样，在其他无数场合中，我都看出根据外部感官所下的判断是有错误的。不仅外部感官，就连根据内部感官所下的判断也一样。因为，有什么东西比痛苦

---

① 笛卡儿：《谈谈方法》（附录一），见笛卡儿，2004年，第31页。

更亲密、更内部的吗?可是从前有些把胳膊或腿截去了的人对我说有时他们还感觉到已经截去了的那部分疼,这使我有理由想到,虽然我感觉到我某一个肢体疼,我也不能肯定它疼。

除了这些怀疑的理由外,最近以来我还加上其他两个非常一般的理由。第一个是,我醒着时从来没有相信我感觉过我在睡觉时有时也能以为感觉的东西;而且,因为我不相信我在睡着时好像感觉的东西是从在我以外的什么对象得来的,所以我看不出对于在我醒着时好像感觉的那些东西我为什么应该信任。第二个是,我还不认识,或者不如说我假装不认识我的存在的创造者,我看不出有什么能够阻止我就是这样被自然造成的,使我甚至在给我表现得最真实的那些东西上弄错。①

令人惊讶的是,他不是仅仅排斥外部感官的确实性②,而且对像"疼"这样的内部感觉,也提出了质疑。而这在一般人眼里几乎就是确定无疑的。这一点后来一再成为哲学家的话题③。疼的本质确实是特别令人困惑的。它究竟是指的什么呢?看来它有位置,还有时间,不然我们怎么知道哪里疼呢,而且还会持续地疼一段时间?那么这样的话,疼就有了经验上相应的存在物而不只是一种自发的感觉片断,就像我们脑海中有对一张桌子的印象一样。还有,疼毫无疑问应该是私人的感觉,那么它是我们自己所能确定的吗?它能交流吗?疼究竟具有什么样的认识论地位呢?这些问题充满疑问,我们在此不能作过多的讨论。这里只需要知道,关于疼的这种内感觉问题在哲学上的意义可以说是笛卡儿最早提出讨论的。

另外,再让我们特别注意笛卡儿在这里所提出的那"两个非常一般的理由",即一个是关于做梦所引起的怀疑,另一个是关于对感官感觉的信任究竟根据的是什么的问题。这两个理由其实是相关的。我在睡觉时也会有很多感觉,但我们当然完全不认为梦里所发生的事情有任何真实性,知道梦里那些事情没有相应的事实符合。因此我们才把那些"事情"叫做只是

---

① 笛卡儿:《第一哲学沉思集》(第六个沉思),1998年,第80—81页。
② 对外部感官,主要是视觉的怀疑,笛卡儿在他的《折光学》和《大气现象学》中已经详细讲解。
③ 当代哲学家们也一直在争论关于"疼"的哲学问题,见维特根斯坦、克里普克、塞拉斯、麦克道尔和普特南等等的相关著作。

"梦"而已。可是,如果我们由此不相信梦中的情景,那么,依据同样的理由,我们似乎也没什么根据去相信现实中的情景,认为这些"事情"是真的,是和所谓事实相符合的。如果我们在现实中有确实的根据,那么我们在梦中也有确实的根据。但是,我们似乎在这两种情形下都没有什么可靠的根据说:这件事情是真的,而那件事情是假的。笛卡儿在这里所质疑的,其实是传统上的一种真理的符合论,即亚里士多德—托马斯主义所认为的,把所谓观念的真就定义为与相应的外部客观事实符合。如果我们认为我们所具有的观念的真的根据,在于一个外部的事物,那么在笛卡儿眼里,这两者之间缺乏必然的关系。我们完全有理由可以怀疑这样的根据能保证我们的观念是真的。

　　从中我们可以看到,实际上,笛卡儿并不是单单怀疑我们的感官所感觉到的事物具有相当的确实性,他的意图也不是说我们就此再不能相信经验感觉。而宁愿是,感官感觉引起我们所产生的信念或观念,其本身还不足以构成自身的真的根据。也就是说,对我们周围事物的理解,不能像亚里士多德—托马斯主义所认为的那样,仅仅根据事物本身就可以充分地做到,因为我们的感官经验可以得到事物的形式,而那就是事物运动变化的根本原因,我们由此可以理解事物的本质。而笛卡儿的观点是,我们对现象事物的解释和把握的最终根据,不可能在事物本身之内,而只能在事物之外,即或在我们自己的心灵的缘故,或在上帝那里,或在别的什么地方。当然,除了我们的心灵和上帝以外,还能有什么东西可以作为我们理解事物的根据呢?总而言之,这个根据,不管我们把它叫作柏拉图的理念,还是亚里士多德的形式,都不可能存在于事物自身之内,而只能在其他的地方。当然我们也可以质疑,我们所具有的关于事物的那些观念也不是我们心灵的产物,也不是上帝的杰作,而是还有其他的原因。然而,那是需要额外的论证的。我们现在还不必走得那么远,而只需知道他最终的结论是,心灵的能力成为了最后的解释原则。这是在他著名的口号式的命题"我思故我在"①中所体现出来的。笛卡儿这样的思想,当然,已经和经验论无关了,因此被叫作唯理论,他

---

① 对笛卡儿的这个命题有很多不同的译法,如"我思故我是"、"我疑故我在(是)"等等。不同的译法有区别,不过和我们的主题关系并不很大,所以这里还是用最普通熟知的译法。

也成为唯理论的先驱。

为什么他要如此排斥经验,而特别看重心灵呢？给他以启示,认为人的理智才是事物的最终解释原则的,是数学。尤其是几何,那正是笛卡儿所擅长的①。他说:

> 我特别喜爱数学,因为它的推理确切明了;可以前我还看不出它的真正用途,想到它一向只是用于机械技术,心里很惊讶,觉得它的基础这样牢固,这样结实,人们竟没有在它的上面造起高楼大厦来。相反地,古代异教学者们写的那些讲风化的文章好比宏伟的宫殿,富丽堂皇,却只是建筑在泥沙上面。②

理智可以清晰而确定地把握数学定理和推理,就像不管怎样我们都能很清晰地知道三加二永远等于五,三角形的内角之和等于 180 度一样。而我们的日常感觉却不能直接把握到任何确定的东西。这是个很奇特的观念,却是自近代自然科学发展以来西方的一个主流思想。虽然自然科学的研究很强调观察和试验,但是单单通过观察和试验并不能给我们知识。只有对那些来自观察的杂多现象运用理智进行条理的归类和整理,才能获得准确的规律性的知识。就像我们在数学中所做的那样,首先找到一个非常清楚准确的公理作为前提,然后从中推演出我们所需要的其他的一切来。这个方式是唯理论者的共识。也可以从后来那些欲图综合唯理论和经验论的哲学家那里,看到这种模式的深远影响,比如在逻辑实证主义和逻辑经验主义那里。

当然,数学的明确性,只是给了笛卡儿以启示,使他无法简单地相信经验,而特别地看重理性的作用。但是数学还不能给他以充分的根据,据以得出这样的结论。那么,有什么充分的理由使他彻底抛弃传统的思想呢？

三、表象主义

笛卡儿之所以排斥感觉经验,而把唯一确实的根据寄于心灵或理智,除

---

① 笛卡儿是解析几何学的建立者,在数学史上占有相当高的地位。
② 笛卡儿,2004 年,第 7 页。

了有数学确定性的启示之外,最重要的原因是,他对人的经验的理解有了一个与传统思想完全不同的理论。人和我们周围的事物打交道的方式,在他来看,是通过表象的方式。也就是说,我们头脑中有很多观念或表象,这是我们的思维所直接面对的东西,我们正是通过它们来了解事物和获得知识。笛卡儿所谓的观念,就是一种表象,这是在他的理论,也是在他之后大约两百年来,哲学和其他社会思想上的最重要的一个关键词。观念本身是理智的一种活动,也可以被当作这种活动所代表的东西,即这个活动的内容。笛卡儿的那些"沉思"异常仔细,然而却没有对这样一种理论前提做过多的解释。实际上,他仅仅简单地把这种表象主义视为不言自明的前提了。因为他认为,无论如何,"我"这个主体,都是一个在思维的东西,"什么是一个在思维的东西呢?那就是说,一个在怀疑,在领会,在肯定,在否定,在愿意,在不愿意,也在想象,在感觉的东西"。① 这样一个在思维的东西的唯一功能就是对观念或表象的思维,而无法直接去思维外部的事物。他说:

> 真正说来,我们只是通过在我们心里的理智功能,而不是通过想象,也不是通过感官来领会物体,而且我们不是由于看见了它,或者我们摸到了它才认识它,而只是由于我们用思维领会它,那么显然我认识了没有什么对我来说比我的精神更容易认识的东西。……
>
> 现在我要闭上眼睛,堵上耳朵,脱离开我的一切感官,我甚至要把一切物体性的东西的影像都从我的思维里排除出去,或者至少(因为那是不大可能的)我要把它们看做是假的;这样一来,由于我仅仅和我自己打交道,仅仅考虑我的内部,我要试着一点点地进一步认识我自己,对我自己进一步亲热起来。②

只有在我自己心灵内部的那些观念,才是对我来说最为确定的东西,因此我当然应该首先来认识我自己。正是回到自己的观念本身,无需外求,他才有了一定的确实感,并且可以由此开始去理解和认识其他的东西。于是他继续说:

---

① 笛卡儿:《第一哲学沉思集》(第二个沉思),1998年,第27页。
② 同上,第33—34页。

我以前当作非常可靠、非常明显而接受和承认下来的东西,后来我又都认为是可疑的、不可靠的。那些东西是什么呢?是大地、天空、星辰、以及凡是我通过我的感官所感到的其他东西。可是,我在这些东西里边曾领会得清楚、明白的是什么呢?当然不是别的,无非是那些东西在我心里呈现的观念或思维。并且就是现在我还不否认这些观念是在我心里。①

他详细地举了蜡块的例子加以说明。当一块蜡刚从蜂房中取出时,还有甜味和香气,它的颜色、形状和大小在我们看来是很明显的,而且它还又硬又凉,你敲一敲它还会有很清晰的声音。但是当你把它拿到火边烤一烤的话,毫无疑问,它就全变了:味道和香气都发散掉了,颜色也全变了或没了,形状也和以前大不一样了,体积增大了,再热的话就都没法去摸它了,这时你去敲它也不会有声音了。当然,这块蜡还存在,但是什么变化了呢?我们应该怎样来考虑关于那块蜡的刚刚那些显然的性质呢?我们得说,实际上那些都不是真正的蜡块的性质。那么,如果把凡是不属于蜡的东西都去掉,还能有什么剩下呢?剩下的无疑只有"有广延的、有伸缩的、可以变动的"东西。那么,这些是指的什么呢?是我们在蜡块上所感觉到的东西吗?当然不是,这些没什么能被感觉到。事实上它们是我们只能用理智所领会的东西,而未必是事物本身的什么东西。这样,这些只有我们的理智才能领会的东西,无非都是我的心灵的产物,亦即我的关于那块蜡的观念。我不过是仅仅在和自己的观念打交道,而不是和什么完全独立在外的物体打交道。这在笛卡儿看来,是再明白不过了。

这种表象主义在他看来是非常清楚明白的事实。他所重点质疑的是这些观念的来源究竟何在。当我们一般提到表象主义时,主要是说在心灵中的表象是一个外在事物的影像。当我们受到某种外部刺激时,头脑中有来自感官的感觉,形成为一个个图像的系列,这就是所谓的表象或影像。这种最普通的说法古已有之,只是经过了达·芬奇和拉斐尔等艺术家的探究,又经过伽利略、波义耳和牛顿(Esaac Newton,1642—1727)等科学家在光学、

---

① 笛卡儿:《第一哲学沉思集》(第二个沉思),1998年,第35页。

解剖学和物理学等方面所做的系统性的试验研究,已成为完整的一门科学学科。最后在笛卡儿手里,这些自然科学的成果被运用于哲学理论,产生了影响深远的现代哲学思想,即我们这里所说的表象主义。随后欧洲的唯理论和英国的经验论基本上均以这样一种理论为前提。这种表象主义也被俗称为一种"镜"式理论,像罗蒂所冠名的①。从文艺复兴时期开始,直到20世纪中期之前,人类对自然事物是以表象的方式感知的,一直被视为理所当然。后来在维特根斯坦、赖尔、塞拉斯、罗蒂和奎因等人的猛烈抨击下,才逐渐退出哲学的中心地位,失去了它往昔的权威。尽管如此,由于它持久的巨大的影响力和具有相当的自然科学理论的支持,以致今天仍然在许多地方香火不绝,信奉者众。比如在认知科学中,或者在普通人的常识中,这种理论都大有市场。甚至,有人今天还在论证,这种表象主义仍有相当的根据,未必全然没有存在的理由。不过,这是后话,我们还会不断提到。因为表象主义的问题,正是我们所关注的核心。这里只是稍作介绍。

正像笛卡儿所着重质疑的,表象主义的最关键问题是,我们心中具有的大部分关于外部对象事物的表象,究竟是不是真实的对外部对象事物的表象。这在一般人看来似乎是自明的亚里士多德式的真理,却是笛卡儿的沉思的锋芒所真正指向的。就笛卡儿的观念或表象来说,他认为,观念如果只就其本身来说的话,那么谈不上什么真的还是假的。因为不管我想象一只狮身人面兽或者奥林匹斯山上的诸神,在我想象上同样都是真实的。那么,我们怎么会说有些观念是正确的,而有些是错误的呢?其原因是,笛卡儿说,只有当我们把观念牵扯到别的东西上时,真假的问题就产生了。尤其是,如果牵扯到外在于我们的那些所谓的物体身上时,错误的时候就会经常发生,形成了我们最普通所谓的虚假的判断。在他看来,我们的观念包括两大类,即由某个心灵主体自己做成的(所谓捏造的),和由外部而来的。对那些由外部原因而产生的观念,我们一般会以为是由外部事物刺激我们的感官所造成的,这是非常正常的自然倾向。因为它们往往是不由我们的意志为转移而来的,因此似乎很有客观的理由把它们看成是外部事物的表象。但是根据笛卡儿,这些理由都不过是幻觉而已,是我们的理智偶尔鲁莽所引

---

① 见罗蒂,2003年。

起的。因为，就我们的自然倾向说，我们经常会倾向于错误的东西，并不会必然地倾向于做正确的判断。比如，我们平时在善和恶之间选择时，往往倾向选择恶的时候多而选择善的时候少。因此在关于真假的问题上，我们同样不能依赖于自己的倾向。至于说很多时候我们的那些观念的出现往往是不以我们的意志为转移，这只要想想我们在做梦时也是这样就行了。因为那时这些观念也同样在我们心里形成而不借助于它们所表象的对象。笛卡儿认为，即便说我们不管这些理由，而同意说这些观念就是由外部事物所引起的，可是还是不能说它们就一定和那些对象完全一样。事实上恰恰相反，在很多事例上我们经常会看到对象和对象的观念之间有很大的不同。他举例说，我们根据对太阳的观念看太阳并不是很大，但是根据天文学的测量给我们的观念看，太阳简直大得很。这两个对太阳的观念，与太阳本身不可能都一样。"理性使我相信直接来自它的外表的那个观念是和它最不一样的！"这是个大胆的断言。它给予当时社会上普通人的震惊是我们现在所难以想象的。他接着这个断言说道：

> 所有这些足够使我认识，直到现在，我曾经相信有些东西在我以外，和我不同，它们通过我的感官，或者用随便什么别的方法，把它们的观念或影像传送给我，并且给我印上它们的形象，这都不是一种可靠的、经过深思熟虑的判断，而仅仅是从一种盲目的、鲁莽的冲动得出来的。①

可是，这毕竟是我们在日常生活中的一般倾向，怎么能轻易地否认呢？当我清楚地看到眼前的桌子和桌子上的一个红色的苹果时，我就有了关于这个桌子和苹果的观念，这样的说法没什么问题，在正常情况下我们是都可以承认的。然而笛卡儿要说，我的关于桌子和苹果的观念，与眼前的那张桌子和桌子上的那个苹果没什么关系，而可能只是我自己心灵的产物。这样的说法似乎无论如何都令人难以令人信服。于是他继续论证说：

> 至于物体性的东西的观念，我并不认为在它们里面有什么大得不得了和好得不得了的东西使我觉得它们不能来自我自己。因为，如果

---

① 笛卡儿：《第一哲学沉思集》（第三个沉思），1998年，第40页。

我再仔细地考虑它们,如果我像昨天考察蜡的观念那样考察它们,我认为在那里只有很少的东西是我领会得清清楚楚的,比如大小或者长、宽、厚的广延;用这种广延的这几个词和界限形成起来的形状;不同现状形成起来的各个物体之间所保持的地位,以及这种地位的运动或变化;还可以加上实体,时间和数目。至于别的东西,象光、颜色、声音、气味、味道、热、冷、以及落于触觉的其他一些性质,它们在我的思维里边是那么模糊不清以致我简直不知道它们到底是真的还是假的,仅仅是一些假象,也就是说,不知道我对于性质所理会的观念到底是什么实在东西的观念呢,还是这些观念给我表象的只是一些幻想出来的、不可能存在的东西。因为,虽然我以前提出过,只有在判断里才能有真正的、形式的假,然而在观念里则可能有某种实质的假,即当观念把什么都不是的东西表象为是什么东西的时候就是这样。①

这样,根据笛卡儿,那些因果地由外部事物对我们的感官刺激所产生的感觉,居然没什么能给予我们关于这些事物的真实的观念。或者说,我不能从我的那些视觉中直接得出什么结论说,这是一张桌子,那是一个苹果。或者说,即使我有这样的观念(我确实会直接产生这样的观念),那也不是根据我所收到的那些视觉刺激或视觉观察恰当地得出的,而只能依据其他的理由。乍一眼看起来,这是多么令人奇怪的理论啊!我们确实可以虚构很多观念,像神话和传说中的故事,或我们可以任意地编造各种念头,如我会像鲲鹏一样翱翔蓝天,我还可以像南极仙翁那样长生不老之类。我们自己很清楚这些观念来自我们心灵的创造,而不是外部的刺激。但是,我们大部分的关于外部事物的观念,应该都是真实的吧?怎么能说它们也都可能是虚构出来的呢?我自己并没有虚构关于这张桌子和那个苹果的观念啊,我有这些观念完全是被动接收到的啊。尽管如此,就像笛卡儿在上面所批驳的,它们的真实性仍然是可疑的,我们没有什么确实的根据说,这些关于外部对象的观念是真的。最重要的是,即使这些观念是真的,比如说是和它们所表象的外部对象相一致,但是,这两者的一致,也是由于别的什么原因,而

---

① 笛卡儿:《第一哲学沉思集》(第三个沉思),1998年,第43—44页。

不是由于它们自己的原因。所谓别的原因,在笛卡儿看来,就是我们所能真正确定的关于自我的理性原则——我思故我在。我们的理性本身,才可以给予这些关于外在事物的观念以确定性的根据。而我们理性本身的确定性,那是来源于上帝的无限能力的缘故,尽管我们还缺乏上帝那样的无限而完善的能力。不过,撇开上帝的因素,笛卡儿在这种表象主义的理论中,其实是特别强调了人的理智的意义。

这里需要注意的有两点。一个是,笛卡儿似乎从来没有能够很清楚地说明观念或表象究竟是什么,亦即,他无法把观念或表象作为一个什么东西加以清晰地描述。另一个是,什么样的判断才能算是真的,他也从不能给予一个明确的标记。因为,他钟情的所谓标准"清楚明白",仍然仅仅是一个模糊的心理状态,本身从不是清楚明白的。这两个问题之所以重要在于,正是笛卡儿的"观念",成为近现代西方哲学史上第一个比较正式的"所与",也就是一个作为经验表象的被给予物,处于心灵和外部事物之间的一个中介物。我们自然很关心它的确切含义和它的认识论地位。但在笛卡儿这里,这些问题都还不是很清楚。不过没有关系,毕竟观念或表象或所与,以及随附着它的那些根本性的解释原则,已经正式出现于哲学舞台。我们下面所需要做的,就是认真地欣赏它的独特表演,品味着它背后所蕴涵的意义。

四、二元论

笛卡儿为什么要特别强调心灵的理智作用,而主张一种二元论?这是一个有趣而又重要的问题。实际上,在他这里,人的心灵的地位,被抬升到一个令人难以置信的高度,那就是,它构成了我们理解和解释其他事物的根据。即使我们都知道笛卡儿是一个典型的柏拉图主义者,然而事实上,他在强调一种非事物本身的解释根据上,要比柏拉图有过之而无不及。柏拉图认为理念是我们理解和解释周围事物的根据,虽然这个理念究竟是个什么样子的东西,又存在于何处,是柏拉图无论如何也说不清楚的,这是他的理念论所面临的困难之处。而笛卡儿则要明确和彻底的多:我们不论是运用柏拉图的理念,还是亚里士多德的形式和质料,或无论其他的什么东西作为根据,来进行解释事物的这种能力,不过都是心灵的作用。在理论上,这实在是一个简明而确定的处理方式。它已经不像古典哲学的方式那样，仅仅寻求一个具体的解释根据，并进而处理事物和我们的心灵分别是如何具有那种根据的问题。它直接强调的是，我们是在解释，而且，仅仅是具有心灵的我们，才有解释的必要和可能。这种解释功能，是只有心灵，只有我们的理性能力，才具有的。而正是这些解释的结果构成了我们对于各种事物的知识。也就是说，只有心灵才能赋予我们周围的自然事物以意义和价值。因此，心灵，根据笛卡儿的理论，作为一个纯思维的东西，同这些自然事物当然是有着根本的区别的。尽管如此，这样的区别，在理论上似乎历来是一个异常难以说清楚的问题。

最起码，从直观上来看，这个心灵既然与自然事物完全不同，那么这两者就有了两种完全不同的并行的存在方式。这是最基本的二元论的含义。一个有理性有思维能力的人，自然都具有这样一种心灵。但是理性或思维究竟存在于身体何处却是个问题。是在心灵中，还是在头脑中，是有争议的，并不容易说清。还有，这个思维能力怎么就能促动身体的行为，对身体有支配作用，或受身体的影响，也是个令人头痛的问题。否认这两者之间有相互作用自然是不行的，可是，完全没有物质性存在的心灵，又怎么同身体发生接触从而起到那样一种相互影响的作用，还是个问题。这些问题不容易解决，可能既需要经验的深入研究，也需要理论上的突破。不过这些问题和我们的主题关系不大，我们这里简略带过。

我们所关心的是另一个问题，这种在存在方式上是并行的二元论，似乎并不能反映出笛卡儿思想的原意。当然，这其中也是有很多争论的。不过我们不必拘泥于此。我们的意思是，关于存在方式上的二元论没有什么特别重要的理论意义，理论上真正有意义的是，他使我们似乎可以合理地持有一种理解事物的方式的二元论。这也就是说，世界和世界上的事物对我们来说，应该有两种根本不同的可理解性。第一种是对周围那些单纯的自然事物，我们可以以机械的因果律来加以理解和解释，以原子的排列组合来加以说明。就像我们说明那些日月星辰和山川草木一般。而另一种是对心灵或理性的思维功能，那是完全不能以机械的因果律进行理解和解释的。例如，我意识到在我的房子附近有一些猫在活动，我的这一意识本身，似乎无法用因果的机械原理来说明。思维是对观念的思维，对观念进行归类、整理和排列。思维有一种倾向去把观念同某种对象加以比较,从而获得关于对象的知识。我们当然可以思考心灵本身,那时我们会有一种极为清晰明白的感受,有清楚的关于我们自己心灵的观念。这说明它对我们来说是可完全理解的。因此这个心灵不仅是存在的,而且有自己独特的方式在发生作用。关于心灵或理智的这些能力,在笛卡儿看来都是毫无疑问的自明的真理。

但是,单单说有两种本质上不同的可理解性,看来仅仅是笛卡儿的第一层意思。他关于心灵的第二层意思才更关键,那就是,以原子运动符合因果规律来解释和说明自然事物这一点,并不意味着说自然事物本身就具有解释力量,它们的根据在于其他方面,事实上,就在于心灵或理性的能力。也就是说,我们之所以可以用原子的因果理论理解自然事物,是因为心灵具有这样赋予意义的能力。如果不是根据于心灵的这种能力,那么,在我们周围的事物现象,可以说对我们就是难于理解的,甚至根本就没有什么可理解性而言①。笛卡儿的这层意思其实并不难明白。比如说,对一个鹅卵石来说,在它周围的事物谈不上什么意义。就算是对一只青蛙来说,也不能说它周围的事物有什么意义,尽管在这只青蛙眼里,的确有东西是可食的,而有的是不可食的,有的对它来说甚至是很危险的,如一条响尾蛇。青蛙本能地对这些东西有一个分类,但还是谈不是对这些东西的意识和理解,这些东西对它也就谈不上什么意义。或者说,周围的东西对这只青蛙来说,的确只是具有刺激反映的意义。但是,这一切对一个有心灵有理性的人来说,就大为不同了。恰是从心灵或理性出发,人才可以有对周围事物的理解、描述和说明,也才谈得上说可以有多种不同的方式进行这些理解、描述和说明。从而,正是相对于心灵或理性,自然事物才具有了意义和价值②。

一般人都知道,笛卡儿为我们打开了一个心灵的世界,这个世界完全不同于自然事物的机械世界,具有意义和理解。但是,如果把这个心灵的世界和外部的因果世界,视为是两个完全不同的、却可以并行不悖的二元论式的,则多少有点对笛卡儿的误解。这个心灵世界尽管已经被理解的足够广

---

① 见 Barry Stroud,1984 年。
② 见 John McDowell,2009 年(a)。

阔,甚至深不可及,然而可能仍低估了笛卡儿理论的真正精神。当然,这也是有很多争论的。不过,我们从上面对笛卡儿关于心灵的第二层意思的说明中,可以看出这里的差别极为关键。对笛卡儿的心灵或理性的最宽泛的理解,是认为他为我们提供了一个用以解释事物的心灵的框架,以此,我们得以对这个世界和世界上的事物进行恰当的说明和描述。这个心灵的框架类似于阿基米得所欲寻求的那个杠杆的点,有了这个点,他就可以轻松地撬起整个世界①。这和本篇论文的核心问题密切相关,我们后面还会不断提到。

五、凸镜

笛卡儿一方面构筑了一个表象主义的图画,在其中由于我们的心灵或理智只能面对观念,而不能直接接触可能存在的所谓实在世界,这不免给人一种局促之感。但是另一方面,他又打开了一个令人惊叹的神奇的心灵世界,以此构成了一个全新的看待事物的角度和理解事物的立足点,从中我们可以得到几乎所有知识所需要的那种确定性,这又不禁给人以欣欣和鼓舞。一般而言,在这两点上,斯宾诺莎(Baruch de Spinoza,1632—1677)和莱布尼兹(Gottfried Wilhelm Leibniz,1646—1716)都基本接受了笛卡儿的思想,并以此为背景,建立了各自的更系统和严格的理论。

斯宾诺莎作为一个令人尊敬的哲学家,其本职工作却是磨制镜片。当时由于光学理论的进展,人们对光线的折射和棱镜原理,都有了很多的了解。很快地,随着凹凸镜聚焦技术的成熟,眼镜、望远镜和显微镜都得到了极大的推广应用。而其中的核心技术工作,在当时就是凹凸镜片的手工专业磨制。可见斯宾诺莎赖以谋生的职业并不简单,这需要相当高的技术水平。这对现在的我们是不容易想象的。他的职业经验,加上当时笛卡儿新思想在整个欧洲的广泛流行,使他对人的视觉所见几乎绝望。人的眼球就是一个凸镜,通过光线在上面的折射聚焦而把外部现象倒着吸收进来,再经过一种编码过程,然后把这个被编辑好的信息再传递给大脑的神经中枢做进一步处理,最后我们在脑中得到了一个关于外部现象的影像。这个影像

---

① 见 Bernard Williams,1985 年。

和它所反映的那个外部现象之间,有程度不等的差异。差异小的说明这个影像基本上是那个外部现象的样子。而差异大的时候这两者之间可能完全没有相似关系。比如说,我看见前面桌子上的那个红色的苹果,觉得它大体上是圆的,这基本没错。但是我还看见它是红色的,这跟那个苹果就基本上没什么关系了。因为如果我把这个苹果放到显微镜下仔细研究的话,会发现在这个苹果里面,怎么都找不到"红色的"这个东西。事实上那不过是光线经过苹果的表面,再折射到我的眼睛里所产生的一种影像,而我们就是把那样一种影像叫做"红色的"。斯宾诺莎对此当然非常清楚,他属于专业人士。由此他认为,通过视觉,或其他的感官经验也一样,我们只能得到些乱七八糟的观念,那正是谬误的源泉,因为这些观念只能在很有限的程度上才能反映实在的某些个别性质或状态,而完全不能反映事物的真正的面目[①]。他和笛卡儿一样认为,如果我们按照我们的"愚蠢的惰性",而去把观念同外部事物相对照,以求其符合的知识的话,那是必然会经常发生错误的。因为这些观念对外部对象的表现完全是杂乱无章的,所以我们当然不能凭借这种方式来理解事物和现象,而只需要考察我们的观念即可。因为"观念的次序和联系与事物的次序和联系是相同的"[②]。要想获得关于事物的真实的知识,无需通过经验,只能依靠我们的直观。只有理性的直观才可以把握事物的必然属性。它认识的对象是"真观念",这才是事物现象真正的本质。真观念具有确定的性质,代表事物的确定的形式的、客观的秩序。它的真和确定的性质来自于它是唯一实体本身的本质属性,完全不同于那些来自外部的杂乱的感觉经验。我们正是通过这种真观念得以认识和把握整个自然以及自然中的所有事物的。

斯宾诺莎的职业素养,也使他和笛卡儿一样,极为认同几何学的明确性。他几乎完成了笛卡儿所未竟的伟大事业,那就是严格按照几何学模式陈述并证明所有的哲学真理。关于事物的知识之所以是恰当的或真的,不因为它同什么外部对象的相应,而是因为它可以融贯于这样一个严格的几

---

① 见斯宾诺莎《知性改进论》。
② 斯宾诺莎《伦理学》第五部分"公则",命题一,见斯宾诺莎,1997年,第240页。

何学系统当中,成为必然的秩序的一部分①。关于一切事物的观念只有被放置在这样一个必然性的整体当中,才能被理解和解释。

六、单子

相对于斯宾诺莎,莱布尼兹的理论神经没有绷得那么紧,而允许事物可以像现实中的那样,有偶然的、随机的属性和存在。他的那些可爱的"单子"的本性是很有趣的。但是单子理论却不是莱布尼兹随意处置的结果。而是相反,那是他希望统合笛卡儿和斯宾诺莎的思想的费尽心机的杰作。为此他还专门去荷兰阿姆斯特丹探访了斯宾诺莎。对安详地埋首于磨制镜片,心灵宁静而洁身自好的斯宾诺莎,他很心存敬畏。但是对他的过于拘谨的理论却不能完全苟同。他事实上一直在考虑怎样对之加以改进。

在莱布尼兹看来,无论我们的自由意志,还是对现实事物的观念,不可能仅仅根据必然的秩序才具有可理解性,才是对实在的属性和存在的真正的反映。那些只有偶然原因的观念也同样具有可理解性,也可以对事物有恰当的或真实的反映。这样的话,具有真实性的事物就不能只有一个实体,而是无数的实体,那就是单子。这些单子具有斯宾诺莎单一实体的一切特性,因此是统一的,这并不违反斯宾诺莎的世界一致性原则。但是,笛卡儿的心灵的框架理论也是出色的,它可以被保持在单子理论中,而并不呈现为二元论。那就是每个单子都是一个知觉主体,或者说就是类似心灵的东西,一个能感知、表象外部世界的精神性实体。然而,因为单子的一切特性都是它本身所固有的,它所有的观念都是先天具有的,所以,单子对外部事物的表象并不会对它自己有任何影响,单子相互之间也因此不产生任何作用,除了相互表象以外。这些单子的知觉有清晰程度上的差异,从而导致有自觉意识的人的灵魂对这些观念的认识,有正确和错误之分②。

能琢磨出这样奇特的关于世界的理论很不容易,而且是出自一个逻辑学和数学大师之手③。看来由于不同的职业关系,莱布尼兹和斯宾诺莎的

---

① 见斯宾诺莎,1997年。
② 见莱布尼兹《人类理智新论》和《单子论》。
③ 莱布尼兹是微积分的发明人之一,而在逻辑学上可说是现代逻辑学的奠基人。

理论也呈现出很不同的特色。毕竟,莱布尼兹是外交官出身,后来又当了图书馆馆长。这使他的职业习惯和斯宾诺莎明显不同。他是处事面面俱到的好手,凡事不会做得过于极端,是个很现实的人。因此,一方面,他对研究自然数的代数而不是几何学,有着特别的爱好。有了微分方程,就可以很轻松地处理无穷的数量或数列,也可以轻松地计算无数单子的知觉表象形成的系列了。因而,在他眼里,不论我们需要解释或说明什么事物或现象,只要安静地坐下来计算一会就行了。另一方面,他没有特别受到光学影响的限制,因而对来自感官感觉的表象尚存一些好感。当然,我们把他们的职业习惯和他们的性情,与他们所提倡的哲学理论的特点联系起来,似乎是不大科学。不过这好在没有什么特别大的关系,我们权当这样的牵强附会是给我们的一种提示好了。确实,我们没有可靠的证据去证明这种联系,也实际上没有这个必要。因为,他们的某种理论上的倾向,实际上从他们的理论本身当中,已经可以感受到了。

那么,在莱布尼兹的单子理论中,他究竟表现出了什么倾向呢?他究竟想通过这样一个奇特的理论告诉我们什么呢?当然,这其中所蕴含的意味是很丰富的,非几句话得以简单概括。这涉及到当时在哲学、自然科学、宗教理论、政治和社会习俗等等方面的争论的历史背景,相当复杂。这里,就我们所关心的问题来说,莱布尼兹似乎在尽力使现象世界本身也能具有一种可理解性,而不像笛卡儿和斯宾诺莎所极力排斥的那样,完全缺乏真实的本性。如果我们所经验的一切都被归结为虚幻的话,这和常识过于相悖。无论如何,我们应该给予现象事物以一定的确定的本性,以使它们具有某种程度的可理解性。但是,如果像笛卡儿那样把它们完全理解为遵守因果律的机械的物质,就必然会和心灵相对应,从而成为一种二元论。而这将破坏斯宾诺莎那个令人赞叹的思想,就是世界的一致性的融贯原则。因此,没有必要对现象事物做笛卡儿式的严格受因果决定的机械的理解,而可以把它们想象成都是具有主动能力的知觉的主体,是自发性的主体。这样,整个世界就在另一个方向上得到了统一。即,世界不是在斯宾诺莎的严格决定论意义上,或者说在一种似乎是客观性意义上统一的;而是在笛卡儿的心灵表象能力的意义上,或者说在一种主观性意义上统一的。

这是个趣向。莱布尼兹并不是单单在强调心灵或理性的天赋能力和它们的作用。事实上,他的理论目的更在于,他不仅要结合笛卡儿和斯宾诺莎各自理论的优点,而且还要综合柏拉图和亚里士多德各自的长处。那就是,对世界和世界上的现象事物的解释和理解应该根据于他们自身,因为现象事物自身就有确定的本质,即他们都是一种具有知觉表象能力的主体,可以提供足够的理由和根据以说明自身的运动和变化,证实自身的存在和意义。他们的理由和根据尽管是偶然的和非本质的,但仍然可以是充分的,可以是关于事物或事实的真理。这样的结合以单子理论的方式出现是不是能给予满意的解释,那是另一个问题。关键的是理论上的这种倾向是不是恰当,是不是我们的理智进行选择的一个必然。尽管这还存在种种疑问,我们还是看到这个理论倾向后来在德国得到不断发扬,通过康德(Immanuel Kant,1724—1804),并似乎在费希特(Johann Gottlieb Fichte,1762—1814 年)、谢林(Joseph Schelling,1775—1854 年)和黑格尔(Wilhelm Friedrich Hegel,1770—1831)那里达到了高潮。

七、观念

十七世纪,当人们尚处于科学和蒙昧交织不分,怀疑和神学抑制理性的时候,身体羸弱的笛卡儿却毅然开创出一个崭新的心灵的观念世界,给知识奠定了一个确定的根基,使理性得以摆脱神学的羁绊而勃兴。当时的欧洲几乎是不假思索地迅速接受了笛卡儿的思想,尤其是他的表象主义前提。"观念"一词因此立刻风行于市,用今天的话说就是,在那时的欧洲社会知识阶层最流行的关键词排行榜上,稳居榜首几乎达百年之久。虽然心灵的世界广阔无边,不过"观念"这个词及其相关的问题在笛卡儿那里却很含糊,没有得到明确的解释,以致很多人慢慢产生诸多疑虑并引发了许多争论。这些混乱只是到了洛克(John Locke,1632—1704)手里在一定程度上才得以澄清的。在洛克看来,笛卡儿的心灵或理智就像人的眼睛似的,虽然可以使我们观察并知觉别的一切事物,可是它却始终不大注意自己。因此,他要认真仔细地检查这个全新的世界,以了解其中的观念究竟有什么根源;凭着那些观念,我们可以得到什么知识;以及这种知识的确定性、证明和范围,等等。当然,他也要修正笛卡儿的某些失误之处。

洛克是个谦卑的人①，没有特别的雄心壮志要挑战传统和权威。"人只要不骄心用事，不妄以自己为至尊无上，只要能考察这个宇宙的伟大，和他所住的这个渺小部分中所能发现的无数花样，则他便容易想到，在宇宙中其他部分，会有他种智慧高超的生物。而且他之不能了解这些高等生物底才能，正如抽屉内一个虫子不能了解人底感官或理解似的。"②谦虚谨慎的精神使他只是崇拜笛卡儿的著作，希望能把其中未明的一些问题澄清。事实上，他确是对当时的一般观点进行了详细的总结和综合。于是，在那本影响巨大的《人类理解论》中，我们可以看到，办事细腻稳妥的洛克，即维护常识，还参考自然科学的成果，又遵守了笛卡儿的基本原则。虽然他一直在反驳英吉利海峡对岸的那种"天赋观念说"，可是他自己也在很多地方承认人有先天的能力。这使他和莱布尼兹的争论并没有看起来显得差异那么大。洛克的面面俱到的讨论反而让我们可以清楚地看到，对笛卡儿的原则，如表象主义、心灵的框架和两种可理解性的解释原则等等，在当时的英国得到了多么普遍的领会。我们看到，整个西方近现代哲学似乎都不过是在笛卡儿所开辟的广阔天地间拓荒耕耘，灌溉修渠，构建知识乐园，收获着意料之中或意料之外的果实。而对远方地平线外的世界，他们虽然有所疑虑，有所意识，却顾虑重重，没有能反思自己的整个理论框架。"我可以说，我们底知识不但因为我们的观念稀少而不完全，大受了限制，而且即在这个范围内，它亦不能遍行。"③这样谨慎而悲观的态度居然并不鲜见，着实令人奇怪。可见笛卡儿或当时的"科学"思想影响之大。

当然，他们对人的心灵内部世界的探索和对这种理论框架所蕴含的困境的意识，还是有很多极具价值的地方，而且和我们的主题有相当大的关系。事实上构成了我们的主题的确定的一种历史理论背景。这一点会被我们逐步揭示出来的。这里我们还是先介绍他们思想的精神。

观念是洛克讨论的出发点。在他看来，观念是知觉、思维、理解的直接对象，是人的心灵或理智当然所具有的内容，是在人的心灵内部的。这方面

---

① 洛克自34岁起一直到50多岁都是给一位伯爵做秘书和私人家教。后来才在这位伯爵的关照下担任了几年政府部门的职务。

② 洛克,1997年,第85页。

③ 同上,第534页。

他和笛卡儿完全一致。他说：

> 人人既然都意识到,自己是在思想的,而且他在思想时,他底心是运用在心中那些观念上的,因此,我们分明知道,人在心中一定有一些观念,如"白、硬、甜、思、动、人、象、军、醉",等等名词所表示的。①

但是,他之作为经验论的先驱,主要就是因为他把笛卡儿的理性的产物归结为经验的产物。如果要说洛克有什么创见的话,那么这就是他最重要的创见了。也就是说,所有观念都是经验的结果,从而一切知识就都被建立在了经验上。具体区分的话,经验的感觉和反省构成了观念的两个来源,也仅仅有这两个来源。我们对外面的可感事物有所知觉,可以按照那些事物刺激感官的各种方式,把各种事物的清晰知觉传递到心灵;从而得到关于所谓可感事物的各种观念。我们观念的大部分,就是这样由感官进入到心中,这就是感觉。如果我们再对这些来自感觉的观念进行思考、记忆和推理,还会产生各种心理活动以提供另一种观念,类似于人的内在的感官的感觉活动,这就是反省。因此,外界的对象使理解得到各种可感性质的观念,这些观念就是那些对象在我们心中所产生的各种不同的知觉。至于心灵则供给理智以自己活动的观念。只要人有了感觉,就会有观念。我们对这个世界和世界上的一切事物,包括我们自身的理解和解释,我们的所有的知识,都以这些观念为基础和根据,以感觉和反省所提供的观念为唯一的材料。人类的理智能力,就在于能够接受这些从感觉中所得来的印象,并对这些印象进行思考。这使他的思想区别于笛卡儿而成为一种近代的经验主义。相较于唯理论,经验主义者更多地吸收了自然科学,尤其是牛顿的物理学的成果,而不大喜欢以数学的方式建立哲学理论。另外,他们也更重视我们日常生活中的常识经验,而不太标新立异,去设想些奇特而令人惊讶的理论体系。

洛克把观念分为简单观念和复杂观念。复杂观念就是由心灵对简单观念的加工和整理,而简单观念的性质和特征才是关键的,因为它们对复杂观念的性质和内容有决定性作用,并进而对思想和理论的性质和内容也有决

---

① 洛克,1997年,第68页。

定意义。简单观念是单纯而不可再分的,它不是心灵所创造的,也不是心灵所能毁灭的,心灵只能被动地接受它们。他说:

> 刺激各种感官的各种性质,在事物本身虽然都是联络着,混合着,以致都不能分离,没有距离;不过我们分明看到,它们经过各种感官以后在心中所产生的观念,却是单纯而非混杂的。因为视觉和触觉虽然常从同一对象同时接受到各种观念——就如人同时能看到运动和颜色,手能感到同一蜡块底柔度和热量——可是在同一主体中结合着的那些简单的观念,都是完全清晰的,就仿佛由不同的感官来的那些观念一样。人由冰块所感觉到的冷和硬,在心中都是独立的观念,正如百合底香气和白色似的,亦正如玫瑰底甜味和香气似的。一个人知觉得最分明的,就是这些清晰明白的简单观念。这些观念本身各个即都是单纯不杂的,因此,它们只含有一种纯一的现象,只能引起心中纯一的认识来,并不能再分为各种不同的观念。①

这样的观念一经存在,心灵或理智就拿它们没有办法,只能"组合或分离"它们,而不能创造新的,或消灭已有的。不来源于经验的观念是没有的,不可能存在。就好像我们无法想象从来没有闻过的香气或尝过的味道,想象从来没见到过的颜色或听到的声音一样。就连那些快乐、满意、痛苦或烦恼等等心理感受,以及,存在、单位、能力、连续、寂静和空虚这样的表面上像是抽象的观念,实则也是伴随感觉或反省而来的观念,也是简单观念。

  我们通过这些简单观念,可以了解外部事物,因为它们以这样或那样的方式代表了事物可能具有的各种性质。任何事物似乎都能对其他事物产生影响。正是事物之间的相互影响,导致事物对人的感知刺激从而产生认知的可能。这是在古希腊,德谟克里特和亚里士多德就注意到的。就像当手摸着冰块感觉到很冰凉时,手也在变凉。而当手靠近火感觉热时,手又会变热。但是,关键的问题是,心灵从感官被刺激之后所得到的关于外部事物性质的简单观念,看来和事物本身的性质是有区别的。很明显,这些性质在心灵中作为观念是被分开的,而体现在事物身上的却是混合在一起无法分的。

---

① 洛克,1997年,第84页。

那么,在这些观念和事物本身的性质之间,究竟能有什么样的关系呢?在古代,人们就发现我们不能根据感觉来判定意见的对错,因为感觉会给我们带来更多更大的困惑。在文艺复兴时期,人们就已经很清楚地知道了我们对外部事物的感觉,和这些事物本身是有确定的差别的。这种差别不仅因为每个人之间所感知到的东西不同,而且每个人自己的感觉就会和外部事物的实际情况有很大差异。还有,外部的刺激到心灵中的观念又是一个复杂的过程,产生出来的观念和外部事物本身已完全是两个不同种类的东西,它们之间怎么能一样呢?这些问题是不可避免地会引起人们的疑问的。但是这些认识论上的疑难,还暂时没有特别困扰洛克。因为在他来看,这些问题还不是特别难以解决,也不是他理论的当务之急。他的任务主要是在笛卡儿所开创的广阔天地间占好领地,分门别类,构筑基础。而不是去解决其中所可能蕴含的那些困难。

  他和笛卡儿一样认为,简单观念本身没有真假之分,只有当我们把观念拿去和某个其他东西相比较时,才会出现真假问题。这有几种情况,第一,人们如果认为他的观念同别人的观念是相符合的,就可能产生虚妄,因为实际上可能这两者不符合。第二,人们如果以为他的观念和实在相符合,也可能产生虚妄,因为这两者当然也可能会不符合。第三,如果人们以为某些观念本身就可以完全确定地描述了它们所代表的事物的全部性质,也会产生虚假,因为很明显事物的性质可能有无数,对其描述难以完全。第四,如果人们以为他的观念表象着实在事物的本质,那么这也是虚假的,因为事物所显示的性质只是它们的实在性质中的很少一部分,这是由于它们只是在和我们打交道时才显露出部分性质,其大部分性质难以显示给我们,所以我们对事物的性质状态只是偶尔地知道一小部分而已。这就是说:

  一个人心中所有的各种观念,我们如果只考察其自身,则它们便无错误可言;只有复杂观念的各个部分纷杂而不相符时,它们才能成为错误的。一切别的观念在它们本身,都是正确的,而且我们关于它们的知识亦都是正确的、真实的知识。但是我们如果把它们同别的事物——它们底模型和原型——相参照,则它们如果同那些原型不符,它们就成了错误的。①

说真理在于符合,可以是无害的。但是关键在于这个符合究竟是指的什么和什么的符合,以及什么样的符合。笛卡儿就说人们有一个坏习惯,喜欢拿观念去直接比较于外部事物。这是产生谬误的根源。洛克也认为,观念只能和观念相比较才能得到知识,因为我们可以确定地知道这两者之间的符合,对它们之间的关系做出恰当的判断。而如果把观念和外部事物或别的什么东西去进行比较,那正确与否就是一个完全偶然的事情,而且我们还无法知道它们之间是否会符合,因为我们所能思考的只是观念而已。所以有真假的性质的是一些命题,而且这些命题往往是心理命题。因为正是我们的心灵或理智把某些观念拿去和另一些观念进行比较而得到的结果。由于简单观念都不是我们自己想象的产物,而是外界事物在我们身上作用的结果,因此它们对各种事物的表象应该是和事物吻合的(洛克并不怀疑这点)。这是我们可以有真实的关于外部事物的认识的根据。我们可以根据简单观念而对外部现象有恰当的认识。他说:

> 简单的观念都不是自己想象底虚构,都是外界的事物在我们身上起了实在的作用以后自然地、有规则地所产生的。因此,它们都是上帝的旨意和人类底需要而与事物互相契合;因为那些观念都在它们所适于产生的那些特殊的现象下给我们表象出各种事物,使我们能够依据那些现象来区分各个特殊实体的种类,来观察它们所处的情况,来使它们供我们的需要,并且使它们供自己的应用。②

外界事物对我们的感官发生作用,使观念得以产生,从而使我们的认识得以可能。这种作用是一种因果作用,而所得到的观念是对外部事物的一种表象。根据这些观念的产生方式,洛克认为,我们可以把事物的性质分为三类:第一种就是物体的体积、形状、数目、位置、运动和静止之类。这些性质是不论我们是否知觉它们,总是在物体中存在的。第二种是物体借第一性质而在我们的感官上产生作用的能力,使我们有各种颜色、声音、气味和

---

① 洛克,1997 年,第 374 页。
② 同上,第 556 页。

滋味等等观念,即事物的那些可感性质。第三种也是事物的特殊能力,即借它的第一性质而使别的物体发生运动和变化,以影响我们的感官。就像太阳使蜡变成白的和液体了,火能使很多东西烧成灰烬或蒸发成气体了。第一种性质当然是事物本身所具有的,所以是真实的。而第二和第三种,却不是事物的本来面目,只是事物的一种能力,其结果给我们产生的观念和那个事物本身往往无关。例如白的和液体当然不会是太阳的性质,而灰烬和气体也与火本身的性质沾不上边①。

洛克关于事物的几种性质的讨论是后来的认识论所关注的一个焦点。尽管类似的看法已经在伽利略和波义耳等人那里就可以见到,不过洛克的阐述是从哲学角度来说最全面的,因而很有代表性。

八、物质

在洛克之后,大主教贝克莱(George Berkeley,1685—1753)的理论是很有趣的。他的观点乍一看起来似乎惊世骇俗,然而在他自己的说法却是为了坚持常识和反对怀疑论对知识确定性的攻击,尽管他的理论仍然被看作最违反常识和对实在世界的极端的怀疑论。似乎是很自然地,他对洛克的攻击被人们尽可能轻描淡写地看待。人们往往更多的只谈论他在证明心灵实体或上帝的存在时运用了他自己所批判的论据,并喜欢夸大他的结论的荒谬,以躲避他的锋芒。甚至,更把他丑化为"疯狂的钢琴师",极端唯我论的代表,而忽视了他对笛卡儿和洛克式经验主义的表象理论所带来的困境的揭示。人们的这种有意"忽视"的倾向,是大有深意的。因为,如果强调他的批判,可能就会对表象主义的基本立场产生怀疑。而在当时的英国,甚至整个欧洲,由于牛顿等人在物理学上的辉煌成就,抛弃掉这点是不可想象的。于是他们力图避重就轻,淡化这种表象理论的困难。事实上,贝克莱在理论上也并不是完全站在洛克的对立面,相反,他们其实有着很多的共同语言。他只是要在洛克的理论背景和框架下,纠正他的一些错误倾向。这个倾向的危害在贝克莱看来,甚至要比表象主义的问题更为重要,而这才是他和洛克的真正分歧所在。这个倾向所涉及的问题就是,我们究竟是否能够

---

① 洛克,1997年,第106—107页。

真正把握我们周围事物的本质？我们对事物现象的理解和解释为什么会产生错误？这些错误的根源究竟是在于人类理智能力先天的弱点或缺陷，还是在于我们只是没有恰当地使用我们的很可能是虽然有限，却也完善的理智能力？我们应该谦虚地承认自己身上先天的弱点或缺陷，而满足于有限的存在于被决定的因果秩序之中呢？还是，我们其实是贬低了自己的内在完美，没有意识到人类的灵魂或理智的崇高和神圣？洛克式的谦虚是恰当的吗？还是仅仅在掩盖着一种不健康的自卑心理？这样的心理可能会导致什么结果呢？他们在这些问题上的倾向，尽管是稍嫌隐晦地体现于对"抽象观念"之类的讨论中，然而还是可以很强烈地被感受到。一般说来，贝克莱和洛克，以及后来的休谟（David Hume，1711—1776）三人，都被无异议地当成了英国经验论的代表人物，以相对于欧洲大陆的唯理论者，似乎他们三人有着近乎一致的经验主义哲学倾向。然而，实际上我们从对这些问题的回答上可以看出，他们三人虽然在理论背景上有某些共同之处，但是理论旨趣却很不相同。其中的某种意味深长的差别一般被人们所忽视。

年仅 24 的贝克莱就发表了杰作《视觉新论》，这至今还是关于视觉和触觉问题的经典著述之一。他于其中对视觉怎么能给我们提供关于世界的真实表象，进行了技术上的批判，而认为只有触觉才是我们获得现象事物本来面目的唯一途径。那时的人们已经基本接受笛卡儿、洛克和牛顿等人的说法，物体的那些第二性的质是和物体本身没什么关系的，而是由于光线引起的我们视觉上的一种结果。但是人们还是认为物体的形状、体积、距离和运动等等，即物体的第一性的质，是无论我们知觉与否，都存在于物体之中的。颜色、气味、声音、滋味等等很容易给我们对现象事物的错觉或幻觉，但是形状、体积、距离和运动等等的确很有一致性和稳定性，不容易被我们搞错。这似乎既非常符合常识，现在又非常符合自然科学理论，那还能有什么问题呢？或许，自然科学上的新进展可以给我们更多的进一步的精确说明。然而，这个年轻的教士，却要从根本上挑战这种留传已广的俗见。他认为，视觉并不能看到距离，距离是我们在经验中所推断出的，而不是感官所能知觉的。那些关于物体的形状、体积、位置和运动的观念，也都依赖于光线和颜色的状况，并非是物体本身所具有的性质。他经过详细讲解眼睛的构图机制之后说：

眼中的影像并不是外物底图画。我们常想象外界事物底图画是画在眼底上的,实则这只是一种错误。我们已经指示出,在视觉观念和可触事物方面,并无任何相似性。我们还解证出,视觉底固有对象,并不存在于心外。因此,我们可以分明看到,眼底上所画的图画并非外界事物底图画。①

这种情况的出现,当然是由于眼睛的特殊构造机制并不像我们原来所以为的那样,可以大体原样地把事物现象的形象反射进视网膜上。笛卡儿就主张,我们的判断距离是借由两个眼睛所发出的两道想象的射线,在视觉对象上相交于一点,形成一个角。这个角在视网膜中的大小,说明对象的远近。但是,这样的理论在贝克莱看来有很多说不通的地方,实际上也是以触觉来解释视觉。而单凭视觉本身难以说清具体的视觉对象的实际状况。就像光是眼前的桌子给我的视觉影像还不足以使我对它有确切的了解,因为我如果没有以往的其他经验,这样的影像只是一个平面的、有浓淡的光影的图案。对它的确切说明需要很多其他的信息,否则它很难和实际中的桌子的形象相一致。

视觉的构造机制使眼睛只反映或适应于光线。而在光线的明暗变幻下眼睛也只能根据颜色来推断物体的其他各种情形。因此,贝克莱认为,关于物体的形状、体积、位置和运动的观念也是基于光线和颜色的经验。他说:

有的人们对各种观念,和观念进入理解的途经,虽然有精确的思想和著述,可是他们都一致主张说,视觉所见的并不只是光和色,以及其各种变状,此外还有别的东西。洛克先生说,视觉是一切感官中范围最广的一种,它不但能把自己所特有的光色观念传在人心中,而且能把与之极相差异的空间,形相,和运动等观念传在人心中。不过我们已经指出,空间或距离不是视觉的对象,正如它们不是听觉的对象一样。至于说到形相和广袤,则人们只要能平静地考察自己的明白清晰的观念,则他就可以决定,除了光和色而外,视觉是否还可以直接传达进应属于它的别的观念来。他还可以决定,离了一切颜色,自己是否可以在心中对

① 贝克莱:《视觉新论》第 117 节,1935 年,第 55 页。

于可见的广柔或形相,构成一个清晰的、抽象的观念。他还可以在另一面决定,离了可见的广柔,自己是否可以单独存想颜色。在我自己,我不得不承认,我自己实在没有这样精妙的抽象作用。在严格的意义下说来,我所见的只是光和色,以及其各种明暗和变化,除此而外,我并不能看到别的。①

贝克莱对视觉构图的描述似乎更像中国传统的水墨画。画中所有的只是水墨的浓淡,好比光线的明暗,除此就再没有其他了。光线的明暗浓淡可以相互衬托,从而给予我们所有的关于事物现象的影像。这样的解释是否正确,取决于我们对人的眼睛生理机制的了解程度,这不像是一个哲学问题。的确,人的眼睛的构造很复杂,即使今天的光学和人体生理学仍在继续研究这个问题。然而我们神经中枢中的关于现象事物的图像,和这个图像所表示的对象之间,确实有很大的差异,这是一般被承认的。看来我们的视觉是否能够提供给我们关于事物现象的正确图像,或者这个图像和外部事物之间究竟是什么性质差异,还很是个问题。不过,贝克莱反对洛克关于视觉的观点,而倾向触觉作为解释根据的理由,还不是特别自然,其中的很多技术问题存在很多争议,他本人的观点后来也有所改变。这个我们不必讨论。我们只留意到,他的抨击在当时并没有能够降低或消除人们对表象主义的喜爱,而只是促使哲学家们开始在这个框架下寻求更合理和科学的其他解释以完善这种表象理论。就像后来休谟和康德等人所做的。

贝克莱最著名的主张是他对"物质"观念的攻击。这个攻击是他以彻底的唯名论思想批判洛克的关于抽象观念的理论而进行的,"研究精神事物的那些科学所以特别的复杂而晦涩,抽象观念的学说,实在是致误的最大原因"②。他认为,我们的有一个独立客观存在的物质世界这样的信念,实际上是完全错误的,尽管在日常生活中这对我们是方便的。物质作为一个抽象观念,在外部世界中根本没有相应的对象,不像那些可感觉的性质,如颜色、声音、滋味等等。物质只是我们对可感事物的这些感觉性质的观念进行抽象的结果。我们把这些感觉性质进行组合或分离,并把它们依托于一

---

① 贝克莱:《视觉新论》第130节,贝克莱,1935年,第61页。
② 贝克莱:《人类知识原理》第143节,贝克莱,1973年,第87页。

个实体的观念上,这就是物质观念的确切作用。而把这样的实体或物质看作是一个真实的存在物,就是虚妄的了。贝克莱这里强调关于可感事物的可感性质的观念才是我们解释和说明其他一切的根据,而感官所能接受到的就只能是这样一些观念。因此,他说:可以感觉到的事物没什么,不过是这么多的可感性质或可感性质的结合而已①。这和洛克没有什么原则上的不同。只是洛克碍于常识观念,不愿否认物质的客观存在,毕竟,这在普通情况下是很正常的。可是,既然我们只能通过感官感知的经验得到关于外部事物的刺激信息,因此我们可以说几乎是必然地只能从这些刺激信息所引发的观念中,获得任何对外部事物的了解,任何关于外部事物的知识。因此当我们没有这样的信息根据时,怎么能独断地做那样的判断呢?这难道不是一个必然的结论吗?这种错误认识的根源在于一种亚里士多德式的观点,认为事物的本质就存在于事物之中。他说:

> 我们所以说自己不能知道事物的本性,最大的一个原因,就是现在人们都以为,每个事物都在自身含有其一切性质的原因;或者说在每个对象中,都有一种内在的本质,它的一切可感的性质都是以此为根源而流出的,都是依靠于此的。有些人曾经妄以神秘的性质来解释各种现象,不过近代人们却多半把这些现象归于机械的原因,即归于不可感知的粒子的形象、运动、重量和其他类似的性质。②

如果解释和说明我们周围事物的根据就在于事物本身的话,也就是说每个事物都是其自身的原因,都有其自身的本质,它构成它所带有的那些偶性的性质的根源。然而,这样的本质是我们所完全感觉不到的,我们没有任何关于它们的确定的观念。可见,那样的东西只是事物的一种神秘的内核,不过是我们自己妄加揣测的而已。但是说事物本身有这样的一个神秘的性质,在理论上带来的却是贻害无穷的荒谬和神话。

在贝克莱看来,完全谈不上有一个在感觉之外存在的什么实在世界,那不过是一种习惯性的假设而已。但是这个假设是谬误或怀疑主义的根源,

---

① George Berkeley,1969 年,第 12 页。
② 贝克莱:《人类知识原理》第 102 节,1973 年,第 66 页。

因为我们根据它总是喜欢把观念去和另一个实在的物体做比较,认为在它们之间有差异,而观念就是对那种心外事物原型的符号或映像。这样的做法很容易导致虚妄和怀疑的意见出现,以及无神论和偶像崇拜。相应于这种错误看法,他说:

> 印入感官的各种事物,都是实在的事物,或者说实在存在的;这一点是我们所不否认的。不过我们却不承认:1),它们能在感知它们的心以外存在;2),它们是心外存在的任何原型的肖像;因为感觉或观念的本质就在于被感知;而且一个观念只能同另一个观念相似,并不能同别的东西相似。——再者,感官所感知的各种事物,若就其起源论,也可以说为外界的,因为它们不是由内面为心灵所产生的,乃是由异乎能感知它们的那个心灵的另一种精神来的。①

有意思的是贝克莱并不反对对我们的认知状况作这样表象主义的理解,或者作一种知觉因果论式的解释。当然,他也是在这一意义上才被说成是现代英国经验论的代表之一的。他同意笛卡儿和洛克,我们的心灵对外部事物现象的反映是由于外部事物对我们的感官所做的刺激。但是单单通过感知经验所获得的观念本身,我们毕竟会对这种因果作用的原因无法有确切的了解。我们需要注意到的是他对表象主义的理解和解释与洛克有一个根本性的区别,那就是他的观念不仅仅只是心灵内部的存在物,而且还包含整个认知场景,也就是包含感官所感知的一切现象事物在内。尽管人类的认知存在一定问题,然而在贝克莱看来,人类的这种认知困境只是表面的,对人类来说并非是根本性。因此他不反对说人有认知困境,但这种困境与洛克所说的完全不同。宁愿,他所反对的是那样一种苟且偷生的观念,即我们应该安于这样一个并不令人愉快的认知状况,而不要做任何非分的期望。年轻气盛的贝克莱极为反感洛克在这个问题上那种谨小慎微、圆滑投机的处理态度。他竭力辩明,即使我们处于这样的认知困境当中,也并不意味着我们就没有任何超越这个困境的方法。单纯的认知困境完全不能,也不应,束缚人类的理智和心灵。没有任何理由说人类的命运仅能如此。那

---

① 贝克莱:《人类知识原理》第 90 节,1973 年,第 61 页。

种渗透着卑微心态的哲学完全是不健康的,既不符合常识,也带来了形而上学,还会导致无神论。在他看来,常识告诉我们,我们对周围的事物完全可以有了解和认识。而只有形而上学才会说还有另一个事物的实在的本质是我们难以把握的,这是怀疑论的根源。无神论者只承认人的有限能力和悲惨状况,以此证明上帝根本不存在。可见,把人类自己陷于一种无奈的认知困境的并不是这种现实的状况,不是人的有限的自然能力,而是我们自己所抱持的一种偏见和不健康的心态。要纠正和改变这种错误倾向,正是贝克莱的代表作《人类知识原理》的主要目标。它的副标题就是:就科学中错误和困难的首要原因,探索怀疑论、无神论和非宗教的基础。

当贝克莱指出了表象主义的问题之后,他认为有一个很好的解决方案,那就是以神学作为最终的根据,可以使表象主义的问题得以消解。而这一点恰恰是被后人所诟病的。但就上述那些问题来看,神学的解决未尝不可作为一种模式。相较于其他模式,比如伦理、艺术或科学的等等,神学的解决有其独特的优点。但是,在经验科学为背景的现当代哲学中,这种模式当然是不可能受到欢迎的,而且恰恰是要被拒斥的。不过,对这些问题的探讨至今还远不是那么清晰,我们后面会再加以讨论。

九、习惯

那时还有另一个年轻人的才华横溢堪比贝克莱,他就是休谟。他26岁时写就并发表的三大本《人性论》,至今仍是整个西方思想文明的代表作之一,其天才之高着实令人惊叹。但是,虽然都是心高气傲,这两个人的性情和哲学倾向却是大相径庭。一个喜欢翱翔天外,纵横捭阖,另一个却深爱平淡生活,腼腆内向;一个强调心灵之神圣,天下唯我独尊,另一个却珍视内心的平静,极力保持克制。尽管休谟称赞贝克莱对洛克抽象观念理论的批判是"近年来学术界中最伟大、最有价值的发现之一",并声称要继续加以论证。但是,实际上他并没有质疑笛卡儿的心灵的框架和洛克的表象主义,而恰恰是在这种框架下,对贝克莱在洛克身上所发现的那种认知困境给出一个与贝克莱完全不同的解释。在某种意义上可以说,他的经验理论的倾向与贝克莱的神学解释背道而驰。休谟的哲学是金岳霖知识论的一个直接背景,金岳霖的很多思想就是针对休谟的观点有感而发的,因此我们有必要认真对待。不过,休谟的很多具体观点我们以后还会不断谈到,因此这里只是对他总体的思想倾向,做一个大体的概述。

他的《人性论》的副标题在精神上也与贝克莱完全不同:在精神科学中采用实验推理方法的一个尝试。运用自然科学的实验方法研究哲学,表明18世纪初时的休谟是多么受牛顿等人当时在物理学上的辉煌成就的巨大鼓舞和启发。他和洛克一样,把哲学研究当作一种物理学的试验进行观察,然后进行或然性的推断。这明显不同于笛卡儿、斯宾诺莎和莱布尼兹的数学的唯理论。他们是先寻求某个确定的点,或观念或概念,然后进行数学式的精确推导。不同的理论模式自然使他们在许多观点上针锋相对,争论不断,但是在一个意义上他们也具有共性,那就是应用科学的方法,不管是数学的还是物理学的,甚至像以后还有生物学的,从事哲学和其他精神科学的研究。这使其他精神科学也基本成为整个科学体系当中的一门学科,例如心理学、社会学、人口学和经济学等等。无疑,这些学科被分门别类,得以规范发展,成为可传授、积累、复制和检验的大学学科建制中的一部分。他们显然都受到自然科学成就的影响,希望以此可以从理论上为自然科学知识奠定一个确定的基础,一劳永逸地排除错误和荒谬的认识,根本解决人的幸福和命运的问题。尽管如此,他们对这种研究方式的反思远没有那么自觉和积极,而似乎是把这当作理所当然应该接受的了。但是,同样的成功也可能发生在哲学上吗?或者说,这样的方式可以满足他们的初衷吗?这就远不是那么明确了。这个问题我们后面还会谈到。

休谟也认为我们只能通过感觉经验接触这个世界和我们周围的事物。在这样的经验接触中,我们获得关于事物的印象和观念,它们在强烈性和生动性上有程度的不同。这几乎就是我们唯一的资源。除此以外,我们的心灵当然还有一点很有限的能力,能把这些观念和引起它们的那些印象联结起来,再把它们一起与外部的现象事物联结起来,由此构成我们关于事物的知识。但是我们为什么会有这样的经验,和我们为什么会有这样的能力,在休谟看来都是不可知的。那需要跑到我们自己的外面来看自己,把自己当成观察的对象,而那当然是不可能的。因此,他的任务只能是在心灵的框架内,研究这些印象和观念以及它们之间的关系和秩序,看看它们究竟是怎么被联结到一起的,都有哪些关系和秩序,尤其是那种物理学上所常用的关于现象事物之间的一种根本性的因果性观念。而要切实地完成好这个任务，他认为首先必须给自己定下一个不要有任何非分妄想的企图的原则：

> 关于人的科学是其他科学的唯一牢固的基础，而我们对这个科学本身所能给予的唯一牢固的基础，又必须建立在经验和观察之上。……若非借助于仔细和精确的实验，并观察心灵的不同的条件和情况所产生的那些特殊结果，那么对心灵的能力和性质，也一定同样不可能形成任何概念。我们虽然必须努力将我们的实验推溯到底，并以最少的和最简单的原因来说明所有的结果，借以使我们的全部原则达到最大可能的普遍程度，但是我们不能超越经验，这一点仍然是确定的；凡自命为发现人性终极的原始性质的任何假设，一下子就应该被认为狂妄和虚幻，予以摒弃。①

他对经验的仔细和精确的实验，就是"审慎地观察人生现象去收集这门科学中的种种实验材料"，而这些材料，当然就存在于普通人的日常生活中，于人们之间的交往、工作和娱乐中。在这样的基础上可以建立与其他科学部门同样确实且有用的科学的哲学。

休谟像贝克莱一样，都是极端的唯名论者，相信一切经验中的事物都是具体和特殊的，没有什么一般性或普遍性的东西。因此当然，也没什么"本质"、"实体"或"物质"一类抽象的东西。除了每个简单印象都有一个简单观念与它一一相应外，在其他的各种印象和观念之间可以说没有什么必然的关联。因此他反对一切经院哲学的形而上学。所谓具有普遍性的抽象观念，就像贝克莱所批判的那样，也只是一种特殊观念，不论它们在表象作用上变得如何的具有一般性或普遍性。它们不过可以帮助我们"唤起"那些具体的观念而已，使我们的思考和交流都得到极大的简化。我们正是依靠心灵或理智的想象能力才得以有关于外部事物和我们自己的抽象观念的。这种方式被我们养成习惯后，往往会轻易地以为那些特殊观念好像具有一般性或普遍性。但这只是幻象。自然界的一切事物都是特殊的和具体的。那些对象只要能被我们的经验区分或识别，就都是可以在思想中加以分离

---

① 休谟，1996年，第8—9页。

的,而且不论在数量上还是质量上,原则上都是确定的。既没有存在于现象事物当中的具有普遍性的抽象的东西,我们的心灵也不能创造出那样一种表象作为抽象观念。那么,那些抽象观念或一般名词或概念究竟是什么意思呢?他说:

> 不管怎样,有一件事情是确定的,就是:当我们应用任何一般名词时,我们所形成的是个体的观念;就是,我们很少或绝不会把这些个体全部审查穷尽;而那些余留下来的观念,只是通过那种习惯而被表象的,只要当前有任何需要时,我们就可以借这种习惯唤起这些观念来。这就是我们抽象观念和一般名词的本性;我们就是以这个方式来说明前面所提出的那个似是而非的说法,即某些观念在它们的本性方面是特殊的,而在它们的表象方面却是一般的。①

这就是说,我们的心灵或理智具有这样的"习惯",即当在心灵中出现某个观念(即所谓抽象观念)时,它还可以"唤起"其他的观念。即使是因果关系的观念,也不过是我们对观念间一种恒常联系的习惯性反映。这似乎平淡的说法,实际上却令人吃惊。休谟看似在极力压低嗓门,絮叨家常,非常低调地附和着贝克莱的观点,却又暗中固执着己见,绝不想像他那样走得那么远,也根本不想走到那个方向上去。因为他要恪守实验推理的方法,而不是思辨的传统方式。然而当他谨慎地根据对观念的观察作着实验性推理后,所得出的结论却并不令人乐观。他总结说:

> 但是这里有两个原则,一个就是,任何对象单就其自身而论,都不含有任何东西,能够给予我们以一个理由去推得一个超出它本身以外的结论;第二,即使在我们观察到一些对象的常见的或恒常的结合以后,我们也没有理由得出超过我们所经验到的那些对象以外的有关任何对象的任何推论。②

一方面,现象事物本身不能给我们任何理由以解释它们运动变化的原因,不能成为我们理解和说明事物的任何根据。那么这个根据究竟何在是

---

① 休谟,1996年,第34—35页。
② 同上,第161页。

令人困惑的。另一方面，我们观察到事物之间有各种恒常的结合和秩序，但是我们仍然得不出具有普遍意义的规律性描述。或者说，我们所观察到的那些秩序，仍然不能提供给我们以一个普遍性结论的根据。任何普遍性说法都不过是没有充分根据的或然性假设。

这不像是一个令人愉快的结论，即使是休谟本人亦很不满。因为这似乎和他考察人性的本质，希望给予自然科学知识一个牢固的根基的初衷相违。而且，这也使得辉煌的自然科学的形象似乎并不那么高大了。这很令他苦恼。因为，这是他在对人性或心灵能力的观察后，经过仔细、严密的推理所得出的一个似乎是显然而且又必然的结论。可是，我们看来真的只能满足于观念间的这种"习惯性"说法，而不能去寻求它们之间的必然联结？我们就真的只能以此来"指导我们的生活"吗？理性的结论却导致现实中的尴尬局面，这颇出乎他的意料之外。起码休谟自己是这样说的：

> 人的心灵所最爱好研究的，就是每一个现象的原因；而且我们知道了直接的原因还不满足，总还要把我们的探讨推进下去，一直达到原始的最后的原则。我们如果没有认识到原因借以作用于其结果上的那种功能，联系着因果的那种链索，以及那种链索所依靠的那个具有效能的性质，那末我们便不肯停止下来。这是我们全部研究和思考的目的；那么，当我们知道了这种联系、链索或功能只是存在于我们自身，只是因习惯而得来的那种心理倾向，而且这种倾向只是使我们由一个对象推移到它的通常伴随物，并由一个对象的印象推移到那个伴随物的生动观念；这时候，我们该是怎样的失望呢？这样一个发现不但斩断了可以得到满意结果的任何希望，甚至挫折了我们的这种愿望；因为当我们说，我们想把最后的作用原则作为寓存于外界对象中的一种东西而加以认识的时候，那就显得我们或者是自相矛盾，或者是在说毫无意义的话。①

我们的这种寻根究底，探源揭秘的本性，却是与生俱来的，成为理智或心灵的特征。它的背后既有我们作为动物种类寻求自我保护、生存和繁衍

---

① 休谟,1996年,第297—298页。

的本能习性,也有理智或心灵具有一种独特功能的本质倾向。当我们顺从这种倾向,对外部现象进行溯源式的考察时,却发现在外部对象当中没有什么可以作为它们自身变化的根据,而所有的根据都是在我们自己,是我们自己的心灵或理智所赋予的时,我们会有一种受到愚弄般的感觉吗?休谟当时的感受就是如此。虽然在康德那里,感受却完全相反,成了一项壮举的起点。

　　心灵或理性不能超出知觉的范围,去推想经验外的实在,去把握可能有的外界事物的本质。而只能在心灵的框架内,限制于想象力所有的全部本事,跟随习惯的导引,划分必然性的领地,构建知识的大厦。在休谟看来,这是人性的弱点或缺陷,是心灵或理智固有的局限,是人类不可避免的命运。心灵或理智探究事物本性的倾向似乎只会给我们带来了令人沮丧的结果,因此我们还是应该安于这个现状,而不要去做任何非分的妄想。否则我们的灵魂将无法获得安宁,身体也不能快乐,生活将充满痛苦而不再有幸福。安于现状的方法就是忽视心灵或理性的那种自然倾向,不要去做彻底的反省或探究。可是,生性敏感的休谟怎么能使自己的灵魂安于琐事而麻木不仁呢?实际上这不免使他"心生怒气",以致随时想着放弃这种理性的探询。但是,这不是他个人的情绪所能控制得了的,因为理性的探究根源于心灵的本性,是作为哲学家的他所不由自主的思想习惯。他说:

　　　　对于道德上的善恶原则,对于政府的本性和基础,对于推动和支配我的那些情感和倾向的原因,我都不禁有一种乐意加以认识的好奇心。我如果不知道我是根据了什么原则,赞许一个对象,而不赞许另一个对象,称一种东西为美,称另一种东西为丑,判断其真实和虚妄,理性和愚蠢;那么我思想起来便觉得不安。①

　　除非我们在心灵中能够消除这种思想上时而出现的"不安"心理,否则,我们总是会在"闲暇"之时,或"倦于娱乐和交游"之际,自然地倾向于把心灵集中内向,关注于那些理性的疑惑之处。这样的不安心理无法消除,而我们也绝不能像那些犬儒学派的人一样苟且和疯狂,因此休谟内心的焦虑

---

① 休谟,1996年,第302页。

和困扰难以缓解是可以想象的。然而,这是他的关于经验的习惯理论和关于抽象或想象的唤起学说的必然归宿吗?他认为这确实是必然的结果,因为他已经经过了谨慎详细的观察和严格周密的推理,得出了这个即使他自己也极不情愿却又无可奈何不得不接受和面对的结论。正是这个结论所给予他的强制性和必然性,使他倍感郁闷和烦恼。

当然,我们知道,休谟完全不是仅仅在指他个人在理论上碰到了这样不幸的遭遇。他是在思考人性,就像他的书名所说的,以此对心灵或理智的本性进行反省,对人与世界和周围的事物之间相处的状况加以检查,对人所具有的一切知识的基础给以厘清。正是在这样的思考后,他发现了这个令人吃惊又难以乐观的景况:理性的弱点或缺陷将使我们的知识完全系于某些不很可靠的原则。非常可能地,在他看来,这似乎就是人类不可避免的命运。因为,这似乎是很明显的,如果我们不能超越理性自身的限制,也就不可能独断地认为我们能够完全把握周围事物的本质,并进而把握我们自身的未来的命运。所以,休谟哲学的核心并不仅仅在于说他怀疑现象事物之间有没有什么必然的联结,更在于他对人性的自然化的思考,否定抽象观念之后所导致的那样一种认知困境。

休谟的悲观和困扰令我们想起柏拉图的忧虑。他们都是对人性的思考,对心灵的反思,对人与自然之间状况的审视,对人类未来命运的担忧。尽管如此,他们的观点远不是结论性的。虽然我们对是否能有一个最终的结论这一点也并不抱乐观态度,然而他们仍然是完全可加以讨论的。关键的问题是,不像柏拉图那种近乎原始的对理性的忧虑,休谟却是自觉地秉持有一个理论背景,即笛卡儿和洛克式的心灵的框架。因此,不经过反省他的(也包括整个西方现代哲学的)这种理论框架的合理性,就遽而得出那样的悲观结论,受到那样的困扰,似乎还言之过早。那么,这个心灵的框架会存在什么问题吗?对此,休谟自然会问道:难道心灵或理智不是只能通过感觉经验接触外部事物吗?心灵或理智所应用的范围难道不是仅仅在来自经验中的印象或观念之内吗?这些前提难道不是很清楚明白、理所当然的吗?自然科学的发展难道不都表明它们是确定无疑的吗?我们怎么能对科学的原则和立场轻易地动摇或疑惑,甚至狂妄地加以反对呢?难道我们还要再像中世纪的经院学者那样,用形而上学的诡辩对此吹毛求疵吗?或者,难道我们还要再用神话、迷信或宗教使自己陷于虚妄和荒谬的黑暗吗？这是一个严肃的问题。休谟认为，即使我们要直面一个或然的世界和接受一个偶然的命运，也不能轻率地改变立场、出卖原则，去过一种苟且偷生的卑劣生活，以顺从人性的怠惰和软弱。他批判洛克，处于这种理论框架之中却对它的局限没有太多的意识，或者即使有意识也似乎是有意地忽略它，而仅仅陶醉于它所能提供给我们的那些好处。他因此大声附和贝克莱锐利的抨击，却又不愿像他走得那么远，以神学模式解决理性的困境。他挣扎于那种心灵的框架之中，却还要顽强地保持人的尊严。

那么，我们怎么来质疑休谟的质疑，以消除休谟的困扰呢？因为，我们似乎还不能习惯休谟的"习惯"。

十、先验论

早熟的休谟所受到的困扰在当时完全不是一个普遍现象，并没有让同时代的人们有所警觉，只除了二十多年之后的大器晚成的康德。不知有意还是无意地，他表示对休谟的境况感觉很震惊，还对海峡对岸这位同行深表同情。休谟的问题似乎使他陷入沉思十多年。虽然他和休谟都是体弱多病、身材瘦小，可是他却不像休谟那样敏感和内向，反而豪气逼人、雄心万丈，几乎是以雷霆万钧之势欲图一举解决休谟和贝克莱所揭示的人类理性可能存在的根本问题。那就是我们所熟知的他那博大精深的先验哲学。从那本皇皇巨著《纯粹理性批判》中，我们完全可以想象出来，他仿佛在微笑着轻拍郁闷焦灼的休谟肩膀说：放轻松点，老弟，别担心，一切都会好起来的，有我呢。事实上，那确实是一本旷世杰作。康德对理性的几乎所有问题，都给出了几乎是完整的、看起来也似乎很能令人满意的一个直截了当的答案。后世的绝大部分哲学思想，也都和他有着这样那样的渊源。因此，我们很有必要仔细看看，康德对我们应该怎样看待周围的事物持有何种观点。当然，我们没有必要去介绍他那繁杂的理论，而只就和我们的主题有密切关系的地方，了解他的思想。

康德理论的宗旨本身就是一个有趣的问题。那就是康德自己曾经不断表明，他所做的一切都是为了使形而上学成为一门科学，从而改变这个曾经是"一切科学的女王"，而如今却被驱赶和遗弃的"老妇人"的悲惨命运。

"形而上学作为科学是如何可能的",这是一个奇怪的目的。他为什么要抱持这样一个目的,为什么对形而上学的命运那么重视呢?我们看到,他直接面对的问题是休谟所揭示出的,即在人的理性当中,存在一种困境是理性本身似乎无法解决的。对这个世界和世界上的事物,人们有一些了解和认知,也就是我们的所谓的知识。然而关于知识的本性或真实性,我们的理性又似乎不能给出确定的保证,而且我们的感性知觉也同样不能给以任何保证。我们知识当中的那些所谓规律最后被发现居然是我们自己放进去的,而不是客观外部世界里本身所具有的,那么它的客观的必然性如何能够得到呢?同时,我们自己放进去的东西,又怎么能具有普遍的有效性呢?尽管如此,我们除了信任我们的这些知识外,又似乎别无出路。这在休谟看来是人的理性的一个缺陷,导致他内心无法释怀的苦恼。可是在康德看来却是打开神秘世界大门的钥匙。康德说:

> 人类理性在其知识的某个门类里有一种特殊的命运,就是:它为一些它无法摆脱的问题所困扰;因为这些问题是由理性自身的本性向自己提出来的,但它又不能回答它们;因为这些问题超越了人类理性的一切能力。……我自认为在这条道路上,我找到了迄今使理性在摆脱经验的运用中与自身相分裂的一切谬误得以消除的办法。对于理性的这些问题,我不是例如通过借口人类理性的无能而加以回避,而是根据原则将它们完备地详细开列出来,并在把理性对它自己的误解之点揭示出来之后,对这些问题进行使理性完全满意的解决。①

康德的办法就是,知识的所有根据就在于理性本身,而不来自于外部世界或知识的对象。纯粹理性既是我们所要认识的现象的可能性条件,又是经验知识的可能性条件。人的理性本身可以给予休谟的困惑所有的答案。而这一办法的关键在于,理性本身究竟是不是独特的?这个问题实际上是在问,人是自然界当中一个完全特殊的生物,还仅仅是生物系列中的普通一员呢?如果说是独特的,那么又有什么理由这么说呢?如果我们不寻求说这是上帝的恩惠,看来我们就只能拿现有的知识作为理性这种独特性的根

---

① 康德《纯粹理性批判》(第一版序),2004年,第1、4页。

据。尤其是自然科学知识，其辉煌的成就令人肃然起敬，其崇高的权威可以作为我们一切解释的根据。因此，关于自然事物的经验知识的根据，不可再行追问。它的可能性本身，就已经构成了最终的解释因素，这就是它的先验性，也就是它之所以可能的条件。这样，关于经验知识的可能性的条件，使形而上学成为真正的一门科学，就像自然科学其他的那些门类一样。

  康德的这种宗旨，在某种意义上可以说是自笛卡儿以来哲学家们的共识。即以代数方式、几何方式，或者以力学方式解释事物，这些似乎都是可以使哲学或形而上学科学化的尝试。如果这种尝试成功，那么形而上学就可以摆脱思辨哲学的传统形象，从经院神学当中解放出来，作为一种科学继续给人们提供知识。然而当休谟发现这种趋向的结果是完全消解了形而上学时，这种尝试看来走到了死胡同。也就是说，形而上学作为一门科学，给我们提供关于灵魂、理性、道德、世界或上帝的知识是不可能的。既然如此，看来它只能是一种"假学问"，没有任何"生育能力"的经院哲学。这样，休谟愤慨地要把它投入火炉中的举动，就是可以理解的并完全恰当。但是，心胸狭隘而偏激的休谟不认为心灵或理性本身有任何合法的权力给知识以根据，这个根据最多不过是人类这种生物所具有的一些神经本能自然形成的习惯而已。当然，这样的根据不够完善，但是我们也只好满足于此，而不能再有过多的奢望了。休谟的彻底的实验推理的研究方式，为后来的自然主义理论所遵循。

  康德雄才大略，当然不会满足于仅仅以"习惯"这样的理由来解释理性，而是提供了一个恢宏博大的理论为理性的权威辩护。他的前提在于现象和自在之物的划分。他认为：

> 现象无非是表象，而人们却把它当成了自在之物本身，这就是理性的互相冲突所提供的一切引人注意的事件的来源。理性的互相冲突就是在这一见解上被消除了，即现象什么时候用在经验里，什么时候就产生真象；然而一旦超出经验的界限，变成超验的，它就只能产生假象。①

他发现了关于经验和现象的先验解释方式，看起来是最符合逻辑的而又是

---

① 康德，1997年，第55页。

全面的。它不仅使我们对现象事物的解释和说明全部自然科学化,而且还使这种解释方式成为对外部现象事物是客观必然的和普遍有效的。如果他的理论是正确的,他的目标达到的话,那几乎可以说是完成了人类文明史上的一个壮举。因为那几乎彻底解决了人类理性的本性问题,给自然科学的经验知识奠定了一劳永逸的根基,还使人与人,人与自然,人与上帝,都处于一个恰当的位置,我们也不再会饱受各种偏见或谬误的危害而能永享真理了。怪不得康德的语气显得如此慷慨激昂和志得意满。这是很可以理解的。然而,事情往往并不那么简单。令人泄气的是,他的后继者对此并不太买账。不论是费希特、谢林、黑格尔,还是再以后的逻辑实证主义者,都是如此,尽管他们在使哲学科学化的意义上可以说有共同的倾向。也就是说,他们一方面继承了康德的欲把形而上学科学化的精神,而另一方面又表达了对他的处理方式的不满,要对他的理论加以改善,以使这种理论的内容和形式得到一致。那么,他们究竟对康德的理论有什么不满呢?这就是康德先验体系中的那个神秘的"物自体",使他们都耿耿于怀,必欲去之而后快。

十一、物自体

所谓"物自体",也即自在之物,或非现象,或先验客体,或物本身,或干脆就是传统哲学所说的本体。它在康德的先验体系中具有必不可少的作用,在康德看来是不可取消的。因为,物自体的存在使我们所能认识的东西被限制在经验范围以内,即现象,构成了理性的限制。正是由于把经验的对象当作仅仅是现象来认识,理智才必须承认自在之物的存在。而现象本身的先验结构是根据于我们的感性和知性的方式构成的,这一点保证了我们对现象的认识不仅是可能的,而且还具有客观必然性和普遍有效性。现象的形式就是感性的纯粹直观即空间和时间,它的内容是感性杂多或表象。自在之物是不能被认识的,而只能作为现象的本体,当它和我们的感官感觉发生关系时可以产生表象。康德说:

> 必然会有某种本身不是现象的东西与现象相应,因为现象单独就本身来说,和在我们的表象方式之外,不能是任何东西,因而,如果不想不停地绕圈子的话,现象这个词已经指明了与某种东西的关系,这个东西的直接表象虽然是感性的,但它哪怕没有我们感性的这种性状(我

们的直观形式就建立在这种性状上),却自在地本身必须是某物,即某种独立于感性的对象。①

我们认识的对象只能是物自体向我们的感官所呈现的现象,而至于这个现象与物自体之间可能有多大的差异,那是我们所无法知道的。无论如何,我们不能说事物就是按照它本来的样子向我们显现的,为我们所表象。但是,不论这个差异有多大都没有关系,因为我们就只能把我们的知性和理性概念和范畴应用于感觉经验所得,即应用于现象世界。而对物自体本身,我们存而不论。这是我们的理性所应该恪守的原则。否则的话,将导致无穷无尽的争端和荒谬。也就是说,如果我们的直观在表象外部事物的时候是按照物本身的原样来表象的话,那么就没有什么先天的直观了,直观就都是经验的,像洛克和休谟所认为的。表面上看,这使得物本身成为实在的和直观的对象,似乎是符合常识的看法。但是这同时却出现一个无法解决的问题,即直观怎么可能通过表象来认识物本身,就像休谟所发现的那样。另一方面,如果只承认我们的直观的对象仅仅是表象,而没有什么先验的客体,那么就会把我们所能认识的一切当作想象的产物,而没有任何客观的限制和外部的约束,就像贝克莱所认为的。这两种倾向在康德眼里都是没有出路的。他的解决被他叫做"经验的实在论"和"先验的观念论"。现象就是物的实在的存在性,即物的实存性,它不能被看作仅仅是假象。同时现象的先验的可能性条件又是人的感性的纯粹直观形式,依据理智的纯粹范畴原理。正是物自体的存在使得这样的解决成为了可能。

康德对不可被认识的物自体的存在和作用言之凿凿,似乎有点不可思议。他似乎把所有的含混都推到了这里。而这正是他的先验理论备受攻击之处。首先,我们怎么来说有这样一个东西,就需要大费周章。因为它是不能被表象的,没有呈现给我们任何在时间和空间中可区别的迹象(那就成了现象)。因此它几乎不能被恰当地应用任何概念,就像康德说的。那么,就算它是可思议的,又怎么去思议它呢? 其次,既然它不能被表象和认识,那为什么说概念或范畴运用在它身上时会产生二律悖反呢?这也同样应该

---

① 康德《纯粹理性批判》A252,同上,第229页。

是不可知的。第三,既然现象是物自体刺激人的感官的结果,那么它和现象之间是因果的关系吗?这样的联结也应该是非法的。第四,说现象不是物自体的原有样貌,同样没有根据。而只能说我们无法知道现象是否和物自体相符合。第五,既然它和我们的认识没有任何关系,又怎么能起到认识论作用。也就是说,它怎么能构成对理论或思想的客观限制或外在约束。第六,我们怎么能独断地说物自体和现象之间有差异。这些是典型的关于物自体问题的疑难。我们在这里不做详细的讨论,因为后面还会谈到。

  关于康德理论中自在之物的角色,我们真正需要注意的其实是下面两个问题:一个是,为什么康德认为我们的知识需要有这样一个客观限制或外在约束?另一个是,物自体为什么不能向我们开放,而一定要通过现象和表象作为中介才能被我们所了解?这两个问题意味深长,涉及到整个近现代哲学的历史背景和理论核心,不容易得到明确的解答。它们究竟是什么意思呢?这需要深究,不过这里先让我们简单地讨论一下。

  第一个问题其实是在质疑一种理论选择的恰当性。既然在康德看来,现象也是实在的,那么为什么现象就不能给我们提供同样的认识论作用呢?而且,既然我们解释和把握周围事物的关键在于我们自己的理性能力,那我们有什么根据说一定还需要额外的客观限制或外在约束呢?因为如果有这个必须的话,那就说明我们自身的理智能力尚不足以作为解释和把握的最终根据,而这是有违康德思想的本意的。究竟在什么情况下,我们的知识才需要一个客观限制或外在约束,这是一个关于知识本性理论的背景的问题。也就是,如果知识的对象或内容仅仅是感觉的表象,是感觉和知觉所规定的方式产生的,是完全在经验范围之内的东西,那么,这样的知识就难免于主观性的嫌疑,因此就必然有一个关于客观性的问题会出现。而心灵或理性的能力之所以只能具有主观性而需要一种客观的限制或外在约束,其本身不能作为唯一的解释根据,是由于在心灵之中还有想象、回忆、欲望或意志等等极不稳定的因素掺杂的缘故。这个客观性是否必要,是一个问题。而它由谁来提供,则是另一个问题。不管是由现象所提供,还是由物自体所提供,还是由其他什么地方提供,例如柏拉图式的全然不同的理念、主体间的意见一致、个人的心灵力量或上帝等等,都是出于不同的考虑的选择。实际上,其中最没有资格的似乎就是现象了。如果现象本身能达到这个要求

（好像没人这么认为），这个问题可能都不会被提出来了。这当然最好不过，然而似乎自古希腊以来人们对现象就不大信任，因为那里仿佛充斥着各种假象，大部分哲学问题也跟现象世界的变幻无方有关。在几乎所有人看来，不仅事物的现象本身缺乏确定性，而且它们还和每个人的主观因素有连带关系，导致更大的不确定性。因此，正是现象才需要被解释和说明，而它本身似乎不能解释和说明其他任何东西。那么排除现象之后，其他的候选者之间，如物自体、柏拉图的理念、主体间性、个人的心灵力量、上帝，或别的任何东西，有什么逻辑上的差别呢？如果我们以这里提到的其他项来代替康德理论中的物自体的角色，那会有什么逻辑上的不同吗？我们不是说它们的理论色彩。因为它们会引出很不同的理论结果，这似乎是无疑的。例如仅仅相信个人的力量与相信上帝自然是很不同的，或者，寻求完善的理念与说服众人的意见也会付出很不同的努力。但是在逻辑上，就理论本身的必然选择来说，我们能看到某一项选择比另一项选择的优劣差别吗？不过，这是个需要谨慎思考的问题，涉及到了本论文所讨论的核心，还是留待后面再慢慢揭示。

  第二个问题其实是在质疑一种理论方法的恰当性。我们有经验，通过感官可以感觉很多事物的现象。对这些现象，我们又有知性或理智可以思考它们，编织它们，给它们以秩序或条理，不管这些秩序或条理是源自何方。这似乎是大部分哲学家都承认的。尽管如此，为什么说我们对事物不能直接认识呢？而必须有中介才能使认识成为可能呢？这是被给予的现实吗？从笛卡儿开始，经过康德，一直到后来的罗素、维特根斯坦和逻辑实证主义者一样，都认为我们必须在经验中通过对事物现象的表象才能认识周围的事物，这似乎已经成了自明的前提。康德的先验理论又进了一步，认为我们对事物的认识不仅要通过感知所得到的表象，而且这个表象还只是关于现象的，并不是关于物本身的。这导致在心灵与物本身之间，认识论上存在着双重的中介，一个是表象，一个是现象。这样划分的多重界限似乎解释了很多传统哲学的困难，但是无疑还会产生更多新的理论困难。对此，无论如何，我们会有一种不尽然的感觉，直观上这也不像一个恰当的、完善的解释模式。我们的品味应该更高。很明显，这一似乎自明的前提是需要进行反省的，不能简单地被视作理所当然。可是，我们不是通过经验才有的知识吗？这难道还能有什么疑问吗？如果不是通过对象刺激我们的感官，一方面由此引起表象，另一方面使我们的知性活动运作起来，对这些表象进行比较，把它们联结或分开，这样把感性印象的原始素材加工成为所谓的经验，还能有什么其他更可行的方式获得知识呢？现有的知识不是已经很好地说明了这种现实的状况吗？这样的模式怎么可能有问题呢？三百年来这么多伟大的思想家不都是以此为前提吗？我们真的可以对之怀疑吗？这是需要特别慎重的，以免被当成了一个狂妄无知的人。

康德的物自体概念在哲学上的意义是很有趣的，其根源就令人回味无穷。看起来像一个怪异的东西，康德却对之大为垂青，把他的先验理论的成败与否几乎都系于此一物。但是无论如何，这样的处理总归勉强。康德虽然很清楚这一点，可是也无可奈何。因为正是物自体的存在，使我们的知识对现象事物可以是客观必然的而且又是普遍有效的。然而关于这样的作用，是不是物自体是唯一的理论选择，是大有疑问的。但是除此之外，在康德那里，物自体还有更微妙的价值，是我们需要特别注意的。不过这些我们后面再予以讨论。

第三节 外物很神秘吗？

外物当然不是神话，实际上没有什么神秘的。这似乎是任何一个有理性的普通人都知道的事实。然而，正是因为这似乎是最为浅显、最为清楚明白的道理，那些说外物得不到的某些哲学理论才显得十分荒唐。如果没有特别充分的理由，他们是不愿如此的。他们所担心的也是他们理由的是否充分性。

当然，在人的感官感知中，很多问题是应该由经验科学来研究的，例如经验心理学或神经生理学之类。其中的很多问题经验科学至今也还没有定论。既然如此，依据那些可能的科学解释假说就匆忙得出哲学的结论，似乎有些过于轻率。尤其是我们看到科学本身的发展也在不断更新着各种解释模式。这使得那些哲学理论也紧紧跟随忙不迭地进行修正，显得更为可笑。哲学固然需要考虑经验科学的成果，可是它本身也有其一般性的特点，不能完全被加以经验科学化，否则，那不过是取消哲学的倾向而已。很奇怪这些很讲"科学的"哲学家为什么总是在让哲学不顾自己的任务,而固执地去侵占经验科学的领地,却反过来说哲学不够"科学"。

当他们发现哲学过于"经验"化,或者过于心理化而难以有成效的时候,就找到了语言这个中间性的东西。过于经验化是说,始终坚守经验论立场。但是这很可能不得不最终走入困境,那就是不能给予经验知识以任何有价值的确定性解释,从而使哲学也处于一个尴尬的可有可无的境地。过于心理化是说,坚守心理内容的出发点。但是这又最终很可能始终无法走出"主观性"的噩梦,而达到对外部事物的确定通道。相比之下,语言就大为不同了。一方面,语言完全具有感觉材料所具有的那种认识论价值,即作为思想的表达自然是心灵可以认识的或意识到的。而另一方面,语言又不像感觉内容具有那么多的心理意味,而有较多的客观性。对语言陈述的分析似乎有时可以达到数学般的精确程度。这使那些爱好数学的哲学家或者爱好哲学的数学家们不约而同地开始从事这种语言游戏。语言能成为哲学研究的新领域关键在于新逻辑的发现,这使日常语言的含混性得以排除,因为日常语言的形式化变得可能了。这是罗素、弗雷格、维特根斯坦和维也纳学派的人之所以欣喜异常的缘故。于是,数理逻辑风行于世,语言哲学应运而生。没想到一转眼这个趋势居然就持续了整整一个世纪。人们在逻辑学上所取得的成就是有目共睹的,然而在哲学中却似乎一直是止步不前。所与或表象或感觉材料理论所存在的问题,在语言哲学中也仍然存在。感觉材料没有解决经验知识的基础、确定性和客观性等等的问题,在语言哲学中它们好像也并不就那么容易解决。

分析哲学的创始人弗雷格和罗素当然都意识到了这个问题,因而始终强调概念或命题的意义应该在于语言外的指称或对象,而不仅仅在于语言本身之内。不过,这样说说很容易,而要在逻辑上予以刻画,那就不是一件轻松的事情了。事实上,从分析哲学出现一开始,关于概念或命题的意义、指称和对象问题就一直处于争论之中。

一个名词或者一个语句,如果没有任何意义的话,那我们也不必去说它了,因为那不过仅仅是发声或随意的咕哝而已。而如果是有意义的,那么,它的意义是什么呢?比如说,"颐和园"或者说"颐和园很漂亮"之类。这当然不是在问它本身有什么内容,那是经验中的事情,而是问,不管它的意义是什么,如果有的话,那么这个意义决定于什么呢?因为,任何一个名词或语句都是需要被解释的,也是可以被解释的。在语言中没有什么东西是不能被解释的。语言本身就是一个相互支持的融贯的经验系统。它的意义当然是说这种语言的人们所赋予的,也是一个经验形成的过程。因此,概念或陈述的意义与人们对它的使用有着密切关系。从对语言的分析中,我们的确可以了解到很多人们是怎么理解和说明周围事物是怎样的这种问题的。不过,要从中得出某些哲学结论,那就需要十分的慎重了。

尽管弗雷格、罗素、卡尔纳普、丘奇(Alonzo Church,1903—1995)、奎因等人各自的哲学和逻辑观点有所不同,但他们都把"单称词项不能是空词项,必须具有实质性指称"这一点,看作是理所当然的逻辑前提条件,坚定地加以接受,并想尽各种办法来予以维护。在量词逻辑中,这就意味着它的个体域非空,量词毫无例外地具有存在含义,并且单称词项总是指称个体域中的某个个体。由于假定了主项存在,主、谓词都是非空概念,也是非全类概念,这样命题之间的各种逻辑关系才得以成立。弗雷格对待那些无指称的空词项的态度,是直截了当地指派给它们一个类似数字零的指称,有时是类,有时是个体。反正不能出现绝对意义上的空词项,它总得指称一个什么东西。但罗素认为这样不行,因为这既会产生逻辑悖论,又不能算是真正解决问题。他于是费尽心机地创设了摹状词理论,以便从逻辑上彻底消除这些无指称的单称词项及由它们所带来的困难。就逻辑而言,摹状词理论应该说非常成功,曾一度被许多逻辑学家和哲学家誉为伟大的创举。尽管如此,它也不是没有缺点。它的繁琐而不直观就是最大的问题。因此虽然它在大多数情况下效果显著,却往往难以处理那些隐含的哲学难题。卡尔纳普说,他自己的方法更简单:他构造了一个新的实体,就是既算是存在者,但又区别于所有通常的存在者的空实体。这样的空实体可以作为所有空词项的指称的共同承担者。不过这个"空实体"是什么呢?他自己也说不清楚。这样的空实体并不符合弗雷格之类的逻辑学家的标准。因为根据弗雷格,"单称词项代表存在者"应该是逻辑规则的前提。而这个"空实体"并不区别于自身,又不存在,这毕竟是违犯了这个前提。相比之下,丘奇诉诸个体概念的方法似乎要更有说服力一些。他认为,量化表达式"存在一个",应该是覆盖个体概念而不是个体。这样,当我们说"存在一个并不代表任何东西的个体概念"时,既是有意义的,也是真的,因为确实有并不代表个体的个体概念,如飞马或孙悟空等等这样的空词项。当我们说"飞马存在"这样的陈述时,实际上它可以被译为:

  P存在,当P是飞马概念的一个名字。

  不过这种概念形式化的转译有时也会违背许多陈述的语意。丘奇也知道应把"S存在"这一形式的语境考虑进去。但是这同样也会有着难以处理的技术问题,而且他的方法还不如奎因的更为简单。奎因认为:不指称存在物的单称词项在逻辑上是无意义的,在科学语言中应用这类词会带来太多的问题,所以为了理论上的精简,就不能应用它们;即使有这样的表达式出现,那也只能把这一陈述当作逻辑上无意义的,即既不真也不假。但是我们知道,这样出现真值空隙的处理也是不能尽如人意的。因为在科学语言中,象陈述"在位置P且不受外力作用的物体保持匀速直线运动"、"绝对零度下……"等等这样的表达方式随处可见,比比皆是,绝不能被当作无真值的或甚至无意义的陈述加以对待。这些完全是有意义的陈述,而且也可以出现在有效的推理当中。①

  还有许多的现代逻辑学家或哲学家,也通过种种理论努力,希望避免没有存在含义的单称词项所带来的问题。然而他们的理论还无一成功,反而引发了自由逻辑的兴起,即一种更灵活的逻辑系统,并不对单独词项的指称做严格的规定。因为在自由逻辑学家看来,在经典逻辑中,那些虚构或类似虚构的名称不能出现在命题中,这当然是违背人们日常的语言习惯,也不是科学语言的常态。因为那些虚构的名词或境况在自然科学中,就像在我们日常的对话或书面语言中一样,都被有效地使用着。而且,这在逻辑上也会出现一些麻烦,例如词项不能正常变位及容易出现某些悖论等等。这些麻烦导致这些逻辑限制过严,因而运用起来很烦琐或者其适应面很窄。正是在这一意义上,自由逻辑学家们认为,妄图完全剔除没有存在含义的单称词项是不现实的,似乎也不太可能。而且更重要的是,这样做也完全没有必要。他们相较之下倒更愿意接受迈农(Alexius Meinong,1853—1920)的对

---

① 见Karel Lambert,2003年,第138—154页。

象理论的观点。迈农认为,思想指向着不依赖心灵的实存对象或非实存对象都是可以的。他区分了两种判断:一种是关于思想的意向对象的存在(being)的判断,另一种是关于这些对象的所是(so-being)、特征或本性的判断。这意味着,那些非实存的、甚至是不可能的对象如金山、圆的方等,也必须作为非实存对象包括在对象理论的语义领域中。一个意向对象的所是(so-being)是独立于它的存在(being)或本体论状况的,无论该对象是否碰巧存在。这也就是说,一个事物是什么样子,它具有什么样的性质,这点并不以该事物的存在为前提。用迈农的话说就是:一个对象的如此是不受其非是的影响。其实,迈农的意思很明确:就是凡是可以思维的东西都是对象。这样的对象分为两类:一类是现实存在的对象,叫"实存对象",也即是时空中的存在(existence);另一类是只存在于观念或思维中的对象,叫"潜存对象",也即一般性存在(subsistence)。除此而外还有"不可能的对象"或"荒谬的对象",如金山之类。①

自由逻辑学家们之所以喜欢迈农的这一理论,完全是因为这一理论与现实情况更为相容。确实,在人们的日常生活语言中,有谁会去认真地注意哪些词项有真实的指称,哪些词项没有真实的指称呢?日常谈话中经常是充满了各种各样的单称词项,既有实存的,也有非实存的,五花八门,无所不包,而且你也绝不能说那些是无意义的甚或是无效的推理。在科学语言中也有同样的情况存在,这一点我们上面已经提到。如果语言哲学或逻辑要有更大的适用性,就要能更有效地描述或刻画日常语言中的大部分推理,而不是仅仅局限于很狭窄的应用面,因此经典逻辑当然就是远远不够用的。哲学家或逻辑学家们应该建立更灵活的逻辑系统,更"自由"(free from)的逻辑系统。于是,自由逻辑应运而生。它起码容纳了指称不存在的事物的单称词项,或无所指的单称词项,而发展出了"外域自由逻辑"和"无所指自由逻辑"。例如,像在外域自由逻辑中,存在概括规则:

$$A(t) \rightarrow (\exists x) A(x)$$

不再一般地成立,而要求 a 存在,一般用 E! a 表示,于是这个规则被修

---

① 见 Karel Lambert,1983 年;Marie-Luise Schubert Kalsi,1987 年;Lacek Pasniczek,1998 年。

改为：
$$E!\ t, A(t) \to (\exists x) A(x)$$
而：$\forall x A(x) \to A(t)$ 也被修改为：
$$\forall x A(x) \to (E!\ t \to A(t))$$

根据对待空词项的方式，有否定的自由逻辑，就是凡包含空词项的句子就赋假值。其特征公式为：

$$A(t/\upsilon) \to E!\ t,\text{其中 A 是基本公式，且 }\upsilon\text{ 在 A 中自由。}$$

还有肯定的自由逻辑，就是肯定某些含有空词项的句子是真的。另外还有中性的自由逻辑，把凡是含有空词项的句子，当作无真假可言予以处理。

自由逻辑的出现说明，我们对指称的对象的实际存在问题，不必像弗雷格、罗素、卡尔纳普、丘奇和奎因等人所要求的那样严格。而他们之所以有此严格要求是基于一种副恐惧感，即对心灵或理智不能把握外部事物的担心，或者说经验理论却不是关于经验对象的。虽然在逻辑学领域更重视技术问题，这一点似乎有所不同于语言哲学或认识论中的情形。然而，其实质根源都是一样的。他们真正担心的是，技术问题其实并不难于解决，起码相对来说重要性是次要的。关键问题在于，如果在逻辑上可以允许名称或概念的指称不必然地要求实际对象的存在，那么，当这些名称或概念出现在命题之中时，这样的命题也无法要求是关于实际存在的对象的。这样一来，这些命题集或命题系统形成的经验知识或科学理论，也同样可能不是关于实际存在的对象的。那么，它们会是关于什么的呢？那听起来似乎像是一个令人不寒而栗的恐怖故事。

不仅如此，甚至还有更令人不寒而栗的观点呢，那就是关于意义的不确定性问题。尽管在奎因看来，不指称存在物的单称词项在逻辑上是无意义的，为了理论上的精简，就不能应用它们；即使有这样的表达式出现，那也只能把这一陈述当作逻辑上无意义的，即既不真也不假。然而，至于什么是指称物，他所意味的可就不仅仅是指时空中的具体的存在物，因为那样的东西是难以确定的。而能确定的是理论所蕴含的对象，或者说是一个把理论具体化的过程。用逻辑语言说就是，"是什么"决定于约束变元的值，即能够满足某一量化公式的变项的取值。对此，他强调说：

因此多年来我一直坚持认为：是(to be)乃在于是变元的值。更严格地说，一个人认为是在那里的东西乃是作为他的约束变元的值而被他接受的东西。这一点已被认为是显然的和平常的，但是它也被认为是不可接受的，甚至那些赞同我的一般哲学观的读者也这样认为。①

既然是"显然的和平常的"，却还是被认为"不可接受的"，那么看来更显然的和更平常的是，是什么并不能仅仅决定于他的约束变元。如果我看到那边有一个模糊的影子，我猜那可能是一棵芙蓉树。那个像树一样的影子最后经过确认，确实是芙蓉树的话，那么在某种意义上可以说，因为它符合于我所知道的关于树或芙蓉树的知识，相应于我对这种情况所使用的语言的规定，所以它是作为我所说的芙蓉树而能被我所认识，即满足我关于芙蓉树的某些陈述，像"这果然是芙蓉树"或"原来这是芙蓉树"等等句子。这种说法无非是以语言或理论本身是一个自足的领域，可以独立地得出关于事物是怎样的断言而已。站在语言整体的角度，把语言或理论作为一个整体面对经验，那么，奎因的观点似乎是"显然的"。可是，站在日常经验的角度，或只站在感觉者本身的角度，这种说法也是荒谬的，因为语言本身就是一个经验的产物，这也是奎因所承认的。那么语言或理论不可能再反过来决定满足其真值的变元的值，否则，很明显就是循环论证。即使约束变元的值与该公式所属的语言系统之间有极大的关系，然而，它仍然不可能仅仅是由该公式所决定的。

奎因处心积虑的理论目的，在于尽可能排除本体论或形而上学在哲学中的实质性影响。如果存在或是什么在于约束变元能够满足该公式的取值，那么在本体论上最多只是有一种理论所给予的"本体论承诺"，即一种理论假设或工具而已，而并没有真正意义上的本体论。或者说，这样就可以消除传统本体论或形而上学的问题。他结论说：

  这样，所指和本体论退回单纯的附属物的地位。真句子，观察的和理论的，则是科学事业的始终。它们由结构相互联系，而对象仅仅表现为这些结构的结。这里可能有什么特殊的对象，对于观察句的真是无

---

① 奎因,1999年,第22页。

关紧要的,对于观察句对理论句提供的支持是无关紧要的,对于这个理论预言的成功也是无关紧要的。①

表面上看起来其效果还是很明显的,传统本体论没有什么实际的意义,如果有的话,也不过是理论所需要的假设而已。我们不必有太多的形而上学负担,不相应于理论的东西,都可以被"奥卡姆剃刀"毫不留情地剃掉。可是这样一来,连实际在时空中的具体的存在物或我们一般所说的外部事物,就没有什么认识论价值了。因为它们的状况如何,与"观察句的真"、"观察句对理论句提供的支持"和"理论预言的成功"都"无关紧要"了,也就是没有什么认识论意义,甚至没有任何我们所能理解的意义存在。

在奎因看来,外部的物理对象不可能起到什么确定的认识论作用,因为它们不过仅仅是给我们一些外部的环境刺激而已。我们只是从那些"神经摄取"中,就可以得到有完整认识论意义的观察句,并以此形成关于那些物理对象的状态可能是怎样的问题的科学理论。而至于那些物理对象本身,不是我们直接可以认识的对象。因为它们不能与我们的心灵或理智直接发生关系,而仅仅是作为我们所接收到的感官神经刺激的不明原因,才被说成确实存在或有什么样的形色状态的。事实上它们与我们的语言都没有什么直接的关系,也不能是我们所使用的那些名词或称号所指称的,而仅仅是所可能意味的,如果它们还能被意味的话。"我们只能通过神经末梢所受的刺激认识外间事物,这个看法是基于我们对物理对象的各种状况,如被照明的桌子、被反射的光线以及被刺激而活动的视网膜等的一般认识。"②正是由于我们对外部刺激无法得到直接的认识,因此外部事物本身完全不能决定我们所使用的语词的指称,或者说,它们与语词的指称之间的关系,仅仅是偶然的。这就是奎因所谓的意义不确定理论的含义。比如说,对"颐和园"这个名称,人们虽然都知道它与北大西边、香山东边、玉泉山脚下的那个美丽的湖光胜景有很大关系,可是那个名胜却不能决定就是这个名称所意味的东西。

奎因用了一个有名的例子"Gavagai"来说明指称或意义的不确定情况。

---

① 奎因,1999年,第26页。
② 奎因,2005年,第2页。

他想象一个语言学家来到某个原始丛林中,想了解居住于此的土著人的语言。如果当有一只兔子跑过时,土著人说"Gavagai!"这是什么意思呢?语言学家当然会猜到这应该是指"兔子"。他记下来,并在学会土著人关于"对"和"不对"的表达后,再对之进行核对①。尽管如此,根据奎因,不可能有确定的方法表明"兔子"就是 Gavagai 的指称,虽然在此情景下"兔子"是一个可以理解的真值。因为,"我们无法区分兔子、某个年龄段的兔子、兔子肢体的某个部分、兔群和兔性等等。这是不是仅仅由于我们对刺激意义的表述有缺陷?我们是不是可以略加一些补充成分,如手指、提问等,从而解决前面的那种困难?"②在奎因看来,这当然同样不行。因为那与语言本身的翻译具有完全类似的情况,以此解决指称问题无疑是循环的。他的不确定性论题具有根本的意义。也就是说,任何这样的观察句或场合句都不能成为证据,使那个物理世界的兔子与语言中的一个称谓"gavagai"之间具有必然的蕴含关系。他说:

> 我说的不确定性是更加彻底的,是指相互对立的分析假设系统可与有关的每种语言的所有言语倾向相一致,然而在无数情况下却可以产生出完全不同的翻译,不仅其相互的义释,而且每个系统的翻译都会被另一翻译系统所排斥。两种这样的翻译甚至可能有完全相反的真值,只要没有一种刺激会促使人们偏向于肯定其中的一方。③

物理世界的个体存在,根据奎因,其意义还在于语言或理论的约束变项。因此它们当然是不可能再返回头来决定语言或理论对语词或名称的用法的。这样,在我们语言中的名称或概念的意义决定于其所属的语言系统,尤其是由逻辑常用词所规定的分析陈述和语义规则。说外部世界的兔子就是我们语言中"兔子"或"gavagai"或"rabbit"一词的指称,那在奎因眼里就是形而上学的"胡说"。正是这种胡说使得人们一般会认为"兔子"或"gavagai"或"rabbit"具有同样的语义,都是指丛林中的那个物理兔子。但是实际上,物理兔子给我们的刺激意义与某个年龄段的兔子、兔子肢体的某个部

---

① 奎因,2005 年,第 30—31 页。
② 同上,第 54 页。
③ 同上,第 74 页。

分、兔群和兔性等等给予我们的刺激意义是不可区分的。因此在奎因看来，把它们的意义都完全系于那个物理兔子，是根本不恰当的，没有充分的根据。

现在，"Gavagai"一词已经成了奎因的翻译不确定性理论的标志。坐落在非洲西北角外大西洋中的加那利群岛也居然因此更增魅力，吸引了许多好奇于土著语言和文化想一探究竟的游客。奎因这一例子的影响可见一斑。可是，gavagai的例子究竟说明什么意义，还是有必要重新反思的。我们的日常语言中有大量的关于物理兔子的谈论，那么，根据奎因，它们究竟是什么意思呢？当我们在谈论兔子时，我们的确是在指那个物理兔子，虽然偶然的时候例外。比如说，我们在喂它、追它、抓住它或吃它时，不会意指其他的东西，无论我们使用的是什么词汇来指称这个物理兔子。但是在奎因看来，那不过都跟爱丁顿一样[①]，物理兔子可以用理论语言来代替，而我们一般人所熟悉的固体对象都可以这样被消解。在物理兔子与我们的相关语汇之间，有认识论意义的不过是我们所接收到的感官神经刺激而已。这也就是说，在我们的感官感觉接收到外部事物给予的刺激，成为我们与外部世界的唯一的联系通道。

这听起来似乎不过是一般的经验论者所坚持的经验论立场而已。坚持经验论立场，就不免以感官经验为唯一出发点。奎因不过是在经验论的基础上，又坚持了物理主义而已。因为他所承认的感官经验并不是指的感觉内容，而是指外部的因果刺激。外部事物作为一个原因，给予我们的身体表面以物理刺激，导致我们有一些关于这些刺激的内在反应。这些反应是可观察的行为，在语言上又表现为场合句或观察句。正是这些由于刺激引起的场合句和观察句，是我们的语言或科学理论或经验知识，与外部的物理世界接触的唯一证据。他的物理主义所能承认的就到这个刺激意义为止：

> 下面这个命题应被视为物理科学或其他科学关于最初被公认无疑的物理事物的各种具有同等价值的真理之一，即外间对象归根结底是通过它们对我们身体的作用而被认知的。我们关于物理事物的谈论的

---

① 见 Sir Arthur Stanley Eddington, 1928 年，第 2 页。

经验意义是受这个命题的限制的，而这个命题对我们关于物理事物的谈论的指称没有任何疑义。我们有充分的理由去探讨我们关于物理事物的谈论的经验意义或刺激条件，因为我们正是这样做才了解到科学上创造性活动的范围；我们在具有同样物理意义概念框架内进行此类探讨，并不降低它的价值。没有某种概念模式，就不可能进行什么研究，因此我们同样可以坚持和应用我们所知道的最好的一种科学理论。①

外部事物如果有什么意义的话，那也是因为它们给了我们以身体的刺激。刺激之外的原因是无法具体确定的。我们所能确定的只是在这个刺激之内的神经反应或心理状态。而所谓外部事物的可知性，就完全在于它们作用于我们感官表面上引起的结果。

从认识论角度来说，看起来奎因已经克服了感觉材料理论或主观者的官觉内容为唯一出发点的唯主方式的学说。因为，他所说的刺激是物理的因果刺激，其反应是物理上可观察的行为。不像笛卡儿到罗素和维也纳学派的人所谈论的那种感觉内容，如观念或心理表象之类。他的神经输入虽然也是身体内的发生状况，可是这与官觉内容大为不同。因为这不是那种难于把握的心灵或理智的对象，不是信念或意识之类这种似乎没有物理意义的东西，而是可在实验室中加以观察的物理变化。有这样的物理变化，才可以说有了不同的刺激意义；而没有任何物理上可观察的变化，也就谈不上什么意义。因此，奎因基于物理刺激的语义理论或认知理论，就似乎消除了以往认识论所存在的那种困境，即主观者与外部事物的沟通问题，或认知如何能达于官觉之外的困难。

尽管如此，我们看到，奎因的理论与传统的唯主方式实际上并没有什么根本性的差别。因为，最主要的问题在于，他所谓的刺激仅仅发生在身体表面上。外部事物对身体感官的作用是在外的，而神经输入的发生就只能是内部的事情了。这样一来，我们所能知道的也仅仅局限于身体表面的皮肤之下。这与笛卡儿心灵的框架把我们束缚于心灵之内，似乎没什么不同。

---

① 奎因，2005年，第5页。

而且,还甚至有一种有过之而无不及的感觉存在。把观念或感觉材料换成物理刺激,不会使我们的认知处境更好一些。反而很可能更加糟糕。因为,奎因这种自然主义理论的目的,不过是以物理刺激的方式来消除传统哲学对心灵或意识的诉求而已,或者说,传统的一种形而上学倾向。然而,这样的理论既不能让我们对外部事物有进一步的理解,也不能保持心灵或理智的主体作用以渗透出刺激的帷幕之外。它没有了传统哲学的优点,却仍然遗留了传统哲学的缺点。对此,戴维森甚至还与奎因曾经争论过这种刺激意义究竟是发生在皮肤表面上,还是会更靠外一些[①]。狭隘程度,可见一般。

再从语言哲学的角度说,如果我们所与之打交道的仅仅是那些感官所接收的表面刺激的话,那么,毫无疑问,有认识论意义的仅仅是对这些刺激的语言反应,即观察句或场合句。根据奎因,这些刺激本身也只是作为一种物理事实才有某种价值,而在背后的刺激的原因,那就完全不是我们所能确定的了。因为对于同一个刺激,我们可能有多种概念图式去解释或描述。而对很多不同的刺激意义,我们又可能仅仅用一个单独词项或概念去形容。因此,在概念图式与刺激意义之间,没有必然的联结,没有确定的指称关系存在。我们即可以用"兔子"去指称那个物理兔子,也可以用"gavagai"或"rabbit"去指称它。"gavagai"既可以是指那个物理兔子,也可以是指某个年龄段的兔子、兔子肢体的某个部分、兔群和兔性等等。由于单独词项或概念具有不确定的指称,在这些词项或概念之间形成了一个交织的网络,作为我们理解或解释世界的框架,也构成我们关于事物的世界图景。这个世界图景是作为一个整体而起作用的,不能被还原到一个一个的命题或陈述,也就是说不能被还原到面对神经刺激的一个一个的观察句或场合句。我们的信念或知识整体是一种人工产物,仅仅"沿着其边缘与经验紧密接触"。在奎因所构想的这个框架整体中的每一个命题或陈述既都具有经验意义,也都基于这个概念图式本身。这样在命题或陈述之间也不存在清晰的分析性关系,即完全同一的不同命题。它们由于有不同意义的指称或语义,因而不

---

① 奎因,1999年,第35—36页。

可能在任何意义上都完全等值①。

可是这样一来,如果单独词项或概念所涉及的对象并不是物理意义上的外部事物,没有这样的具体的物理指称关系,那么,实际上它们的语义学意义还是依赖于它们所属的概念图式本身,而与刺激之外的物理世界没有什么有认识论意义的关系。因此,这个概念图式,或者语言本身,就是对我们来说唯一有认识论意义的东西了。奎因很喜欢借用纽拉特(Otto Neurath,1882—1945)关于船的比喻来说明这种整体论思想。"纽拉特把科学比喻成一只船,我们只能在航行过程中一块船板一块船板地把它重新装修。哲学家和科学家在同一条船上"②。如果我们的信念或知识整体只能在边缘与经验接触,或者说,只能作为一个整体面对经验法庭,那么,奎因给我们描述的景象就似乎是不可避免的了。但是,这条船难道只能永远航行在汪洋无际的大海中吗?如果它真的永远都靠不了岸、接触不到真正的土地的话,那么水和船的关系就似乎并不像我们原来所设想的那样处于一种相互隔离的状态了,因为我们那时更可能会是像鱼一样的生物,和水之间已经有着明确的认识论关系了。而现在,在奎因这里,这一片汪洋的唯一名称就是不确定性,我们仿佛永远被这片汪洋所阻隔而无法接触令人踏实的土地。我们似乎只能在船上做着无奈的修修补补的工作,望着船外"不确定性的海洋",喟然长叹。

奎因的整体主义倾向后来在戴维森那里得到进一步阐发。戴维森抛掉了在奎因那里还遗留的一点经验意义,即神经刺激对我们反应的影响。某种概念图式与这种刺激意义之间构成一种不相容的二元关系,在戴维森看来是经验论的最后一个教条。前两个"经验论的教条"是奎因所说的分析与综合的区分,和还原论。抛弃这第三个教条,好像也就可以彻底摆脱传统的经验论所带来的困扰了,即我们所说的关于外部对象的意义问题。他说:

意义使我们得以谈论范畴、语言的组织结构等等。但是,正如我们已看到的那样,人们有可能摈弃意义和分析这两个概念而同时又保留

---

① 以上奎因的观点,分别见奎因,1953年,1960年,1966年,1969年,1970年,1974年,1990年。

② 奎因,2005年,第3页。

语言体现一种概念图式这一看法。因此,取代分析与综合的二元论,我们便得到概念图式与经验内容的二元论。这种新二元论是这样一种经验主义的基础,这种经验主义被剥夺掉了分析与综合的区别和还原论这两个站不住脚的教条,这也就是说,它被剥夺掉了下述这种不切实际的看法,即认为我们可以按照唯一的方式逐句地分派经验内容。我极力主张:关于图式和内容(即起组织作用的概念体系和某种有待组织的事物)的第二种二元论是无法理解的和无法辩护的。这种二元论本身是经验主义又一个教条,即第三个教条。这第三个教条或许是经验主义的最后一个教条,因为倘若我们放弃这个教条,那么就搞不清是否还会剩下什么别具特色的东西可称为经验主义。①

如果没有意义这样一个中介物处于概念或命题与外部所指之间,起到理解和沟通的语义作用,也没有分析性使得翻译或同义解释成为可能的话,那么,概念图式就直接与经验内容打交道。然而在戴维森看来,这样看待这两者就会产生不相容的二元论模式,是不可能的。就像在笛卡儿那里,物质的机械因果模式与观念的意义领域是完全不同的两种东西,不能混为一谈。后来的哲学家基本也持有那样的思想,即自然界给我们提供了一个有待组织的中立内容,而心灵的作用就在于组织这些材料。在康德那里这是表现得最为明确的,即感性杂多作为所与被从经验当中给予了我们,而我思的统觉又能够把这些伴随着的表象整理进入概念结构之内。这两者构成经验的可能性条件,分别作为经验的形式和内容先验地相互结合以形成经验知识。历来,感性杂多和理性能力是被看作完全不同的两种东西,因而它们之间如何结合就成了一个十分令人头痛的认识论问题。

根据戴维森,感性杂多是一个可疑的东西。既然它没有任何概念内容,那么它怎么能够起到康德所赋予的那种重要的认识论意义呢?这是不合理的。事实上,纯粹的感性杂多已经被马赫、罗素和维也纳学派等等哲学家改造成了意识内的感觉材料,与康德的杂多有所不同了。尽管如此,奎因对此还是不满意的。他对分析与综合的批判和还原论的批判,使得语言与物理

---

① 戴维森,2007年,第227页。

对象之间难以存在一个有实体意义的东西,作为两者之间的沟通。如果不存在分析性,还原论也不成立,那么,语言或经验知识只能作为一个整体被看待,而不能一点一点地与经验事实相对应。戴维森接着认为,既然感性杂多,或者就像奎因所用的刺激输入,都没有任何认识论意义,那么保留它就成为完全不必要的了。语言本身,或者经验知识本身,作为一个整体,是自我校正,自我完善的过程。命题或理论的真,并不在于外部的什么事物,而完全在于该命题或理论所属的语言体系或我们的整个概念框架而已。

究竟是什么使得一个语句或理论是真的呢? 一般而言,无论如何成为真的证据总是在经验当中,或者是在经验中被给予我们的外部事物,或者是经验事实,或者是经验的感觉内容,或者是经验中的其他什么可以作为证据的东西。戴维森也认为该证据当然在经验当中,可是经验之中并没有一个什么"东西"来起这样的认识论作用。也就是说,不论其证据是什么,一方面,经验本身不能作为一个总体被我们得到,因为它是没有界限,没有完结的。因此从不可能有一个什么"经验的总体"这样的东西存在。另一方面,在经验当中,也没有什么具体的东西能够起到认识论的证据作用。因为每一个具体的经验事实或证据与语句或理论只具有不确定的关联,不能被直接相互对应。这正是意义的不确定性理论的含义所在。能够成为证据的是经验过程,在这一过程中我们有大量的关于经验的语句或理论,它们之间相互支持相互作为证据。这也就是戴维森关于真理的融贯理论所要说的意思。消解任何实体性的"东西"具有独立的形而上学地位,正是自然主义认识理论所追求的目标。

对经验的解释和说明,必须把它纳入一个概念的结构之中才是可以理解的,即"除非一个单一对象被理解为包括或就在于其他对象,否则的话,我们就无法赋予组织单一对象这个概念以清晰的意义。"[①]这些对象相互支持形成概念之网。只有被恰当地相应于这个概念结构,这个对象才可以被说成是真的。戴维森正是继续奎因的意义不确定性理论,反对没有任何概念性的经验刺激具有认识论价值。因为那种神经刺激无疑是不可能进入概念结构中的,刺激背后的神秘实在也当然没有任何意义,可以被抛弃以免形

---

① 戴维森,2007年,第229页。

而上学的嫌疑。"实际上,接受融贯论的一个主要理由就在于,关于概念图式和有待处理的'世界'的二元论是不可理解的。"①消除了"世界"或"实在"或"实体"等等本体论之物,我们所有的就只是概念图式或语言形成的关于世界的图景。经验信念既不能逐个地,也不能总体地与信念所涉及的对象去加以对照,这种对照是荒谬的,也是大部分传统认识论困境的根源。"只有另外一个信念才能充当持有一个信念的理由"②是戴维森著名的口号。事实上他已完全否认了外部事物本身具有任何认识论的或本体论的意义,而坚持了彻底的融贯论。

当然,每一个融贯论者都会面对基础论者的质疑,那就是,我们的全部信念为什么不可能既是和谐一致的,而又对于现实世界全都是假的呢?就像"一致的童话"所比喻的。不过,这种怀疑论的问题对戴维森来说,他认为是不起作用的。因为在他看来,并没有那个据以比较的二元论的另一方,即"世界"或"实在"或"实体"等等,等待着用信念去加以对照。关于世界上的事物或事实的问题,对他来说,那是那些关于事物或事实的语句或理论的问题。这些语句或理论可以被分析成相对于语言系统本身的具有真假值的命题。而至于这个语言系统内的信念,它们大部分都毫无疑问是真的。他说:

> 当然,有些信念是假的。信念概念的一个很大特点在于它引出了在被认为是真的东西与真的东西之间的潜在差距。因此,仅仅具有融贯性(无论合乎情理地规定出多么强的融贯性)还不能保证相信如此的东西就是如此。融贯论所坚持的不过是,一个融贯的信念集合总体中的大多数信念是真的。③

这就是戴维森所提倡的"宽容原则",即我们应该宽容地看待我们的信念整体或经验知识,它们大部分无疑都是真的。那种很强的怀疑论,甚至彻底的怀疑论是不恰当的,与实际情形并不符合。那么,在相信我们的大部分信念都是真的前提下,这些信念之间就可以构成相互支持的系统,就可以形

---

① 戴维森,2008年,第340页。
② 同上,第341页。
③ 同上,第338页。

成一个融贯的关于世界和世界上的事物是怎样的图景。那些与这个信念整体基本融贯的或一致的信念,就是真的;而不融贯的或不一致的,就是假的。相对于我们的概念图式的整体,我们的语言系统,我们的经验知识的整体,是所有信念或命题具有真假值的最终标准。而外部事物或物理客体或外部事实等等,不能构成语句或理论真假的衡量标准。

这样的融贯理论看起来是很奇怪的。因为,固然信念或理论之间可以构成相互的支持,然而这种支持明显不足以决定每个信念最终的真假。毕竟,我们的信念的证实问题与经验本身还是有着脱离不开的关系的。这在我们的日常生活中也能说明问题。如果说"颐和园"这个名称与北大西边、香山东边、玉泉山脚下的那个皇家园林没什么关系的话,那叫任何人都不会相信的,除非他完全不知道这个名称是什么意思。当然,当初之所以把那个园林叫做"颐和园",这可能是个历史的语言的事实的问题,尽管与那个园林也有着极大的关系。然而只要当这个名称一旦固定,那么,"颐和园"这三个字无论如何都与那个园林处于一个指称关系之中。只有当我们仅仅是提到这三个字本身的时候,才会暂时脱离开这种指称关系,例如说"颐和园这三个字很难写"之类。但是这并不妨碍说,在正常情况下我们对语词或概念的使用一般有着确定的指称,或者与所指称的对象有着明确的认识论关系。

那么,戴维森为什么对经验中的外在事物或事实没有丝毫信任,却仅仅以不充分的理由相信大部分信念就是真的呢?这在我们看来才是真正的问题核心所在。

那些对感觉经验给予认识论上的信任的理论一般被叫做基础论。只是,在感觉经验与信念的证实之间,究竟是怎样的一种基础关系,那是各种基础论有所不同的。不过,这些基础论在戴维森看来都有一个共同的弊病,那就是,把基础或根据当成了证实。他说:

> 值得认真对待的这些企图旨在以某种方式根据感官(senses)上的证据(如感觉、知觉、所与、经验、感觉材料、转瞬即逝的显示)来给信念建立根据。所有这些理论都必须至少对下述这两个问题做出说明:在感觉与信念之间究竟是什么样的关系使得前者对后者做出证实?我们为什么应该相信我们的感觉是可靠的,这也就是说,我们为什么相信我

们的感觉?①

为信念或知识而诉诸感官感觉上的证据,确实是一般认识理论所常用的方法。而经过赖尔、维特根斯坦、塞拉斯和奎因的批判,这种方式已逐渐不受欢迎。我们在上一章已经说过,他们所批判的就是传统的唯主学说的知识理论。正是在对笛卡儿心灵的框架的反思基础上,他们对主观者的感觉或感觉内容都产生了深深的怀疑。然而,他们没有像金岳霖那样,找到正觉关系论作为前提和背景,以此使得所与或官觉内容成为经验知识的基础是无害的。而是相反,从感官感觉的经验中退缩回去,仅仅固守在心灵或理智范围之内的信念领域了。而对外部事物或经验事实,则以感官表面的神经刺激没有任何认识论价值为理由而加以放弃。戴维森就是这种典型。

在戴维森看来,感官上的证据不能给我们更多的可靠性,甚至都没法对之稍加"宽容"。因为感觉内容不是概念性的,感觉活动更不能给出命题性内容。在感觉与信念之间的关系,可以让我们知道这样的信念来自这样的神经刺激,却不能提供信念以认识论意义的证实。这也就是说,感觉与信念之间没有理性的关系,而仅仅是一种物理上的因果关系。他说:

> 一个感觉与一个信念之间的关系不可能是逻辑上的关系,因为感觉不是信念或其他命题态度。在这种情况下,这是什么样的关系呢?我认为,答案是显而易见的:这种关系是因果关系。感觉造成某些信念,在这种涵义上,它们是这些信念的基础或根据。但是,对一个信念的因果解释并没有表明这个信念被证实的方式和原因。如果反融贯论者试图回答我们的第二个问题,即是什么东西对我们的感官没有以系统的方式欺骗我们这一信念做出证实,那么,把原因(cause)变为理由(reason)的过程中所遇到的困难就再次使反融贯论者感到烦恼。因为,即使感觉证实对感觉的信念,我们也仍然没有看出感觉如何证实对外部事件和对象的信念。②

一个感觉活动,当然与一个信念是很不同的东西,在逻辑上就属于不同

---

① 戴维森,2008 年,第 342 页。
② 同上,第 344 页。

种类的。因为一个是物理行为或事件,而另一个是具有概念内容的命题态度。这两者之间有一种因果关系似乎是显然的,毕竟那样一种信念是由这个感觉活动所引起的,这是没有人会否认的。只是,这样的因果性的物理原因,可以构成我们持有一个信念的基础吗?戴维森区分说,从这个物理原因是一个信念的基础来说,两者构成基础或根据的关系。但是这种关系不是一种理性关系,不是逻辑关系,不是演绎、归纳或蕴含等等的概念性关系。这样,它们之间就不能形成认识论的证实关系,而仅仅不过是物理意义上的机械的因果系列而已。就是说,虽然它们同处于一个因果链条上,却并不能构成证实与被证实的认知关系,即一个感觉活动并不能构成持有一个信念的理由。因此,外部事物或物理对象,尽管可以是我们产生信念的原因或根据,却不是我们这些信念的认识论理由。这和奎因的看法是一致的,即外部刺激仅仅是一个经验意义的原因,而不能给我们的概念或语句以确定的指称或语义。

戴维森的这个观点是不错的,即"把诸如感觉或观察结果之类的中介手段或中介实体引入因果链条,这种做法只能用来使那个认识论难题更为明显。"①但是,他的这个观点却是非常荒谬的,即"我们当然无法跳出我们自身之外找出引起我们所意识到的那些内部事件的东西。"②那些诉诸感觉材料或表象或观念的认识论方法是无益的,然而,这并不能使我们据此得出结论说,我们只能被限制于内部世界而无法了解皮肤表面上的刺激之外的事物的一切情况。在笛卡儿心灵的框架之中,休谟的痛苦是我们的教训,我们不应该忘记他对此感受到的那样的烦恼。

可是戴维森对此却采取了一种退缩的鸵鸟政策,通俗地比喻那就是,把外边的都归外边,里面的都归里面。他所谓取消概念图式与世界内容之间的二元论,实质上也就是取消世界上的事物所给予我们的刺激的任何认识论意义,对刺激之外的实在不做理睬,而仅仅关注于内在的理由世界。概念图式当然不可能被取消,因为那是我们所仅有的财富。而刺激背后的实在世界,那是非常可疑的东西,即使有什么的话,也是我们所不能认识的,甚至

---

① 戴维森,2008 年,第 346 页。
② 同上。

都不能对我们的认识有任何实质性的影响。在他看来,在心灵或理智的认识与外部的事物之间,如果没有一个类似感觉材料的认识中介物,那么它们的沟通就是不可能的。而如果又没有认识中介物能起到那样作用的话,就像在罗素那里发生的情形一样,那么,就不必再有任何架桥的非分之想,不必再去寻求神秘的中间媒介,而应该踏踏实实满足于内在的世界,心灵的框架之中。

戴维森之所以敢于采取这样彻底的融贯理论,似乎是因为他有了一个理论上的新发现,那就是,他认为,经验刺激固然是我们对之反应的物理原因,是我们有相应的可观察行为的根据,然而,它却不是我们持有相关信念的理由。因为这种经验刺激输入对相关信念的命题内容不构成任何决定性的影响,甚至都不可能有任何认识论意义的关联。一个是物理的感觉活动,而另一个是认知信念。这两者是完全不同的逻辑种类,相互之间怎么能谈得上逻辑关系呢?怎么可能有演绎、归纳或类比的证据关系呢?怎么能刻画出一种证实关系呢?物理原因或根据与认识论意义上的证实或证据之间,是根本不同的事情。传统哲学或基础论之所以期望在经验中找证实的理由,在感觉中找证实的根据,不过是囿于一般的观念,即只有经验或世界上的事物或事实,才可能是经验知识的基础。而经验知识同时也必须基于经验才能算是关于经验或关于世界以及世界上的事物的知识。因此他们就不遗余力地在经验中寻找这样的基础。而这在戴维森看来是不会有结果的。因为那都是混淆了证实与根据这两种根本不同种类的东西差别的缘故。在他看来,我们只有现成的概念图式下的语言或经验知识体系。而它们本质上是不可能错误的,必然大部分的命题或信念都是真的。对此,他很爱憎分明地认为,我们应该采取宽容原则。但是在另一方面,对待刺激之外的事物或事实,他则毫不留情地予以消除。

尽管如此,戴维森如此理解证实和根据这两个概念或范畴,实在不知道是出于什么考虑。因为,很明显,证实本身从来不仅仅是演绎、归纳或类比性质的概念。一个信念固然可以是另一个信念的理由,作为它的证据给予它以证实。然而,其他的东西也同样可以起到这种作用,没有任何必要对证实这一概念的范围或性质进行限制。事实上,证实概念也从来没有被恰当地定义过,每个哲学家都可以在不同的意义上理解和解释究竟什么叫做证实。不过,尽管这是一个很模糊的概念,可是总之它是强调一种提供理由的游戏,即如果我们持有什么信念或知道一个命题时,总是应该有一定的理由持有或知道它,而不可能全无来由地仅仅是偶然提到一个信念或命题。当然,其中的具体说法可以有所不同,但是无论如何,这样的理由决不是那么严格的。或者说,作为理由的东西与它所支持的信念或知识命题相互之间,并非一定要处于一种严格的演绎、归纳或类比的关系之中,它可以有各种各样的形式,只要能够给出一个可以理解的说明或解释即可。对此,戴维森区分证实与因果性的根据,认为因果性的根据不能提供证实的需要,不能成为认识论上有意义的范畴,不能作为信念或知道命题的理由,这是完全没有道理的。他对证实的理解不过是继续了休谟时代的一个成见罢了[1],即心灵内部世界的观念与外部世界的物理事物属于完全不同的两个种类,因此是不可能构成一种理性关系的。正是这样的偏见导致了休谟无法理解外部事物的秩序的困扰。可见,戴维森对证实概念的这种狭隘理解是不能澄清任何问题的,而带来的仅仅是理论上的混乱。

　　刺激之外的世界因素并不那么容易被蔑视,这一点戴维森也是清楚的。虽然他这里所表现出的思想狭隘性令人吃惊,然而当他看到传统基础论的困境,从而调头向内,不再外求时,所表露出思想的极端怯懦性就更加令人不齿了。逃避的理由却被他打扮得很堂皇,就是把物理刺激说成仅仅是信念的因果链条上的一环,没有丝毫认识论意义,从而无需多加考虑以避免罗素式的困境。他对此很谨慎,知道这样的看法恐怕不会受到欢迎,于是很投机地说成是在跟随奎因,自称在这一点上他是"奎因的忠实门生"[2]。然而这对他的理论实际上没有增添任何益处,而不过仅仅让人们对他的这种倾向嗤之以鼻罢了。因为在奎因看来,外部刺激尽管不能确定指称或语词的含义,可是仍然是有认识论意义的,因为那构成了有仲裁意味的经验法庭。而奎因这一点仅留的经验意义,却被戴维森彻底抛弃了。

　　我们知道,罗素或维也纳学派为了沟通主观者与客观事物,希望在两者

---

[1] 休谟,1996年,第84—85页。
[2] 戴维森,2008年,第347页。

之间架一座认识论的桥梁,从而诉诸感觉经验内容或观察结果①。他们的失败基本上可以说是由于他们还是处于笛卡儿的心灵框架笼罩之下无法摆脱。但是他们认识到需要有一个确实的外部事物的基础作为经验知识的根据和所谓,这个根据和所谓又是在心灵或意识范围之内可以被心灵或意识所把握。应该说,这种追求是无害的,至少是可以理解的。但是当后来的哲学家们反思了笛卡儿哲学之后,却还是没有能够彻底抛弃掉这种框架,就不免令人深感奇怪了。戴维森不仅没有纠正奎因的错误,反而更加极端地在他的错误倾向上走得更远。那就是,他自觉地局限于刺激之内的信念世界,而对刺激之外的事物不予任何探求的奢望。这种倾向无论如何都属于一种懦弱或投机。

其实,在戴维森看来,心灵或理智或意识起作用的空间(他把这个叫做"心理事件"),与单纯的物理事件(即机械的因果律起作用的空间)之间,并非完全种类不同,而是在某种意义上可以被一元化的。这就是他的所谓"异常一元论"所力求解释的意思②。他认为,"无论是心理事件的因果依赖性还是心理事件的变异性都是无可争辩的事实。因此,我的目的乃是在有明显困难的情况下说明如何能够如此。"③某些心理事件以因果方式与物理事件互相作用,在他看来是前提性的状况,被他当作一般性可予以承认的原理。但是心理事件不就是物理事件,而与遵循因果决定论机制的物理事件还是有一定的区别,那就是在心理事件中,"不存在能据以预言心理事件和对之做出说明的决定论的严格规律"④。这两者运行的机制不同,有变异的情况存在。心理事件的特征"在于它展示了布伦坦诺(Franz Brentano,1838—1917)所谓的意向性(intentionality)"。⑤ 这种意向性是以相信、打算、愿望、希望、知道、感知、注意、记忆等等心理动词所表达的命题态度。因此,虽然心理事件与物理事件可以有因果上的相互作用,可是却属于两种不

---

① 当然即使在维也纳学派内部对此的观点也是有很大分歧的,例如在基础论者的石里克、艾耶尔、卡尔那普或魏斯曼等人,与融贯论者的纽拉特等人,就有很多相关的争论。
② 戴维森,2008年,第443页。
③ 同上,第434页。
④ 同上,第436页。
⑤ 同上,第440页。

同的范畴,适用不同的描述手法和解释原则。心理事件不能用因果的决定机制进行范畴和规律,那只能应用于物理事件的系列之中。但是,在戴维森看来,尽管心理规律和物理规律有根本的不同,可是规律实际上无非都是语言性的,而与心理或物理的个别事件本身没有什么关系。"仅仅是由于事件被按照某种方式来描述,那些事件才能例示(instantiate)规律,从而才能依据规律来对那些事件做出说明或预言"。① 我们有的时候以心理词汇来描述心理事件,而有的时候又用物理词汇来描述心理事件。在前者的情况下,我们是把心理事件看成独特的、不同于物理事件的、具有意向性的领域。而在后者的情况下,我们又是把心理事件也当成了一般的物理事件对待,把它看作一个因果决定系列中的一环而已。他说:

> 因此,心理事件的两个与物理事件有关的特征(即因果依赖性和法则独立性)合在一起就可以解决那个似乎经常构成一个悖论的问题,即思想和目的在物质世界中的功效及其不受规律约束的问题。当我们把事件描述为知觉、记忆、决定和行动时,我们必然地通过因果关系而把它们纳入所发生的物理事件;但是,只要我们没有改换所用的习语以致同样的描述方式使心理事件不受那些严格规律的支配,那么那种习语在原则上便能用来说明和预言物理现象。②

这样,根据戴维森,心理事件和物理事件其实并没有根本上的不同,其差异只是表现在遵循不同的规律,而这些规律也仅仅是在语言描述上使用不同的范畴,或不同的语汇而已。就其实际发生来说,既可以用物理词汇进行描述,也可以用心理词汇予以解释。因此,他把这两者从本体论的意义上看作是一个同一的系列,而在语言系统中又属于不同的范畴系列。这样,一元论是本质性的,而异常性仅仅是附属性的,并可以被解释掉的。可是,如果心理事件与物理事件在本质上并没有不同,都可以是实在的发生,那么,这两者之间的因果关系就可以起到实质性的作用。也就是说,物理事件给予感觉的外部刺激对心理事件仍然有实质性的影响,而不可能是一种不可

---

① 戴维森,2008年,第445页。
② 同上,第458页。

概念化的神秘的关系。说信念的理由只能是另一个信念，就仅仅是语言的一种使用而已。在另一种情况下，也可以说，信念的理由也可以不是别的信念，而是其他的东西。根据戴维森来说，这应该没什么矛盾，恰恰是他的异常一元论所表明的思想。因此，在这种异常一元论的背景下来看，他关于信念证实的理论就是不一致的，而真理的融贯理论也就不融贯。尽管他既想在意向性领域内做到彻底的融贯，即宣称只有信念才能给信念以证实，又想考虑把心理事件与物理事件化归为一元，即这两者都可最终属于物理的因果系列之中。可是这样做的结果不过是产生了一个不融贯的融贯论而已。

戴维森认为自己既是奎因的忠实的学生，又继承了康德的精神。然而，在我们看来，一方面，他根本不能算是奎因的忠实的学生，因为他违背了奎因对意向性领域的完全自然化企图，而强调了信念之间自足的领域不能遵守物理的因果规律的决定论命运。而在另一方面，他也并没有继承康德的先验思想，不像他自己所一再以为的①。因为虽然他也像康德那样，把外部世界看作没有认识论意义的物自体，可是他却并没有认同康德先验哲学的本质特征，那就是"我思"的统觉作用具有先验的编织感性杂多的能力，而心灵或理智的这种能力是自由的根源，是与物自体领域的因果决定系列有着根本不同性质的东西。他对待心理事件的说法，即那种"异常性"的特征，不过是对一种物理事件的不同描述而已，与物理事件本身没有实质性的区别。因此，在这种意义上，他是跟随奎因，自然化了意向性领域或心理事件，而不是像康德那样先验化了心灵或理智的能力。这与康德的精神完全是背道而驰的。

但是，从另一种角度来说，戴维森也可以说是既继续了奎因的自然化认识论的事业，也继承了康德的二元论色彩的思想。奎因企图把认识论完全自然化为经验心理学，因为在他看来如果没有任何本体论存在的合法理由的话，那么哲学意义的认识论也没有存在的合法理由。其研究范围与研究方式都可以被经验心理学所取代。但是这种彻底消除意识现象或心理行为的独特性的观点，不容易被其他哲学家认同。问题的关键是怎么能够完全忽略或无视那种明显存在的独特性呢？这从各种角度似乎无论如何也说不

---

① 戴维森，2008年，第434—459页。

过去。于是戴维森不得不在某种意义上承认意识现象或心理行为的不可规律化的特性,但是又把它看作本质上仍然是属于物理的因果系列的一环,其独特性仅仅体现在语言描述或解释模式上而已。这样就把奎因的自然化事业推进了一步,而且是在最为困难之处取得了进展。因此从这一角度来说,戴维森确实是在继承奎因自然化的事业,成为奎因忠实的学生。

就康德的理论来说,戴维森把自黑格尔之后就被抛弃的物自体概念又重新请回到认识论中来。事实上这在康德的先验哲学中是不可缺少的一个重要范畴,也是在克服笛卡儿到休谟的理论困境之中所采取的解决方式。然而他的这种考虑却被谢林和黑格尔等人彻底破坏了。因为对于"我思"的先验统觉能力来说,没有物自体的存在,也就没有从外部给予感觉经验的感性杂多,没有了可以伴随"我思"的表象。那么"我思"如何发挥其先验统觉能力呢?它成了仅仅在那里空转的磨盘或自唱自吟的独脚剧,尽管物自体只是没有什么认识论意义的单纯的一个外部因素而已。不仅如此,更为严重的是,缺乏明确的外部限制,"我思"必然会变为不受任何约束的自大狂,或者难免以为自己就是上帝的那种无限自由联想,就像我们在黑格尔那里所看见的一样。而这实际上正是康德所担心会出现的问题。尽管近代实证主义者开始重新强调了经验论立场,开始纠正无视这种外部限制重要性的错误倾向,可是并没有切实达到给予这种客观限制以应有地位的程度。因为他们为了保证意识内的认知意义,经常就不得不放弃对这种外部限制的过分强调,比如像在罗素和维也纳学派那里一样,而竭力寻求心理内容或意识产物如表象或感觉材料等等作为可被确认的认知原则。对此,戴维森明确主张物理客体与心理事件之间虽然有因果的关联,然而心理事件却有自己的独特涵义,与物理事件有着本质差别。这在一定意义上使物理事件完全心理化也成为不可能的事情。从而在强调意识现象或心理行为的独特性的同时,也主张了这两者之间的不可化归的二元性。外部事物与心理意识之间仅仅有因果关系,分属于完全不同的范畴概念,各有自己的运行特征,应用不同的规律词汇,这是典型的二元论思想。尽管他没有持有康德意义上的先验理论,可是还是给予双方都保留了各自存在的领域。

不过,戴维森的这些考虑完全谈不上是理论上的优点。就像我们前面所讨论的那样,他只是继承了奎因和康德的理论中糟糕的一面,而忽视了他们理论中出色的地方。那就是,他所继承的,是奎因那种荒谬的物理主义或自然化认识论的倾向,以及康德把外部事物看作毫无认识论意义的物自体的笨拙之举。而他所忽视的,是奎因毕竟保留了外部刺激的经验意义作为一个对理性或经验知识进行裁断的经验法庭的思想,以及康德强调感性与知性的共同作用,即"没有内容的思想是空洞的,没有概念的直观是盲目的"①这一思想。他们思想之中的那些理论上的缺陷被戴维森大张旗鼓地发扬或强调,而那些优点却反而被有意识地贬低或排斥。

戴维森的思想中所存在的问题,很明显,根源于笛卡儿式的心灵的框架的理论背景。正是在那样的框架之中,戴维森没有恰当的办法解决奎因或康德所遗留下来的困难。从根本上说,他主张了一个没有任何新意的二元论,又妄图抹杀这两者之间的差别。他像塞拉斯一样,区分了两个不同的逻辑空间,又企图消除其中一个从而可以在另一个之中坚持彻底的融贯性。当他表面上号召应该对我们的信念体系宽容大度时,事实上背地里却是对信念外的事物本身极端地不留任何情面。而他这一无情之举实际上还是出于对外部限制的恐惧感,因为承认世界内容对概念图式的限制作用,在他看来就无疑使真理本身难以有确定的地位和状态,传统的认识论困境也难以消除。他的这些思想基本上都承认了笛卡儿那种心灵框架所规定的原则,因此他无论如何联结这些不同的方面或观念,都只能在那样一个框架之中转来转去而无法自拔。

总而言之,戴维森的方式,不仅仅是显得过于勉强的问题,而是根本上还不如奎因或康德的方法更为可取一些,还不如他们的理论倾向更为健康一些。简单地说就是,戴维森所主张的真理融贯论、消除概念图式与世界内容的二元论和提倡异常一元论等等,只能算是一个非常拙劣的撮合或混淆。其思想的投机意识过分浓烈,因而对传统认识论问题也没有任何实质性的理论解决。

那么,难道这是戴维森那种投机性的中间道路的必然结局吗?答案自然是否定的。我们不可能去鼓励思想上的卑怯懦弱,因为其所产生的投机或恐惧心理只会导致哲学上的衰退或没落。没有任何必要逃避认识论上可

---

① 康德,2004 年,A51/B75。

能会有的困境,也不必一定要给出一个两全其美的解决方式。要想真正克服那种理论所随附的恐惧感,就需要我们抛弃对思想的各种无端的限制,而不必拘泥于一般性的观念或教条。这正是我们从以往这些形形色色的唯主学说当中所能得出的理论教训。他们的理论失误就在于,某些根深蒂固的理论观念,并没有被彻底反思,因而也没有被彻底克服,尽管他们看起来似乎是一直在这么做。而我们所谓根深蒂固的观念,当然主要是指像笛卡儿的心灵框架那样的思想背景,至今还在哲学家中间起着各种各样的理论影响而难以消除。

对此,金岳霖是有着很清晰的意识的。因为这正是他的正觉关系论所针对的目标。笛卡儿那种心灵框架如果不被彻底地反思或批判,一方面其理论上的问题往往被淡化或忽视,甚至被曲解,自然也不可能被真正的克服。而且在另一方面,其理论上的优点,也往往被混淆或模糊,甚至被放弃,自然也不可能被真正的发扬。那么,在笛卡儿所留给我们的思想遗产之中,究竟有什么是有害的,应该被清理掉,而又有什么是有益的,我们可以继承呢?当然,心灵的框架在理论上是最危险的。那么,我们究竟怎样才能从这一框架中解放出来,而又保留其尚有价值的成分呢?这需要认真讨论。

第四节 事物是怎样的

我们周围的事物究竟是怎样的呢?这似乎是一个最普通的问题,却几乎难得会出现在一般人的脑海中。可是,在哲学上这却是一个历久弥新的话题。从我们前面的历史回顾中可以看到,怎样看待周围的事物这个问题,涉及到我们怎样看待自然事物、人的心灵或理智、自然与人之间的关系,以及知识的本质等等主题。而这些主题却是和人们的日常生活息息相关的,尽管它们没有被人们以抽象思辨的哲学方式加以直接的讨论。事实上人们在每日的生活、工作和学习中所表现出的方法态度、性情喜好或立场观点等等,都无不渗透着他们在这些主题上所可能采取的倾向性选择。当然每个人的倾向很自然地会受到当时社会的状况和历史背景的影响。而这些背景影响,如果不说是那时的哲学思想做出的贡献的话,起码,它们也能比较集中地体现于这些哲学思想当中。

我应该怎样来说明和解释眼前桌子上的一个红色的苹果呢？这个问题究竟有什么意义？它怎么会关联到人与自然的关系，甚至人类未来的命运这样宏大的问题呢？这需要我们加以说明。

的确，我愿意怎样说明和解释这个红苹果，我个人对它的看法，看起来都是我个人的喜好，和别人能有什么关系呢？而且，我自己独特的经验似乎也和其他任何人不同，别人只能通过我的描述大体知道我的感受。尤其是，我对我的感受的描述，既可以准确，也可以模糊，还可能会被我有意无意地歪曲。因为即使我在描述时是诚实的，然而我的描述的能力却是变化不定的。不仅每个人的描述能力不同，而且即使是我自己在不同的时候由于各种原因，描述能力也会出现差异很大的变化。当然，完全任意的描述也会被尽量避免。因为，我有必要一直设法改善我的描述能力，这是由于一般情况下我都很愿意和别人交流，我知道较好的对自己的感受进行描述，是与其他人交流成功的最好保证。从这种成功的相互交流，我本身可以融洽地被周围的人际社会所接纳，从而不至于被孤零零地抛离到危机四伏、险象环生的野生世界当中，被当作一个单纯的动物。这是我作为一个有理性的动物，也就是人的基本诉求。在这种情况下，我对自己的感受的描述和说明就会受到一定限制，而不能完全任意地随心所欲。这样的限制究竟有什么意义，对人类来说究竟意味着什么，我们究竟应该怎样对待这个限制？这是需要加以深究的。但是这里，我们可以先承认有这样一个限制作为前提，因为毕竟，绝大部分人（如果不是全部的话），无疑都要受到这样的限制所约束。而对这样的限制进行反思则留待后面再加以进行。

那么，我对眼前的红苹果的描述，在某种宽泛的限制中，会出现怎样的情况呢？或者说，在我看来，这个红苹果是怎样的呢？无疑，这是一个特选的例子。然而日月星辰、山川河流都莫不如此。当这个苹果出现在我的视野中时，如果这时房间内的光线很好，我可以看得很清楚的话，那么我自然会对它有很多感官感受，比如说它的那种红艳的颜色、那种大体圆弧的形状和在桌子上的位置等等。我拿起它来，能感到它的硬度和重量。如果吃一口的话，我能尝到它的甜味，还能闻到它淡淡的清香味。我咬它时还能听到一种清脆的声音。我也还有点关于苹果的普通知识等等。

这就是我们大家日常都了解都知道一些的一种常见水果。我把它叫做

"苹果",这似乎没什么人会反对。即使旁边有外国人,只要他或她会英语的话,我都可以指着这个苹果说"apple!"。而这无疑也是他或她都会点头同意的。因为在任何一部英语词典中,"apple"都指称这样一个东西。如果有一个和我语言完全不通的外国人指着一个苹果跟我说"Kaki!"。我想,这个词在他们的语言中一定也是指苹果了,即使可能会有种种的不确定性。我们有这样的习惯,给某个或某类对象加上一个名字,这个名字可以是由一个或几个音节组成的声音。这种习惯,确实像休谟说的,几乎就是一种本能习惯了,就是把某个印象联结到一个观念上去。或者像康德说的,把某些感性杂多用范畴编织起来。当我们把很多相互类似的感性杂多,运用想象力,以一个一般或普遍概念加以归类为一类的对象时,我们就有了一个初步的判断,如"这是苹果"、"那是玉兰花"或"它是山"等等。基于这些观察结果,我们就可以进行更多更复杂的经验判断了。由此我们有了关于现象事物的知识。这也是我们的语言的开端,甚至不妨说是我们作为成熟的人类的开始,或者,文明的发源。

正是在语言或文明发展到一定的程度后,我们逐渐开始意识到一些关于意义的问题,那就是对这些概念或其所指的对象怎样理解和解释的问题。在本章的开始,我们提到古代的人们对自然现象的惊奇和困惑,就和语言的发展是密不可分的。我们固然会对一条河的奔腾不息叹为不已,例如黄河。可是如果没有关于"这"、"河"、"水"、"流动"、"黄河"等等概念,以及关于时间的观念意识,那么究竟产生的是什么"惊奇",还是一个问题。我们当然无法表达这种惊奇,甚至是不是能产生这种惊奇也不好说。说黄河岸边有一只青蛙也时常对着黄河感叹"逝者如斯夫!",那究竟有没有意义还需要斟酌。而我们说河水在流动,是说什么呢?是河没变,而水在变。确实,黄河作为一条河,似乎亘古不变,永远在奔腾咆哮。但是古往今来它所流走的河水,那是向东一路奔流到海不复回的。当然,变化是每个人都能明显感觉得到的。可是,变化是指什么的变化,即变化的东西是指什么,这却并不那么容易说得清楚。我们都知道,说的是黄河。可是,说黄河不变,是说的黄河这个概念呢,还是眼前那条河呢?毫无疑问,古人们所感到困惑的自然是那条真正的黄河,而不是黄河这个概念。我们所想搞清楚的,也首先是大自然中那些千奇百怪、变化万端的现象。而语言之所以进入我们的视野,恐怕也只是因为它与我们怎样理解和解释这些现象有极为内在的相关的缘故。起码就源头来说，人们惊奇或困惑的正是那些自然界中变化的现象，而不是概念或名词。那么，如果我们把关于概念或名词的问题先放在一边，而只关注现实中的那些事实如何呢？就像我眼前的这个苹果。如果我把它吃掉了一口，当然，它还是那个苹果。如果我把它吃掉两口呢？如果一点一点地都吃完了呢？当然，它一直都是我们所称之为的那个苹果，可是它的形状、大小和重量等等却一直在变化，以致最后没有了，都被嚼碎吞到我的肚子里去了。可我们居然一直把"它"叫做"那个苹果"！这究竟是什么意思呢？不管这个苹果怎么变化，我们的确都是可以一直叫它"那个苹果"的。又回到"叫什么"，有点恼人。先别管什么叫法吧。我们一直在说的都是那个真正的苹果吧。那个真正的苹果！就像那条真正的黄河，不管我们叫它什么，其中不变的究竟是什么呢？那个所谓"真正的东西"究竟是什么呢？如果真的有的话。它当然不是说的苹果的颜色、形状、硬度、重量、味道等等那些我们所感知到的东西，因为那都是会变化的。我们也不是在说黄河的河床、河底的泥沙、它的长度和宽度、两岸的景色等等，因为那虽然变化的较慢，可是仍然在变化。那么我们说的究竟是什么呢？抛开掉这些感觉性质，要描述和理解那个所谓"真实的"东西，似乎存在一些无法克服的困难。贝克莱因此认为我们的"物质"观念无非是虚构出的抽象观念而已，根本没有什么实在性的存在。我们对那个"真实的、不变的"东西也似乎确实没有相应的感官感觉，事实上它根本就没有出现在我们的经验中。那么，我们是在什么意义上来说有一个"真实的、不变的"东西呢？我们怎么会有这样的想法呢？

这个东西，如果有的话，那么外部自然事物本身的实在性无疑也得到了解释。因为我们可以根据它来澄清它所具有的那些感性性质。而如果没有的话，那么解释这些事物的根据就需要另外去找，像柏拉图所做的。但是亚里士多德并不希望如此。他认为解释事物的根据就在事物本身之中，而无需外求，比如说实在事物就是"实体"，那些感性性质不过是实体的属性罢了。然而问题仍在。除了这些属性外，我们如何去陈述实体本身，那是令人困惑的。这样，即使我们原则上同意说应该根据事物本身来解释和理解事物，可是这是如何进行的，仍然还是问题。

在近现代,哲学家们都认为自然科学的知识给我们提供了经验主义的模式的解释典范。但是奇怪的是,在对我们的感官感觉进行了全面的详细的考察之后,似乎没有人认为我们能够直接把握事物本身的真实面目。相反,我们所能确定把握的,只是我们自己的观念或印象而已。这一点在经验论者或唯理论者那里莫不如是。那么,我们能够满足于康德的观点,即现象或表象就具有实在性吗?即使不考虑常识的直观,我们也还是对这样的理论心存疑虑。毕竟,在物自体和现象之间的关系是无法得到恰当说明和解释的,而其实这才是问题的真正所在。先验论的方式不过是转移了我们的视线而已,其前提就已经承认了我们对外部的自然事物无可奈何。不过,我们不能轻易投降,而必须尽可能地坚持这个原则,那就是不能轻率就承认我们对周围事物的理解和解释只能是间接的、或然的和主观的。否则,这可能会带来更多的理论问题。

在古希腊,毕达格拉斯已经发现在杂多的自然现象之中有一种不变的数的规定性。到近代伽利略和牛顿的实验和物理理论,似乎也都验证了这一点。这说明事物之间有秩序。有秩序的杂多现象的各种性质的规定性构成一个奇妙的井然有序的世界。而我们却不能直接把握外部事物本身,只能通过偶然发现的一些数量关系间接地窥探一下事物的本质。这显然是一个令人无比沮丧的结论。一方面它令人想到渺小的人类在浩瀚的宇宙中漂泊的命运是那么脆弱和无助。另一方面又使人与自然之间不存在什么神秘的非自然关系,或者不具有任何非自然的意义,人类仅仅作为动物只需要考虑的是作为动物的生存空间和生存能力,自然的宇宙完全被因果机制化。这是什么意思呢?那是说,人,作为有理性的动物,没有什么特殊的,心灵或理智也不过就是符合因果关联中的单纯质料的机械变动而已;心灵或理智可以被同化为一个因果自然系列中的组成部分;人是作为物被设想的,而不是作为人被理解的;因此,人与自然就处于一种纯粹的因果决定序列之中,而不是处于另外的什么非自然的意义之中。这虽然是可以理解的一种解释,却使休谟感觉到一种莫名的烦恼和郁闷。因为亚里士多德的说法对他还有影响,即事物的形式或秩序或本质规定性是事物本身具有的,而他却完全看不出来。康德说那都是理性的产物,是我们在编织现象。可是这也仅仅是表面上扫除了这个理性的阴影而已。似乎,只要物自体存在,这个阴霾就无法彻底散去。

　　历史在不经意间出现了一个令人意外的场景,那就是人们突然发现,人的理性与自然事物之间形成了一种紧张的关系。或者换句话说就是,我们需要为心灵或理智的身份辩护,就像休谟和康德所做的。这种理性的忧虑在黑格尔那里达到了顶峰,他使一个绝对观念生龙活虎,演化出全部的世界和历史。似乎是,只有当理性绝对化为一种超越的力量时,这种忧虑才能得以克服。我们不去详细地评述他那辉煌的思想,尽管其中实在不乏真知灼见,可是一个精神的逻辑演化具有如此魔力,那是匪夷所思的。我们这里只是想说,在他那里,外部现象事物,或者说康德的物自体确实是消失了,它们的规定性完全在于观念本身的逻辑力量。大家都说黑格尔的这一观念缺乏我们所强调的那种客观限制或外在约束,不过,从他的理论看来,这种限制是完全不需要的,因为所谓的客观性也来自它本身。甚至,这种客观性,在他来看也可能只是我们的一种错觉而已。

　　不过,这些其实都还并不要紧。我们更关心的是,在近现代哲学中,为什么会出现这样一种局面?这种局面导致我们对周围的事物的解释和理解似乎产生了我们自己所无法解决的困境,即,我们对外部事物的了解越多,知识越多,反而却越来越无法把握事物本身了。我们仿佛在把自然解释得越透明,就越看不到解释的意义和解释的可能,从而使这些解释变得越来越无法被理解了。因为,我们究竟在解释什么,究竟用什么在解释什么,和解释的意义等等问题,都成了谜。我们似乎由陶醉于某种解释模式而逐渐迷失于解释的迷宫当中无法自拔。

　　然而让我们感觉更吃惊的是,这种倾向在当代哲学中甚至更为严重。

　　我们确定不能直接把握物自体本身吗?我们和事物的联系一定是间接的吗?我们确定要接受这样一个令人不免悲叹的境况吗?还是有可能出现另一种情况,即这样的困境其实并不是我们必然要接受的,而不过是某些拙劣的理论所导致的结果呢?我们是不是就像贝克莱说的,总是自己先扬起灰尘,然后抱怨什么都看不见呢?这是需要我们认真反思的。

第三章 论 正 觉
——论所与的性质

在金岳霖看来,事物不论怎样,都是有所谓的,也就是有它的形色状态或样貌。对此,我们有官觉,有正觉,也就是从形形色色的事物对我们的呈现中可以得到客观的所与,由此把握事物,形成对事物的经验知识。

他之所以有此乐观的看法,在于他针对唯主学说而提出了非唯主的思想。正是根据非唯主的思想,他对人们能够认识周围事物是怎样的这一点,深信不疑。那么,究竟什么是非唯主的思想呢?对此他却语焉不详,没有给我们一个系统的解释。不过在他的所与理论当中,我们可以看到这种思想的集中体现。从本文第一章对金岳霖的知识论和他的所与理论的介绍,我们可以略知大意。然而究竟如何,还需要进一步探讨。这就是本论文的主要任务。

金岳霖的非唯主的思想,当然是在直接反对唯主学说的基础上而得到的。在他眼里,从近代以来的笛卡儿唯理论,洛克、贝克莱、休谟的英国经验论,德国康德的先验论或黑格尔的唯心论,一直到当代罗素的新实在论,维也纳学派的逻辑实证主义,或美国刘易斯的实用主义,和蒙塔古和培里等人的新实在论,等等,虽然形态各异,观点不同,可是从知识论角度说,却都属于唯主学说。他也一再表示说他的直接目标是要解决休谟的问题,即我们究竟如何能得到事物的本来秩序(如果真有的话)。而这一点几乎是大部分近现代哲学家都否认的。可以看出,他的打击面很宽,范围很大,足显其雄心勃勃,豪气干云。因为,把他们都归属于唯主学说而加以批判,几乎等于从根源上推倒以往的所有知识理论而全部重建,这自然绝不是一件容易的事情。由此我们似可感受出他为什么会在极度恶劣的战争环境下,还要花费十年时间写作该书的缘由。也能稍许理解他面对敌机的每日轰炸却还能埋首写作而浑然不觉的那种誓要"为万世开太平"的悲壮情怀。

他当然不能亲自扛枪上战场。他是要在思想上打败敌人。而要完成他的壮举,他很清楚,没有先进的新式理论武器是不行的。他有。他的新式武器就是非唯主的思想。这一思想的核心观念就是正觉关系论。那么,金岳霖的这个新式武器是否锐利和强大呢?是否能从根本上给予上述那些唯主学说以致命的打击呢?这正是我们的研究所关注的。

从广义上说,正觉关系论构思了一个不同寻常的意境。在这样的意境中,人与自然的关系完全区别于它在唯主学说中所蕴含的那样。心灵和外部事物之间没有隔阂,没有帷幕,是透明的,开放的。两者可以直接相互交融和沟通。认知关系也正是两者这种交融沟通的方式,即正觉关系。在这种正觉关系中,心灵直接把握到事物的形色样貌,或性质状态,并以之构成对事物的理解和刻画。而这一"把握",就是以所与的方式实现的。所与,一方面可以理解为既是事物本身的形色样貌,或性质状态,另一方面又可以理解为心灵得到知识的材料。它两方面的位置使心和事物的交融沟通成为可能,使知识得以现实化。这种广义的意境具体体现于正觉关系狭义的含义中。

从狭义上说,正觉关系论构思了一个特殊的关系集合。在这个集合中,有官觉者、外物,及其二者的关系这三个因素,可以用"$S_n RO$"来表示。其中,S_n表示某n类中的某官觉者,S,O表示外物,R表示正觉关系。或者我们也可以用函数"$F(S,O,R)$"来表示。其中,S表示某官觉者,O表示某外物,R表示正觉关系。此三个方面的因素构成了一个特殊的整体。就这个关系集合说,该三个因素互相联结,缺一不可,形成一个认知整体结构的必然关联。就作为一种官能活动说,该关系集合赋予此三个因素以意义,而这一意义通过这一集合得以现实化。所与正是该函数的系列值,源源不断,历久弥新,知识就总有进步。

就具体内容来说,正觉关系论大张旗鼓地强调了两个核心命题,即"有正觉"和"有外物"。在正觉关系论的三个要素中,之所以单单强调其中的两个要素,是金岳霖直接针对唯主学说而言的。因为在唯主学说中,另一个要素,即作为官觉者的S_n,也是得到直接承认的。这与正觉关系论有一致的地方。但是另外两个因素却不是唯主学说所能直接认同的。在他们看来,这两个因素,要么根本就没有,要么即使有,也需要通过推论或建立或别的什么方式得到,总之只能间接地得到,而绝对不能加以直接的承认。这正是在金岳霖非唯主的思想下的正觉关系论与各门各派唯主学说大战的直接交锋之处,堪称焦点。

毫无疑问,正觉关系论能否成立,关键就系于他所强调的这两个命题是否成立。而这其中,"有正觉"又是根本性的,因为只有在这种关系状况当中,有外物才是可能的,也才可以恰当地得到理解。如果没有正觉,那么"有外物"也就不可能,这样所谓的正觉关系集合也就烟消云散,土崩瓦解,没有存在的意义了。由此金岳霖就不得不抛掉非唯主的思想,仅仅把它当成一时的冲动而一笑置之,忍气吞声地再度退回到唯主方式的阵营中,并自动认输,宣告在知识论上向唯主学说的一切挑战的失败。当然,这样的结局,对在敌机轰炸下还能毅然写作的金岳霖来说,是绝不可能接受的。就他的心情上来说,这也不能接受。冯友兰就回忆说,他们当时是在一种"悲愤"的心境下从事学术的。金岳霖想来也不例外。那么,他在"悲愤"的心境下,对几乎所有的唯主学说知识理论的挑战,最终会不会变成只是一种堂吉诃德式的英勇行为呢?可见其"有正觉"成立与否的重要性。

根据金岳霖的正觉关系论,一方面,"有正觉"使得心灵或思想面对周围的事物和它们所居住的世界,可以是开放的;而另一方面,"有外物"又使得周围的事物和它们所居住的世界朝向心灵或思想,也是开放的。这两个方面的融洽结合就构成了一个浑然的认知境地,也构成了一个谐和的人与自然的关系状态。这应该说就是金岳霖所提出的非唯主思想的精神内涵。当然,这一切究竟是如何可能的,还需要我们仔细研究。本章就专论"有正觉"。

第一节 析 取 法

我们在第一章里介绍过金岳霖对于"有正觉"(或"有官觉")这一命题的相关论证。现在我们来重构他的有关论证。

"有正觉"无疑是一个综合命题,因此需要有恰当的理由持有这样一个命题或信念,尤其又是要把它作为知识论的出发命题来看待就更是有这种需要了。金岳霖对此提出了很多理由,或者说在书中的很多地方都在说明和解释这个命题之所以被用作出发命题的理由。这些理由散见于《知识论》的第 24 页至 185 页。但是很多都是重复的,他也没有严格地把它们按什么顺序加以排列。通过整理,我们可以把它们归纳起来,大概有以下这样几条:

第一,各种感觉形式本身没有内在的标准来决定哪一种是正觉,哪一种是其他的感觉形式如错觉或幻觉等等。

第二,在各种感觉形式之外,我们也没有外在的标准,即没有什么超觉,来决定哪一种是正觉,哪一种是其他的感觉形式如错觉或幻觉等等。

第三,感觉中虽然有其他的情形如错觉或幻觉这一点,但是从逻辑上这并不等于说否认了有正觉。

第四,所有感觉形式不会都是错觉或幻觉等等有问题的感觉形式,总是会有没有问题的正觉。

第五,感觉形式只有这几种,没有不属于这几种而独自为"觉"的感觉。因此,我们只能在经验之内来选择或判断,也就是说,我们只能在这几种感觉方式之内来决定哪一种是正觉,哪一种是其他的感觉形式如错觉或幻觉等等。

第六,在实际情形中,我们一般都是用正觉为标准的。

第七,在实际情形中,我们知道有其他的感觉形式如错觉或幻觉等等,都是由于以正觉和正觉的秩序为标准去做校对才发现的。

第八,在实际情形中,有"有正觉"的实例,比如说,"这是一张桌子"、"那朵花是蓝色的"或"天在下雨"之类。

金岳霖的这些论证,究竟构成一种什么性质的论证,就是我们本节讨论的核心问题。

表面上看,就一般而言,对于正觉之有,金岳霖仅仅做出了一个不够充分的事实性说明,而不是严格的论证。看起来,把这些条件合在一起做出简单的判断和推论似乎是不足以得出有正觉的结论的。前面五条仿佛只是说我们没有一个公正的客观标准来判断和区分各种感觉形式,后三条也仿佛只是说,我们在实际的经验中不得已只能选择正觉作为判断和行为的一个实用性的标准。这样一来,正觉之有就被安置于一种实践需要的基础之上了。看来,金岳霖的论证似乎是一种实用主义的证明。甚至,还会有人以为,金岳霖仅仅是为了反对唯主学说,才采用正觉关系论的。这样的说法其实也是认为,金岳霖对"有正觉"这一命题本身缺乏有效的证明,而只好以其实用目的为理由。

但是,对"有正觉"仅仅能给出一个实用主义的论证,这决不是金岳霖所能同意的。当他在以有效原则取代唯主方式的无可怀疑原则时,就有效原则和实用主义(或实验主义)原则的区别问题说道:

> 在这里我们要特别提出我们所谈的有效原则和实验主义毫不相干。请注意实验主义把有效原则引用到知识、命题、真假上去。……和我们所谈的完全不一样。这里所说的有效无效不是对知识、命题、真假而说的,是对于知识论底出发方式而说的。本书无意主张知识只是有效的假设或真命题只是有效的命题;本书并且反对这主张。这主张是把有效这一思想引用到知识论底对象上去,本书只把这一思想引用到知识论(系统)上去。①

也就是说,就知识论作为一个理论系统而言,可以用有效原则指派某一个或某几个前提性命题作为出发点,以得到系统内的全部或大部分其他命题。事实上这是一种对于一个系统内部的逻辑性的要求。而实用主义把命题的真假或知识系于时间性的有用与否,根据于实践需要的目的而改变。这当然是金岳霖所反对的,因为他认为命题的真假或知识在于得到事物中的不变的理或秩序,而这种知识的对象是不能随着知识者的实践需要或目的而任意改变的。因此,如果说金岳霖选择正觉关系论作为他的知识论体系的出发方式,可以说是依据的有效原则的话,那么,在正觉关系论之内,对待"有正觉"这一命题的证明,却完全不能再依据有效原则来做出。否则,他的知识论就彻底成了实用主义的知识论。而这和他力求坚持实在论的出发点是不相容的,也是他所反对的。不仅如此,把对正觉关系论的选择基于实用的目的,这远不是非唯主的思想,而恰恰是唯主学说观念的体现。使用一个基于实用目的而选择的理论作为整个知识论体系的基础,无论如何,都

---

① 金岳霖,2000(a),第114页。

谈不上是对唯主学说的挑战。甚至不妨说是在附和唯主学说好了。所以，我们必须排除这一说法，即金岳霖是根据一个实用的理由而确立正觉之有的。

我们当然也不能说"有正觉"和"有外物"这两个命题仅仅是金岳霖的一种逻辑设定，正觉关系论也仅仅是在逻辑意义上作为一个公理被承认的。或者说它们是为了处理知识问题而被特意约定的。有这种看法也是有一定道理的。那就是，金岳霖把知识论看成一个系统，有一套前提命题，这些命题要够用或有效，即能够推出所需要推出的其他命题集来。他的这两个命题就正是起了这样的作用。因此表面看起来他是把它们当成一个逻辑体系的公理而加以承认的。然而，他一直认为，"知识论不是一个逻辑系统，直到现在也还不是一个演绎系统。"[1]不能仅仅通过一个约定的公理，再加上逻辑演绎，就得出知识论的所有命题。

金岳霖一直反对用无可怀疑的原则要求知识论的出发命题。像笛卡儿的我思在他看来就不是无可怀疑的[2]。这种要求正是唯主学说坚持从主观者或此时此地的官觉现象出发的原因。因此在他看来，知识论决不应该用什么逻辑上不可怀疑的原则。或许有人会认为，金岳霖说自然事物本来是有理的或有秩序的，这一点可能就是他的形而上学认定。他的确是这么认为的，的确有这种形而上学观念。但是，在知识论上，这一点实际上并不能被用作出发前提。因为，从知识论角度说，尽管我们的经验知识明显是对自然事物现象的条理化或规律性的整理和解释，但是说自然事物本身是不是就具有理或秩序的这一点却并非是必须的。换句话说，如果自然事物是有理或秩序的，知识论就需要解释我们的经验知识为什么能认识这样的理或秩序，在什么样的认知状况下才能得到这样的理或秩序；而如果自然事物没有这样的理或秩序的话，那么知识论就需要解释说经验知识中的理或秩序是怎么来的，我们何以能有这样的对事物现象的条理化或规律性的有效知识。因此，解释和说明我们是在什么认知状况下获得的经验知识，是最重要的。而自然事物本身是否有理或秩序这一点，却不必在知识论的前提中设

---

[1] 金岳霖,2000(a),第113页。
[2] 同上,第41页。

定。这样,设定一个逻辑上无疑的出发点,在知识论上是完全不需要的。知识论所需要的东西,都是应该被解释的,而不是无需解释的或无可怀疑的或自明的公理。知识论都是综合命题,而"综合命题或有积极性的命题根本没有无可怀疑性。"①

金岳霖认为有正觉,也就意味着他认为,当知识者与外物处于这么一种正觉的关系中时,我们所得到的(即所与)就是经验知识的恰当材料,而这一材料中包含有独立外在的、秩序井然的、普殊俱备的外物。而这种正觉的关系状态,正是需要被解释的焦点,而不能是被约定的公理。因为,正是这个问题,就是唯主学说与金岳霖的非唯主的思想的交锋之处。或许,在金岳霖眼里,这可能是仅有他才承认的知识论的出发点,而几乎所有那些唯主学说理论家都是不会好心地予以承认的。也就是说,对金岳霖来说,他不可能有什么公理会得到公认而用于知识论的出发点。

因此,说金岳霖的这两个命题是一种公理式的设定,这种观点是完全不合理的。这是由于,对金岳霖的知识论来说,一方面这既不需要,另一方面也不可能。说他不需要,是说他的知识论既抛弃了无可怀疑原则,那么他的所有前提都是综合的,非自明的,可怀疑的,有必要予以解释的。说他不可能,是说他既然要挑战几乎所有其他的知识理论,就不可能再得到别人对他的轻易认同。在这一点上说,他是一个人在战斗。

那么,如果金岳霖不是对"有正觉"这一命题采用实用主义说明或逻辑约定的话,那又能是什么样的说明呢?最有可能的说法是,他给出了一个朴素实在论或常识的说明。这确实是有一定道理的。因为他在书中一再地说到要尊重常识和保证有一种实在感,理论总是应该以常识为立足点,不能轻易违反常识所见,不能没有理论的真实感和对象上的实在感,等等。不过,我们还应该看到,他对此也不能完全认同。对于选择他的知识论的出发方式的理由,他自己就这样评论说道:

> 这里的思想(指该知识论的出发方式)究竟是不是朴素的实在主义颇不易说,朴素的实在主义究竟如何地朴素法也不容易弄清楚。实

---

① 金岳霖,2000(a),第 84 页。

在主义也有同样的问题。无论如何，为便利起见，我们不妨称这里所表示的思想为实在主义。大致说来，实在主义或朴素的实在主义常常是知识论所开始讨论而又是马上就放弃的。本书认为知识论开始就讨论它确有至理，可是马上就放弃它也的确有不公道的地方。①

要注意，为什么是为了"便利"起见，他才称自己的思想是实在主义呢？为什么要"不妨"，而不是干脆地就宣称他的出发方式就是实在主义的呢？有什么地方会让他感觉到"颇不易说"或"不容易弄清楚"呢？实在主义往往可以作为一个知识论的开始点，他觉得有些人又马上由于理论上的理由而放弃实在主义有些"不公道"，这确实是非常尊重常识的表示。可是，这不过是表示有些"不公道"而已。其话中所意味的，恐怕还有另一个意思，那就是，如果确实有恰当的理由，那么放弃实在主义自然也是可以的，那就没什么不公道的了。而轻易地放弃，或缺乏充足理由的放弃，就是不公道的。"朴素的"固然有问题，可是他的知识论却未必就是朴素的。这如何"朴素"法是大有学问的。这让我们不禁回想起我们在第一章开始介绍他的知识论时所提到的，他对自己的知识论的定性问题也同样是很含糊的。事实上，尽管他从来没有说过，在一个关于我们所现有的经验知识的知识论中应该放弃实在主义，而改用其他原则，但是他确实是很勉强地接受说自己的知识论是实在主义的。他一直认为"实在主义"这个名词很"不妥"，"有问题"，不能很好地刻画他的很多思想的独特本质，因为他的思想中有很多非朴素的地方，而那往往又可能是实在主义这一名称所不适宜把握的。但是这些独特之处究竟应该如何称呼，看来很令他煞费苦心。然而，他在该书中始终也没有提出一个更好的替代名词或称呼。对此，他说："我们要注意正觉本身就是官能者与外物底关系集合。这说法普通称为朴素的实在主义，它没有推论到或建立出外物底问题。我们曾经说过朴素的实在主义也许不那么朴素，不过这名称既然引用了好久，我们也不必设法更改。"②

很明显，看来问题似乎是，在金岳霖看来，相较于其他各种名目，实在主义这一称号对他的思想来说还是相对适合的，在没有更好的称呼以前也

---

① 金岳霖，2000(a)，第115页。
② 同上，第125页。

"不妨"暂时这么使用。他的思想虽"不那么朴素",可是"也不必设法更改"。尽管如此,如果我们遽而就轻率地认为他的这些思想都毫无疑问是实在主义的,而忽略他的种种犹豫或勉强心态的一再表露,那么,我们很可能就是在犯一个严重的错误,即完全没有重视他的这些不断提示。这无疑也表明我们可能完全没有理解他对所有那些唯主学说的挑战的实质性意义和困难程度,没有完全理解他的非唯主思想的深刻含义究竟何在。这一思想正是隐藏在这些犹豫或勉强心态的背后。其特征虽经思忖多时,却因各种原因而无法一下得到明确阐述的。我们如果轻易地漏掉这些蛛丝马迹所能给我们的提示,是很不慎重的。无论如何我们都应该追索下去,彻底厘清他的知识论的真正本质。

让我们先把冠名的问题放在一边,因为这并不是最重要的事情。真正重要的是,我们需要了解金岳霖在这里究竟表现出一种什么思想。或者具体地说,如果我们不能简单地说"有正觉"这一命题完全就是他基于一种实在主义的立场而做出的选择的话,也不是依据实用主义或逻辑约定等方式,那么,还能有什么其他的更适合的、更恰当的根据来做出这种断定呢?

让我们再回想一下前面所提过的金岳霖的那些理由,看看其中究竟有什么奥妙可以使我们理解他之所以认为我们是有正觉的。

一般的情况大体是这样的,我们有经验,尤其是有五官的感觉经验。我们正是通过感觉经验与自然中我们周围的事物打交道的。只有通过感觉经验,我们才能了解这些以各种方式给我们刺激的事物。我们这里不把直觉或心灵的洞察之类的可能形式算在内,而只承认普通的感觉经验。可是,现在在我们的感觉经验中出现了各种令人迷惑的情况,也就是我们不但有官觉,还有幻觉、梦觉,而官觉里又不但有正觉,也有错觉、野觉。这样的分类当然是可疑的,不过我们可以先暂时把它们都放在这里,并不当作是确定的,然后看看还有什么情况是我们所没有注意到的。这些不同形式的感觉似乎令我们无法做进一步的判断,我们好像区分不清什么是哪一种感觉,而什么又不是哪一种感觉。各种错、幻、梦等感觉干扰了我们的认识,即使是当我们很可能正处于官觉或正觉之中时,却无法知道究竟是不是这种情况,或者说,究竟是不是不是这种情况。我们似乎明显没有一个确定的标准,使我们能够得以从这种恼人的状况当中解脱出来。这就是在金岳霖处理这个问题时所面临的情形,也是被笛卡儿所指出、又被后来的绝大部分哲学家所认同的认知状况。

这种尴尬的局面是很可能的,即使是金岳霖也不得不承认。而且他还很清楚地知道,一般来说,各种感觉形式具有平等的地位。因为其他的错、幻、梦等感觉,与官觉或正觉本身一样,都可以信誓旦旦拍胸脯保证说自己就是正觉,别的感觉形式都是有问题的。这也是我们之所以无法给予它们每一个以充分的信任的缘故。看来内在的证明不能从各种感觉形式本身当中产生。可是,很明显的是,除了这些感觉形式以外,我们也不能通过其他别的什么感觉来对它们进行区分。去哪里找一种超觉呢?如果有的话,恐怕也和这几种感觉形式的情形相似,同样处于一种平等的状况中而无法为自己提供恰当的证明。因为它的可靠性仍然还需要说明和解释,而那又是反过来需要我们根据原有的这几种感觉形式的可靠性的。这无疑会出现一种循环论证。这表明任何外在的证明也是不可取的。

那么,会不会有这样的情况,就是:我们根本就没有官觉或正觉!从刚才对这种混沌的情形的描述看,这似乎也是可能的。或许我们的所有感觉形式都是可错的,都未必能给我们以事物的真实面目。也就是说,我们根本就不能真实地认识外部的事物,了解外在的世界。我们自己的感觉框架很可能把我们局限在了感觉经验范围之内,而绝不能超出其外。即使我们通过心灵或理智的作用,有一些关于经验之外的想象,可那最终的根源也无疑还是我们的感觉经验。这是我们所有的经验知识的大本营。

现在,我们倒是很可以理解两千五百年前的柏拉图为什么会有那样的忧虑了。在他的洞穴比喻中,洞穴中的人们如果不可能回过头来,发现他们所一直观看的景象不过是火光中的影子,而后面还有通向洞穴外的世界的出口,那么他们怎么能够同意那个曾经出去过的人所说的话呢?他们怎么可能意识到自己的悲剧性状况呢?亚里士多德没有这样的忧虑,而是爽快地说:就这里就很好,我们还要去哪里找什么更真实的世界呢?我们应该安心于从我们的感觉经验中寻求对事物的所有理解和说明。我们这时好像也能理解笛卡儿的沉思了。既然我们无法知道自己是不是在做梦,也无法知道是不是有一个威力无穷的恶魔在欺骗我们,那么我们看来确实只好返心内求,于自己的心灵当中寻求确定的原则了。这时我们也能同意贝克莱的嘲笑:哪里有什么外在的世界呢？哪里有什么感觉经验之外的东西呢？你所能感觉到的就是你的界限。而休谟的困扰,几乎就成了我们的困扰:依据理性,我们居然仍然没法得到感觉之外的事物的秩序,这看来是确定的真理了;我们只能依靠本性的习惯来编织自己仅仅从感觉经验中所得到的那点东西,这是多么无聊的事情啊！康德警告我们不要超出感性经验的范围,因为那种非法的行为只能给我们带来悖反的困惑,而不可能产生真理。

当代世界的哲学家们更喜欢在经验的世界内生活。维特根斯坦说世界的结构都已经反映在我们的语言之中了,语言就是世界的界限,所以我们只要研究研究语言,分析分析语言的结构就完全可以了。后来他发现语言本身还需要进一步的解释,于是又赶快补充说,语言的本质就在于我们的生活世界！而生活世界嘛,依据以上这种传统,那当然是不能随便超越的。于是,我们又可以安心了,可以满足于丰富多彩的日常生活,在其中安居乐业了。他的那些信奉者们更加彻底,一度只承认感觉经验中观察的结果。对经验之外的世界,他们说那都是"胡扯"。最为敬业的是那些像赖欣巴哈之类的所谓的科学哲学家们。当了解到还有很多东西不完全是"胡扯"之后,他们就煞有介事地测算起一个概率来,看看我们的经验知识究竟有多大的概率是那么回事儿。一当看到某种测算准确率还挺高,他们就不免欢呼雀跃。而一当发现预测屡屡出错的时候,他们便又赶快埋头苦干,寻找起新的概率方式来。还有些大师更是谨言慎行,对于"感官刺激"之外的世界那是绝口不提的,因为那都是"不确定的"。我们关于这些"刺激"的理论,已经作为一个整体足够应付生活所需了,没有必要再去做过多的"本体论承诺",因为那样形而上学的风险太大了。我们还是"自然"一点,满足于对那些"刺激"的恰当"反映"就完全可以了。他们所提倡的自然主义,本质上就在于"自然化"掉所有那些对于"刺激"之外的非法的超越,以及所有那些不同于"自然反映"的"抽象反映",亦即形而上学式的方式。

他们的理论跟随者众,而反对者少。因为这样非常安全,没有出界的危险。如果我们确实看不到有正觉的确定迹象,那么,我们似乎也只能如此了,即要么就追随这些自然主义者,抑制住任何非分的妄想,把所有形而上学式的、超越的念头都毫不犹豫地看作是不切实际的玄想,加以彻底地抛弃;要么就保留一份存想,祈祷着将来万一哪一天还可能有出头的日子,不过这样的存想往往会带来不由自主的烦恼和痛苦,而需要以休谟式的消遣予以打发①。

当然,我们还能诉诸于上帝,也有机会摆脱这种认知上的困境了。上帝总是仁慈的,善良的,宽厚的。他不会让我们总是处于那样的一种迷茫境地,一定会给我们智慧之光或真理的启示。不过,这样的方式已经超出我们的前提,不是在我们已有的感知经验范围之内加以解决了。而这,无疑不能使唯主理论家们屈服。

然而承认没有正觉,那就更是他们所希望的了。因为所谓的唯主学说,正是在于认为我们的经验感觉本质上就是可错的,不能保证说有直达的通道认识外部事物,没有确定的标准区分出如何是正觉,如何是其他有问题的感觉形式。因此,就我们的经验本身来说,最恰当无疑的认知基础就是此时此地此一片色式的感觉现象,最多再可以有笛卡儿式的"我思"或康德的"统觉"等主观者的立场。至于正觉,如果有的话,也不如一般的"觉"更基本。因此,最好的知识论的出发点就是某一片感觉片断,或印象或一束知觉之流,或所谓的感觉材料、感质感素等等。

可是,我们不能匆忙地就下定论,更不能匆忙地和轻易地就放弃所有的希望。在这一点上我们应该学习笛卡儿的仔细和谨慎,也学习他的不达到确定的地步绝不停止的精神。我们应该好好想想是否已经把所有该想到的可能都考虑过了,是否已经可以得出确定无疑的结论了。

如果严格说来,我们在对经验当中的这几种感觉形式做出的任何判断和选择,似乎都不能轻易地就遵循普通的原则。因为这些原则本身的根据还仍然处于疑问之中。运用某种原则做出这种选择,实际上就是把它看作了先天或先验原则。可是,既然我们的所有知识只能来自经验,那么怎么又有某种先天或先验原则存在呢?不依据经验来源的先天或先验原则又是何由而来呢?即使我们可以承认有某种先天或先验原则存在,那么,即使我们也不要求对它的严格证明,然而起码,它的身份本身也是需要解释的。可是,究竟根据什么来解释这种先天或先验原则,那无疑又是令人头疼的事情。当然,最好的事情就是,经验本身在给予我们任何知识的材料之前或同

---

① 休谟,1996 年,第 300 页。

时，就也能够给予我们某种或某些经验本身所遵循的原则。尽管那也可能是先天或先验的原则，然而，它却不是心灵或理智的任意所为，仅仅根据自己的需要就强行给自然立法。因此，如果有可能的话，那么我们在确定经验本身的有效性时，就不仅不能应用任何经验性的原则，如心理的、实用的、逻辑的、数学的、物理的、生物的、伦理的或审美的等等，因为它们都是经验所提供的；也不能使用那些形而上学的原则，如实用主义的、物理主义的、实在主义的、实证主义的、逻辑主义的、心灵主义的或先验理论的等等，因为它们的来源可疑。不过，要做到这种程度的可能性恐怕是很低的。至少整个哲学史至今仍然没有类似的可能发现。即使是纯粹的经验论者，像休谟，坚持严格的经验论立场，也仍然要依据心灵的自然法则，即本能的习惯，来编织那些被给予的印象。而他又在同时还不得不对这一本能的习惯本身及其所得的结果，保持着谨慎的犹豫和怀疑。当然，可能性低，不等于没有可能。起码，我们应该尽可能试试。

希望在可能的情况下，经验本身就能够提供所有的知识材料和知识的原则——这看起来很可能是一个非分的要求——需要经验本身能够具有真正的渗透力。这是说，我们必须依据经验本身而又能渗透出或穿透出经验。如果我们依靠经验所提供的一切，结果却很可能被必然地局限于经验的范围之内，这无疑是很"杯具"的，当然不能令人满意。实际上，当发现坚持经验论的立场，很可能使我们不得不受困于感官知觉的狭小天地时，很多哲学家就会毫不犹豫地抛弃经验论，而不是甘心于这种命运，例如像斯宾诺莎、黑格尔、柏格森、罗蒂等等。经验论的立场当然也没有不得不坚持的理由。不过，即使抛弃彻底的经验论，而持有其他立场的话，那么，很可能，在经验论问题上所出现的困难，也会出现在其他理论中。很明显的事实是，黑格尔或罗蒂等等之类的理论也完全不能令人满意，因为他们的理论也同样缺乏一种理论内在的渗透力量。没有经验的因素，一方面使他们的理论没有理论的真实感，另一方面他们的理论本身的根据明显不足，这使这些理论的说服力大打折扣。

经验本身的渗透力意味着，在感官感觉的各种形式当中而不是之外，应该就能够发现到那种渗透出感官感觉的局限的方式。可是，经验本身如何能够穿透出经验呢？这难道不是自相矛盾吗？或者，这难道不是提出了一个不可能完成的任务吗？就像是让人抓住自己的头发把自己提起来一样。这恐怕就连上帝都办不到。那么，经验本身怎么可能呢？

　　让我们再回到原来的话题上，看看这其中的奥妙究竟何在。金岳霖说了那些理由之后，得出结论说："有正觉"这一命题是正当的。他究竟是根据什么这么说的呢？就是我们在上面所归纳出的他那八种理由吗？可是我们为什么还不能肯定地就这么去确认呢？我们仍然还有这样的疑问，那就是，仅凭这些理由就能够说服唯主学说的理论家吗？可是这些理由他们也都是承认的，并正是在此基础上，他们才认为我们没有必然的理由要从正觉出发，没有必然的根据说我们可以正当地从正觉出发。每个人都说，如果有正觉，那当然是人类的幸事，可是，怎么保证说就一定会有正觉呢？怎么保证说正觉就一定与错觉或幻觉不同呢？总之一句话，我们怎么能知道我们不是在做梦呢？我们又回到了笛卡儿的疑问。我们还是在起点上，没有前进半步。

　　可是金岳霖不这么认为。他根据以上那些理由，结论说有正觉。他的结论怎么才能有确定的保证呢？确实，他对此说得并不是那么清楚。因为，在确定"有正觉"的同时，他也一直认为这是一个综合命题，是可以怀疑的。他说把"有正觉"当作他的知识论的出发命题也并没有必然应该接受的理由，因为唯主学说的理论家们就是不会接受的。他也认为"有正觉"是一个常识性的信念，符合常识的一般性观念。不过，尽管如此，我们却不能被金岳霖这些表面上的一般说法所迷惑。如果我们就此得出结论说，"有正觉"仅仅是金岳霖所做的一个可错的常识性的出发命题，不过是普通所谓实在主义的知识论而已，那么，我们很可能就完全误解了他的思想。他还需特意强调了为什么这么说吗？他翻来覆去的背后究竟是考虑什么呢？

　　让我们想想前面说到的他建构此一知识论的宗旨何在。他雄心壮志般地是要挑战西方主流知识理论，而直接目标是要解决休谟问题，因此他不会仅仅以一个普通的常识性观念作为自己知识论的基础和根据。那样的话，他是不可能完成任何目标的，因为那样的常识观念早已经为贝克莱、休谟、康德、罗素等等证明为不可行的。我们上一章曾经说过，普通人的习惯是经不起专家的"琢磨"的。因此，如果金岳霖没有什么特别的理由，而仅仅采取这一种普通哲学理论的话，那么他的英勇的挑战行动，看来确实就是堂吉诃德式的了。虽然,即使这样,我们也不能就认为他的知识论没有价值。然而,无论如何,我们必须承认,这样的说法并没有揭示出金岳霖真正的思想精华所在。

"有正觉"所涉及到的对感官知觉的疑问,确实是和笛卡儿的怀疑一样的,就像我们上一章里从笛卡儿到休谟那几部分里所详细解释的。事实上,所谓西方主流的知识论之所以基本上都采取唯主学说,就是因为笛卡儿给予感官知觉的那种怀疑似乎是不可解决的。正是由于笛卡儿开创出了一个心灵的宽广世界,人们于是可以恰当地认为各种感官知觉的形式本身不能给我们任何确定的根据,我们需要其他办法来摆脱感官经验的羁绊,或者不行的话,干脆就承认经验的范围就是我们所能知道的世界。休谟问题的根源也是由于坚持了笛卡儿的经验观念或表象主义,即我们的心灵或理智所能认识的,只能是我们所经验到的一切。金岳霖如果要解决休谟问题——这是他的知识论的基本目标——那么不设法解决笛卡儿对感官知觉的怀疑,就是不可能完成的。而不解决笛卡儿的怀疑和休谟问题,那么要推翻唯主学说,也就是不可能完成的。在他看来,罗素的知识论之所以说不通——这是连罗素自己都承认的——就是因为罗素继承了休谟的思想,而没有根本上解决休谟的问题所导致的。因此,金岳霖要把他自己的知识论说通,不彻底解决笛卡儿的怀疑和休谟问题,那是无论如何都过不了关的。可是,线索究竟在哪儿呢?

让我们再想想这个笛卡儿的问题,我们究竟怎么才能确认说我们自己不是在做梦?照笛卡儿的分析,自然是毫无办法,除非寻求心灵"我思"的确定性。就感觉本身来说,不能提供任何有效的区分。这和金岳霖所说的关于觉的问题是一样的。这是我们的起点。金岳霖对此提出了上述那八种理由,认为我们可以立足于正觉,而不至于在一般的觉中去找觉。可是我们的一般感受是,他似乎还不能给我们确定的答案。或许我们对这种确定性的要求是不合法的,这是当代许多哲学家都反对的。不过,我们这里的情况有所不同。那就是,金岳霖对所有那些唯主学说的挑战是他的知识论的确定目的,这是他在该书中各个地方都极力表明的。而这一挑战根据他的说法是根本性的,是直接相反于唯主学说的根本出发点和所遵循的原则的。他自己的思想甚至可以直接被称作"非唯主的",尽管这明显是一个暂时性的称呼。这无疑说明,金岳霖在确定"有正觉"这一点上是不会含糊的,他没有理由选择一个自己都认为未必恰当的立足点去进行挑战,也更不会没有确定的理由就选择这个似乎早已被唯主学说所明确抛弃的角度。因此,我们不应该轻易认为金岳霖仅仅是作了一个"似乎有效"的选择,而不是有确定的理由。

尽管说,金岳霖的那些理由好像没有给我们确定的、直接的保证说有正觉。可是,无论如何,从他的理由上看,我们还是能产生一种微妙的感觉,就是似乎是有正觉的。不是吗?我们能否认说一定没有正觉吗?只是,在他的那些理由与有正觉这一命题之间的纽带或联结,我们还没有确定的意识。不过,这已经可以让我们有了少许的进展,而不至于始终踏步不前了。实际上,即使是很多唯主学说理论家也承认有外在的事物,他们的疑问只是针对我们如何能够达到那里的认识可能性。就连贝克莱都不否认有外物,尽管他的外物的存在需要上帝来赋予。罗素是新实在论者,完全承认我们有关于外间世界的知识。他所关注的一直就是在感觉世界和外部世界之间架起一座认知的桥梁。而正是罗素的认识论思想引导金岳霖进入哲学这个领域的,他在认识论上的失败无疑给了金岳霖深刻的印象。在该书中,我们随处可见他对罗素唯主方式的知识理论的批判。可以说,金岳霖正是吸取了这些哲学家的教训之后才开始构思他的非唯主的知识论的。那么,他的那些理由与"有正觉"这一命题之间,想必一定有着内在的联系,而不仅仅是一种松散的可能。

看来我们在理解金岳霖对"有正觉"这一命题的论证上,也似乎陷入一个困境。要想脱出这个泥潭一定需要点别的东西,而不能按照常规的思路去分析。因为金岳霖也似乎有些想说又说不太清楚的思想在里面,我们看来需要借助点特别的方式才能予以厘清。

或许在一个具体的感知场景中可能会对我们有所帮助,不妨让我们再使用前面的视觉例子看看。当然在其他的感官形式中应该也存在着类似的情况。这个例子是说,在我前面有一棵芙蓉树,根据不同情况我可以有不同的视觉结果。如果现在光线良好,没有任何可以明显发现的干扰在我周围的感觉环境中,那么,我就可以得到下面一个正觉下的命题:

① 看来有一棵芙蓉树在我前面。

如果视觉环境较差，或那棵树的距离有点远，那么我可以得到一个类似错觉或幻觉下的命题：

② 在我看来似乎有一棵芙蓉树在我前面。

如果此时的视觉效果极差，几乎完全看不清那有什么，只是模糊地看到有一棵像是芙蓉树的东西在那，那么我又可以得到一个类似幻觉或野觉下的命题：

③ 在我看来似乎有一个像是芙蓉树的东西在我前面。

这样的三个命题是很典型的对一般感知状况的描述。命题①是我们一般所说不发生问题的感觉，清楚明确，是对外物的正确感知，承诺有那棵芙蓉树。这也就是金岳霖的正觉的客观呈现，保证有外物。命题②是指我们一般所说的感知上的错觉，即，虽然在那确实有一个视觉对象，可是我们对它具体是怎样的所作的判断往往有偏差，不保证那是芙蓉树，而很可能是一棵玉兰树。但是它承诺有树那样的东西。命题③是说很可能根本就没有这样的对象在那里。也就是说，既没有芙蓉树，也没有玉兰树，甚至可能根本什么树也没有，我们视觉中的影像完全就是个幻影。它不承诺有任何东西在我面前。这三个命题根据视觉对象的状况区分了三种不同的情形，其实相当于金岳霖对官觉的区分，即正觉，错觉和野觉。就感觉活动是否直接涉及到外物来说，或就感觉活动与外物之间的关系来说，这三个命题简明代表了所有的可能。而且它们甚至还包含了涉及感觉者的身体情况的各种可能，以及在不同的感知条件的环境下会出现的各种可能。现在，就让我们来看看通过对这三个命题的分析，我们是不是可以对金岳霖的"有正觉"这一命题的论证，有一个更好的理解，能不能在原有基础上再前进一步。

唯主方式一般认为，既然有命题②和③的情况存在，那么我们就不能确定有命题①的存在。或者说，在这三个命题中，有共同的成分，即我所直接看到的仅仅是一个视觉现象，或感觉材料或印象等等之类。一个共同的视觉影像存在于这三个命题当中。总之，在感觉者和外物之间是间接的关系，中间存在一种视觉图像的东西作为中介予以沟通。至于是不是有命题①的情况，那要根据这个共同的视觉影像来作进一步的判断或推理，而不能直接得出命题①的结论。这个共同的视觉影像，就是他们所谓的此时此地此一

片色的知觉片断,是每个人只要有感知活动就会出现的。我们可以以下述命题表示之:

　　④ 在我看来似乎有一个视觉影像,这个影像似乎像一棵树,这个树的影像似乎像芙蓉树。

立足于这样的知觉片断,在唯主方式看来,是无可怀疑的,非常恰当。没有任何理由从命题①出发,或者说没有任何理由直接承认命题①。我们只能从命题④出发,以命题④为根据,这是最恰当的理论上的选择。因为命题④可以出现在所有的前面三个命题中,而却没有那些命题所做出的那么多本体论上的承诺。因而没有任何形而上学的风险。当然,当他们从这个共同因素开始推论外物时,就不免遇到了不可解决的麻烦。既然在感知上不能直达外物,那么,在感觉和外物之间再要建立起逻辑的联系,就似乎是不可能的了。

很好,唯主方式看来毫无问题,理由很充分,几乎是无法挫败的。想要挑出它的问题或漏洞似乎还不是很容易。命题④难道不是很明显的一个理论起点吗?这样我们可能只好就它的结论挑三拣四一番,说它的结论不合情理,有违常识,过于荒谬。因为我们似乎从来没有真正看到过一个视觉上的影像,或者说,我们平常看到的难道只是视网膜上的一个图像,而不是外部事物吗?但是那棵树却明明白白不是我的视网膜上的一个图像啊!可是,这样的质疑却不能动摇唯主学说的根基。因为,它在理论上站得住脚,没有疑问。那么很可能地,需要修改的是常识,而不是唯主学说。

现在的问题是,金岳霖并不承认唯主方式,而且他还要向唯主学说挑战。决战之处就是在究竟是不是承认"有正觉"这一命题上。唯主学说是绝不承认的,而金岳霖旗帜鲜明地予以承认,并作为其知识论的出发点和根据。双方的立场针锋相对,刀尖对麦芒,没有丝毫相容的余地。那我们就来看看在这三个命题上,金岳霖究竟是怎么得出与唯主方式完全相反的结论的。

从他上面的八种理由,我们知道,在金岳霖看来,命题②和③的存在无疑都是他所承认的。单单根据①、②、③这三个命题本身,不能有确定的标准。在这三个命题之外,我们也没有另外的标准来判断和选择。我们只能在经验之内对各个感觉形式加以判断。这些方面都是与笛卡儿和那些唯主学说理论家们一致的。从这里我们得不到什么有价值的东西。那么,他再说,有错觉或幻觉的情况,并不能说明就没有正觉的存在。这是什么意思呢?这是说,即使有命题②和③的存在,却也不能否认命题①的存在。这正是唯主学说所含糊的地方,因为他们不愿意就这么去承认说不能否认命题①的存在。尽管他们心里似乎是承认的,但是没有无可怀疑的理由他们就不能直接承认。这样的态度也无可指责。如果能有无可怀疑的理由让我们承认什么,那又何乐而不为呢?我们应该听从理智的引导,而不能简单地抗拒理性。

金岳霖不是抗拒理性。恰恰相反,他有恰当的理由坚持自己的观点。在这一点上他是丝毫不含糊:即使有命题②和③的情形,也绝不能说明没有命题①。对命题①的否认,事实上与直接承认它一样困难。因为我们也同意没有任何恰当的理由说命题①不存在。我们只能怀疑它。唯主学说的理论家就是这样。他们一般不会直接否认命题①的存在,而仅仅是对此表示怀疑,因为我们没有恰当的理由去承认它有。他们认为我们不能在理论上说通有命题①,而说通①、②、③这三个命题具有共同的成分,即命题④却是很容易的。可是,要否认有命题①也同样很困难。不过,金岳霖在此已经有了一个进展,那就是,尽管我们还不能就承认命题①的存在,然而我们也不能否认命题①的存在。这也是我们前面的分析所得出的一个宝贵的结论。可是,不能否认命题①的存在,还不能排除可以怀疑它的存在这一点。这就是唯主学说的最坚固的堡垒所在。看来金岳霖还需要更锐利的武器,还需要有一个更彻底的突破,才能突出唯主学说的重围,杀出一条血路来。

让我们再接着考察金岳霖的理由,看看还有什么是我们可能漏掉的。在他的后面三条理由是说,在实际情形中,我们一般都是用正觉为标准的。我们用正觉来校正其他的感觉形式如错觉或幻觉。而像"这是一张桌子"、"那朵花是蓝色的"或"天在下雨"这样的命题就可以证实有正觉。可是,在实际生活中我们有正觉的情形,尽管是我们所承认的,可是却未必是唯主学说所愿意承认的。起码,它们用来作为证明有正觉的根据似乎还嫌不足,或者暂时还不是时候。如果不承认有正觉的话,那么实际生活中的情形,就都是可以被怀疑的,没有确凿的根据说那些情形就是正觉的实例。因此,他后面的那三条理由我们现在好像还无法使用。它们似乎是有正觉的结果,而不是有正觉的根据。

这样一来,我们是不是又重新陷于困境之中了呢?看起来很可能是这样。可是,我们既然已经走到现在,为什么要放弃呢?我们必须再接再厉,想想还有什么关键的地方可能被忽略了。

确实有一个关键的地方在这里一直被我们忽略了。或者说,我们至今还没有认真地谈到它。让我们把它拿来分析分析看,是不是对我们的问题会有帮助。这个关键之处就是,金岳霖一再地说,知识论中传统上所存在的很多问题都是理论本身所带来的——他是指唯主学说带来的。尤其是在关于知识论的根据和出发方式中的理论困难,都和我们选择唯主方式有密切的关系。如果不选择唯主方式,那么,那些问题也很可能并不存在。而实际上,我们并没有必然的要求接受唯主方式。唯主方式在知识论上有很多说不通的地方,我们为什么还要去接受它呢?那么,选择金岳霖的非唯主的方式,就不存在那些问题,或者,就能说通那些令人困惑的问题吗?不妨让我们再来试试。

金岳霖所谓非唯主的方式,尽管他没有直接去说明,其字面意思就是:不是唯主的方式。要是平和一点说,就是可能有某种中立的方式,既不是唯主,也不是反唯主。而如果更具挑战性地说就是:反唯主学说的方式。金岳霖并没有彻底反对唯主方式,他和他们还是有某些地方的一致,比如说他也接受官觉的立场,即经验论的立场。他也是从官觉内容出发建立的知识论。不过,他一直强调自己的非唯主的立场,从根本上说与唯主的学说还是直接对立的。那么,现在我们再看看,同样还是面对以上所例举的三种情形,非唯主的方式又能有什么更恰当的解释呢?

从命题①、②、③中,唯主方式说,我们只能承认一个它们都共有的成分,即命题④。对此,非唯主的方式会说什么呢?看来应该说的是:这三个命题没有共同的成分。的确,这确实是金岳霖的观点。实际上,他认为,说在那三个命题①、②、③之中共有一个命题④,是有害的抽象。他对此批评说:

> 这里所要表示的思想以前已经提出过,不过着重点不同而已。我们现在从经验谈起。桌子上有一个洋火盒子,我看见它,在日常生活中

我的确认为它是独立于我而存在的,同时我也的确经验到我睁开眼睛时我才看见它,眼睛闭了我不看见它了。我的确可以说有随着我底眼睛底活动而有无的成分。假如我们研究我们会认"看见 X"为复杂的事体,我们会从这样的事体中分析出呈现和外物底分别。这两成分我们会一起承认(1)条所说的办法(即正觉的呈现)不是如此的,它以"看见 X"为简单的事体,X 只是随着看而来,随着不看而去的呈现。本书认为这不是我们日常生活中的经验。仍就以上的例子说,我看见一个独立于我而存在的洋火盒子,我底经验要用"我看见一个洋火盒子"来表示,不能用"我看见我所看见的呈现";后者不形容经验,从后者出发是有害的抽象。①

唯主方式把"看见 X"当成一个单纯的事体,是说这是不可再分析的,是一个原子事件。而这个原子事件就是在我们的那三个命题中的共同成分,即不论在什么感觉情况下,我们都可以说有一个"看见 X"这样的视觉状况发生。这个视觉状况自然是随着感觉者的"看"的感官活动而来去的或而有无的。无疑,这个所谓的视觉呈现就是我们所说的命题④。而对此,金岳霖是不承认的,并认为这是在做有害的抽象,而根本不是实际当中的情形。实际当中的情形应该是说"看见 X"是一个可分析的集合,即一个复杂的事件,其中既有正觉的呈现,又有外物。那么,为什么要把"看见 X"看作是一个正觉的关系集合,而不是单纯的视觉呈现呢?尽管在这里金岳霖似乎只是用实际情形来说明,看起来并没有给出进一步的论证,可是,这里还是有些东西可以引起我们特别的注意。那就是,他否认说上述三个命题有一个共同的成分。

我们似乎看到了一点曙光。

我们可以凭借这点曙光走出这漫漫长夜吗?要知道,这个问题困扰了人类几乎将近三千年。尤其是在近代这三百年以来,由于得到自然科学证据的支持,绝大部分西方哲学理论一般都视唯主学说为理所当然。因而,要使这点微弱的曙光成为真正的光明,足以能够驱散黑暗的强大势力,还需要

---

① 金岳霖,2000 年(a),第 169 页。

我们付出更多的艰苦努力,进行更仔细的探究。

那么,说这三个命题没有共同的成分,怎么就是给我们的一点曙光呢?怎么就能使我们摆脱感觉经验的局限和困扰呢?

这其中的奥妙在于,正是在这种情形下,恰好可以应用金岳霖独特的哲学方法,即析取法。

我们知道,析取法是金岳霖所特有的,也是他所特别擅长的。因为他在论述其形而上学体系的《论道》一书中,已经纯熟地运用此方法构筑了一个严密的关于道及其运行的逻辑结构。他认为,道本身及其运行就是一种析取的结构。此析取的结构可称之为式,"而式就是析取地无所不包的可能"。① 对无可名状的能加以析取的方式对待,正是道的体现。当然,金岳霖在形而上学体系中的方法未必就一定可以适用于知识论范围之内。而且我们也并不希望受到指责说,我们是应用了金岳霖本体论的思想才得以解决知识论本身的问题的。的确,脱出知识论的困境不应以本体论为根据。这种方式在哲学传统上是向来不被人们所认可的。尽管如此,我们后面会看到,金岳霖在知识论中对析取法的应用,却不是基于他的本体论。准确的说法应该是,他把析取法分别地应用在了本体论和知识论。这两方面的应用不过是析取法的具体体现而已。或者说,他的本体论和知识论,只是他的析取思想的两次外在表现而已。

我们还是先回过头来,看看在以上三个命题中,析取法究竟有什么神奇之处,可以令我们摆脱感知经验的铁幕吧。

让我们再重述一遍上面的命题①、②、③:

① 在我看来有一棵芙蓉树在我前面。
② 在我看来似乎有一棵芙蓉树在我前面。
③ 在我看来似乎有一个像是芙蓉树的东西在我前面。

当然,我们还应该把唯主方式的命题④也摆在这里,以便给我们一个更鲜明的对比:

④ 在我看来似乎有一个视觉影像,这个影像似乎像一棵树,这个

---

① 金岳霖,2005 年(a),第 4 页。

树的影像似乎像芙蓉树。

唯主学说的持有者认为,在上面的命题①、②、③之中,有一个共有的认知成分,即命题④。这一共同成分可以作为知识论的出发点和根据,并对每一种感觉形式加以分析。而金岳霖却认为,在上面的命题①、②、③之中,没有任何共同的认知成分,所谓的共同成分命题④是一种有害的抽象。

分析至此,我们怎么才能再进一步呢?

前进的可能性在于,我们既然不能做这种有害的抽象,那么,就只可能析取地看待命题①、②、③。

什么叫析取地看待这三个命题呢?析取地看待它们又可以得出什么样不寻常的结论呢?

所谓析取的方式是说,既然这三个命题之间没有共同的成分,那么它们就是本质上不同的感觉形式;这样,作为不同的析取项,它们之间的关系就构成一种析取的关系;如果它们之间是一种析取的关系,那么这就说明,有正觉。这可以表示为这样的析取式:

(一)要么,在我看来有一棵芙蓉树在我前面;要么,在我看来似乎有一棵芙蓉树在我前面;要么,在我看来似乎有一个像是芙蓉树的东西在我前面。

或者,我们也可以用这样的析取式来代替:

(二)命题① V 命题② V 命题③

(二)′ 正觉 V 错觉 V 幻觉

第一个析取项,也就是命题①,是指一种正觉下的情况。在这种感知状况中,外物——那棵芙蓉树,是一个必然的构成成分,被包含于其中。而且,就是在这样的正觉关系集合中,我,作为感觉者,才能得到确定的呈现,即"有一棵芙蓉树在我前面"。第二个析取项,也就是命题②,是指一种错觉下的情况。在这种状况中,那棵芙蓉树不在这个感知关系中,而只是在感觉者看来一种可能的情况。感觉者所得到的呈现与他对芙蓉树的确定信念之间有差距。第三个析取项,也就是最后的命题③,是指一种幻觉或野觉的情况。在其中可能根本没有什么树,不过是某个影像而已。感觉者对是否有一棵芙蓉树的呈现完全不能确定。这个情况其实与第二个析取项所表示的情况有类似之处。因此，我们就可以把这个三项的析取式，简化成一个更清晰的两项析取式：

（三）（在我看来有一棵芙蓉树在我前面）V（在我看来似乎有一棵芙蓉树在我前面）

这是一种最为简明的析取式。尽管它可能把析取的效果表现得不是很明显，不过仍然具有同等的力量。实际上它还可以被加以改进，以得到一个效果明显的二项析取式，只是还需要添加一些额外的说明。我们都知道，知识是以命题形式出现的，而任何一个知识命题所表达的意义，其实是一个命题态度，或者说，是知识者的信念。当然，不是每一个信念都能成为知识信念。只有那些可以获得恰当的理由支持的信念，才有资格成为知识。而不能获得恰当理由支持的信念，自然很难成为知识。这样一来，一个命题或一个信念，是否有资格成为知识，也就是是否能得到恰当的证实，在于它是否能得到足够的理由支持。提供恰当理由的行为，就构成一种知识行为。从这个角度，我们还可以再给予上述析取式（三）以另一种形式：

（四）或者，我处于这样一种状态：我看见那棵芙蓉树，这使我在一个立场上可以知道那棵芙蓉树，由此我得到一个不可挫败的理由相信有那棵芙蓉树；或者，我处于这样一种状态：仅仅是在我看来似乎是一棵芙蓉树，这使我没有理由，不能得到那样一种立场去知道有那棵芙蓉树。

析取式（四）的第一个析取项就是金岳霖的正觉下出现的情况，而第二个析取项是指其他有问题的感觉形式如错觉或幻觉等等之中会出现的情况。第一个析取项的命题态度获得了确证的理由支持，而第二个析取项没有受到足够的支持，因而不能成为知识信念。

当然，析取式（四）已经吸收了当代知识论的复杂理论内涵，而没有了原来的那种朴素形式。不过，就其实质而言，这几种析取式在知识论上的意义都是相近的。

以析取的方式看待各种感觉形式，前提在于把它们看成本质上互不相同的几个项，而它们合在一起又可以穷尽地描述感觉形式。在金岳霖看来，像正觉,错觉和野觉这三者,就正好构成这样一种关系,它们是对官觉的分类。同样,像官觉,幻觉和梦觉这三者,也一样,是一种对觉的描述。这两个层次的区分,都可以分别地构成一种析取的关系,都可以析取地被看待。或者,即使单纯根据感知对象的状况来区分,得到正觉,错觉和幻觉这三者,也可以构成一样的析取式。

需要注意的是,感觉形式的这些区分都是经验上的区分,而不是逻辑上的区分。经验上的区分是说这些感觉形式在经验上都是不同类型的感觉形式,有着经验上的明显区别。不论它们是否在本质上相同,起码它们都具有各自不同的经验内容。而逻辑上的区分就像官觉与非官觉,正觉与非正觉这样的分类,是不能形成我们这里的这种析取式的。因为,这种区分作为一种逻辑区分,二个区分项相互之间虽然具有必然的逻辑上的析取关系,但却不是我们这里的经验上必然的析取关系。这当然有着根本的不同。逻辑上的区分不能给我们任何经验内容和经验差别。

唯主学说的特征与析取法就完全不同了。他们对待不同的感觉形式用的方式在某种意义上也可以类比于合取的方法。以合取的方法看待,感觉活动和感觉内容本质上是可错的,未必包含有正觉的情况。我们可以用这样的合取式来表示唯主方式的立场:

(五) 命题① ∧ 命题② ∧ 命题③

(五)' 正觉 ∧ 错觉 ∧ 幻觉

或者用另一种简明的二项合取式:

(六) (在我看来有一棵芙蓉树在我前面) ∧ (在我看来似乎有一棵芙蓉树在我前面)

那么,对经验当中的各种感觉形式,分别以析取或合取的方式对待,究竟有什么特别的意义呢? 或者说,以析取的方式看待感觉的各种形式,怎么就能给予正觉之存在一个恰当的说明呢? 而以合取的方式看待,怎么就会有问题呢? 这是我们需要特别解释的。

就一般命题逻辑而言,在上面的不相容的析取式(一)、(二)、(三)、(四)当中,只有一个项真,则该析取式才真;有一个项假,而该析取式未必假。只有当两个项都假或者都真时,该析取式才是假的。而在合取式(五)

和(六)当中,只有各个合取项都真,该合取式才真;只要有一个项是假的,或者各合取项都是假的,该合取式就是假的。

相应于在析取或合取的情况下各项的不同关系及其真值状况,如果给出知识论上的说明的话,可以是这样的:在析取的情况下,例如在析取式(三)中,我要么就确实看见了那棵芙蓉树,那棵芙蓉树也是如我实际所见,要么我的看见与实际情况就不一样,可能发生了错觉或幻觉。这两种情况一定有一个是真实状况,也只有一个情况是真实的,那么,该析取式也是真的。它们两个不能都是真的,也不能都是假的。否则,该析取式就是假的。也就是说,只能有一种情况出现,也必然有一种情况出现。感觉活动既然发生,那么总是有某种感觉情况出现,要么是正觉的情况,要么就是其他情况。因此这两者不能都假。两者也不能都真的情况是说,我不能说既看见了那棵实际的芙蓉树,又好像不是这种情况。这其实无非是说我对那棵芙蓉树的看见并不那么确定,无法给我充分的理由让我有"看见了那棵芙蓉树"的信念。而这无疑可以归为第二个析取项的情况,也就是出现了某种错、幻觉的情况。

而在合取的情况下,例如合取式(六)中,即使出现某一种感觉情况,也并不能使该合取式为真。只有在两种感觉情况都出现时,该合取式才是真的。可是,怎么才能使这两种感觉情况同时都是真实的呢?我们刚刚说过这无非就是出现了某种错、幻觉的情况而已。可是这样又仅仅能归为一种感觉情况是真实的。而那并不能使该合取式成为真的。那么,还有另一种可能也可以做到这点,就是有某种特殊的感觉情况是真实的,而这种特殊的感觉情况能使该合取式中的那两种感觉情况都真。这是什么意思呢?其实,这无非就是说另外又有了一种独特的感觉情况,是在合取式中的那两种感觉情况所共有的。无疑,这就是所谓的在它们之间提取出的一种共同的成分来。而这个共同成分还能是什么呢?那很可能就是我的某个视觉影像,即我看到了我的类似芙蓉树的视觉图像。以这种方式可以说这两合取项同时都是真的。显然,这就是唯主学说所通常采取的解决方式。

但是我们可以看出,唯主方式所诉求的那种特殊的共同感觉状况,其实是引进了一种与我们日常所说的那些感觉形式都不同的东西。这种东西实际上在生活中并不存在,那不过就是金岳霖所批判的"有害的抽象"而已。

这与柏拉图使用另一个世界的理念作为解释现象事物的根据的办法,事实上是如出一辙的,没有任何区别。对此,金岳霖说得很清楚:"单独的呈现或只能是呈现的呈现或不能同时兼是外物的呈现,是有害的抽象;经验上没有这样的东西,经验上虽有不同时兼是外物的呈现,然而的确没有不能同时兼是外物的呈现。"①

由于采用合取的方式看待感觉状况,唯主学说的理论往往可以导致一个最为荒谬的结论,即他们总是认为,因为在经验中存在那种错觉或幻觉的情形,而它们在本质上与正觉都是一样的感觉形式,没有根本的差别,因此,基于此点,经验本身可以说就是可错的,经验知识也是可错的。比如说,我即使对那棵芙蓉树"看见"或"知道"了,却没有必然的理由保证这点,很可能这也是一种错觉。我确实经常有搞错的时候,不是因为我本身的感觉状态很差,比如偶尔发烧导致的神情恍惚之类,就是因为当时的视觉环境很糟糕使我无法清晰地辨认出那个景象,比如我离那棵树很远或有雾之类。可是,唯主学说把这种情况看作是普遍的,于是得出结论说经验知识从总体上来说,或者从本质上来说,都是可错的。这种荒唐的推论结果现在几乎成为了人们的常识观念,即人们对自然的认识从总体上说就是可错的,未定的,需要不断进一步改正的等等。在金岳霖看来,这种推论就是他认为的真正有害的抽象,是完全误导性的。从有错觉或幻觉,就认为经验知识都是可错的,这其中的关键就是以合取的方式处理感觉的性质。或者,用一句非常通俗的话讲就是以偏概全。这意思是说,他们认为,有某种情况可能出现,那么整个情况看来就都是如此。有的时候看不清那棵树,就认为对树的感觉不可能是确证的,无论什么时候都必然有错误的可能性存在。这种抽象就导致了我们一直在感觉问题上所存在的根本错误,也是唯主方式得以产生的主要根源之一。

那么,唯主方式这种抽象的结果与金岳霖得到共相和共相的关联是不是一样的呢?答案当然是否定的。因为,金岳霖的共相是外物的秩序,是外部世界本来就有的理。当外物的客观的秩序作为所与被感觉者所感觉到之后,才能成为感觉者内在的事实,并进而形成知识命题。而唯主方式的抽象

---

① 金岳霖,2000(a),第 170 页。

却是仅仅发生在感觉者之内,还没有任何外物被接收进来。也就是说,没有外在的事物秩序被感觉者所得到。唯主方式所抽象的,只是感觉者主观之内的感觉内容,没有任何客观的成分。因而,他们的抽象,与金岳霖的抽象完全不同。即一个是主观内的抽象,而另一个是对客观外物的抽象。这两种抽象所得的结果其性质因而也就完全不同。即一个所得物是主观的,是感觉者自己的此时此地此一片色,而另一个所得物是客观的,是外部世界本来的理,是客观的秩序。之所以有这样的差别,就在于唯主方式的合取抽象使他们没有正觉。或者说,在他们做抽象之前,正觉没有合法的地位,即他们的抽象是先于正觉之有的。这个"先",不仅是指在时间上,而且也是在逻辑的意义上。在时间上的先,是说他们在抽象之后,得到一种共同的成分,然后再去确定正觉。在逻辑上的先,是说对他们来说,只有经过抽象之后,以所得到的共同成分为根据,才能确定是否有正觉。这个秩序对唯主方式来说,是本质性的。而对金岳霖来说,这个秩序则刚好相反。正觉在金岳霖是根本性,所有其他的一切都需要在正觉的条件下才得以成立。正觉是其他感觉形式的基础,也是进行客观抽象的前提。所与只有在正觉的情况下才能得到,而在其他任何情况下,所得到的也不是所与,而不过是错觉或幻觉之类的产物而已。这也是金岳霖的析取法与唯主方式的合取式的根本区别所在。

也正是在上述差别的意义上,金岳霖的析取法使怀疑论成为可理解的怀疑。而在唯主方式的合取法下,怀疑论如何被理解都是一个问题。例如,当我怀疑说:我所看到的可能不是那棵芙蓉树。而这无疑需要有正觉的前提,即我知道有那棵芙蓉树。否则,我怎么能问出这样一个问题呢?

让我们再想想笛卡儿的怀疑,因为这在知识论上是值得特别对待的。我怎么知道我不是在做梦呢?笛卡儿问。那么,他究竟是在问什么呢?他并不是怀疑我们可以按照某种秩序来校对感知状况,而宁愿是怀疑我们怎么会有那种校对的能力。这历来是令人头痛的怀疑。它质疑任何"知道"的根据,即我怎么能把某种情形说成是那么种情形呢?这本质上就是理性的能力。而所谓的理性,其实就在于按一定秩序归类我们的观念或表象或所与。体现在感知上,这样的怀疑同样有效,那就是,我怎么能把某种感觉当成是某种感觉呢?它不能诉诸于某种理由,因为能使用某种理由以支持某个观念的行为已经蕴含了那样一种理性能力,而这当然是一种循环论证。这也质疑了康德的"统觉":统觉怎么会有那样的能力,使得我的表象必然地去伴随我思呢?这个怀疑当然也令休谟很困惑。在他看来人可能有那样的先天能力,即当需要时随时可以选择某个恰当的观念,或把某个观念与另一个观念放在一起。可是他不能承认什么先天能力,而只能认为这或许只是生物本能的"习惯"而已。在笛卡儿和康德都把这种能力当成是心灵的先天的能力,而休谟是以"自然的"的方式看待,不承认先天之说。那么,这样的能力究竟是怎么可能的呢?自然主义是当今英美哲学界的主流思潮,即跟随休谟,认为只能以自然化的方式去看待,那不过是生物体的功能或随附的某种状态而已。但是这种看法的问题在于,这种能力的反思或意识或情感或意志等等方面,似乎是用生物体的功能或随附状态不容易解释掉的。而且,以某种方式来解释自身,无论如何都会有循环的存在,或者有不可被解释掉的地方。可是,另一方面,如果把这种能力看作是独特的,完全不同于生物体的物理或生物特性,那么,这两者之间的关系究竟如何理解,也是一个异常复杂的问题。我们这里没有必要详细地分析这个怀疑论所具有的各种知识论的含义,因为那涉及的问题的确过于复杂,而那并这不是我们现在的任务。我们只要知道,这看来似乎是一个无法解决的难题。起码自笛卡儿提出之后的近三百年里,这个问题并没有得到很好的回答[①]。但是,这个传统的困境,在金岳霖的正觉关系下,可能可以有一个新的理解。

让我们再重新看看上面的命题①、②、③:

① 在我看来有一棵芙蓉树在我前面。
② 在我看来似乎有一棵芙蓉树在我前面。
③ 在我看来似乎有一个像是芙蓉树的东西在我前面。

所谓的怀疑论,正是由于在现实中经常出现命题②和③的情况,导致人们认为,我们的感官感觉是经常出错的,没有必然的理由让我们知道有命题①那样的情况出现,我们似乎无论如何不能单单依靠感官知觉得到确定的理由认为自己确实看到了那棵芙蓉树。这样的怀疑看来是很正常的,甚至

---

① 见 Barry Stroud,1984 年。

自古以来就成为怀疑论者所经常引用的情况。不过,究竟如何还有待分析。

在金岳霖看来,我们应该析取地看待这三个命题。这样的话,这三个命题是各自独立、完全不同的种类,相互之间不能否定。在这种情况下,正觉得以可能。也正是在这种情况下,一般的知觉怀疑论才具有可理解性。因为,只有在我知道有一棵芙蓉树的前提下,我才会产生怀疑说其他情况是不是类似于这种真实的情况。有正觉和错觉的存在,让我们产生在这两种情形之间有混淆的可能出现的观念。单纯仅在一种情况下,是不可能做出怀疑的。这是析取法给予怀疑论之所以是正常的和可理解的问题的根本基础。

可是,在析取方式下的正觉不仅仅只是解决普通的知觉怀疑论,它还导致另外一个惊人的效果,那就是,它使唯主方式的抽象变得毫无价值。因为,如果说上面的命题①、②、③当中有一个共同因素的话,那么这个共同因素与其说是我看到了我的某种视觉图像,不如说就是看到了真正的外物。换句话说,这三个命题其实都是正觉!当然,这需要解释。

在命题②中,那是错觉发生的情况。我所看到的,与实际的情形有差异。那可能是棵梧桐树,也可能是一个假的树或装饰的圣诞树,还可能是一个画着树图案的墙壁。确实有某个树的影像,只是我看不真切,以为是芙蓉树,而实际上并不是芙蓉树。我的视觉图像模糊,以至于我的判断自然也发生了偏差。当然,这里所说的错觉并不仅仅是说判断所出现的错误,就像一半在水中一半在水外的直棍一样,它给人的感觉就是弯的,尽管它本身确实是直的。我们不否认有这样的情况,这确实是日常生活中时常会出现的情形。我们只是说,那个命题②究竟是什么意思:在我看来似乎有一棵芙蓉树在我前面。这样的陈述本身完全没有问题,它只可能是在正觉的立场上做出的。我看到一个 X,而这个 X 很像芙蓉树。很明显,在我这么说时,这个 X 就是指的外物,而我所意味的或心中所想到的那棵芙蓉树,也同样是指外部的芙蓉树。我所期待着是我看到的这个 X 就是在外的那棵芙蓉树。尽管我会在心中产生一个内部图像,然而我所看到的和我所指的都是外部实物,而不可能是内在的图像。正是在这一意义上,命题②完全是一个正觉的实例,而不是错觉的实例。因为这个命题要么是我在事情发生之后经过校对才说的,要么是我知道我的视觉会出现差异才这么认为有一个"似乎"的可能性的。没有意识到可能的错觉的存在,怎么会做出这样的推测性判断呢?我们的意思是说,在命题②中,感觉者对错觉的判断是在正觉下做出的。或者说,感觉者的那个模糊影像同样也是外物。可以看到,即使是在命题③的情况下,也同样如此。

不过,唯主方式的理论家会说,还有另一种情况,那就是命题②或③是为了说明有错觉或幻觉的情况才这么说的,而实际情况可能是感觉者当时的判断完全是肯定的,例如即使在错觉或幻觉的情况下感觉者也会说:在我看来有一棵芙蓉树在我前面。也就是说,感觉者当时的判断与正觉的命题①一样,可实际情况却并非如此。这样的话,这三个命题似乎可以全部变成一个命题,即命题①。在错觉或幻觉的情况下,后两个命题就是错的,与实际情形不符。这当然是很可能的,我们总是以为自己看到了什么景象,而实际上却不是这样,就像在梦中似的。可是,当我们问出这样的问题说我们是不是在做梦时,这疑问本身的逻辑就是正觉的表现,即感觉者认为当前所感觉到的不是实际的情况。而如果没有正觉之下的实际情况,或者,没有他对某种实际情况的某种认识,那么,他怎么能问出这样的问题呢?即使他处于梦中,也是因为日常我们有正觉和做梦的情况区别,才导致做梦者可能产生那样的疑问。设想一下我们仅有一种感觉形式的情况。那是不会给我们任何怀疑的。因为我们怎么来进行某个怀疑呢?这成为了不可能的事情。我们只能是有了正觉,然后再出现某种感觉差异,给我们机会以正觉进行校对才发现有另一种感觉情况。这正是知觉怀疑论的来源。而在知识论上,也正是因为在某些时候我们从实际情形中得到了理由认为事物是怎样的,而某些时候我们没有得到足够的理由去这么认为。不论哪一种情形,都是以正觉为前提的。

事实上,正是正觉本身才使我们知道有错觉或幻觉的情况,因此才使得命题②或③能够成为真的命题。这意味着,不是另一种共同的视觉使得这三个命题为真,而恰恰是正觉本身,使得它们为真。即使是在合取的情形下,也是如此。因此,我们完全没有任何必要去寻找某个它们共有的成分,以使得这个合取式为真。正是正觉本身,使得这样的合取式为真的。然而,正觉又只能在析取的方式下才能得到。正是通过析取方式下的正觉,几乎任何怀疑论才是可以理解的,才是有意义的问题,也才是可以有答案的。这个答案就是，在感官知觉上，我们以正觉校对其他感觉，以正觉所得到的秩序校对其他感觉中的秩序。而在知识论上，我们也是以在正觉下得到的理由，认为有事实的情况，来校对其他理由，看看是否可以得到事实的情况。而如果不在正觉的情况下，那么，怀疑论的问题几乎是不可理解的，是没有意义的问题，因而也不可能有任何恰当的答案。这也是析取法使我们对怀疑论的怀疑有了解决的可能。

析取法之所以可以使我们穿透怀疑论的怀疑，是因为它能够让我们渗透过"知觉的帷幕"，或"观念的帷幕"而达于外部实在。而这种渗透的方式是需要我们特别注意的。之所以把它叫做"渗透的"方式，是因为，首先，它没有诉诸感觉之外的因素来帮助我们超出感觉范围。这是柏拉图主义的典型方法，即另外设想一种该范围之外的某种确定性作为各感觉形式的根据。这是最常见的所谓形而上学式的超越法。但是外在的理念的合法性本身会成为疑问，而且它又是如何作用于感觉经验之内则也是个问题。析取法不寻求这样的理念，而是坚持在感觉范围之内来解决如何超越的问题。其次，它又不是完全局限于感觉范围之内，而是给出了一种超出经验范围的可能。这与彻底的经验论完全不同，在知识论上也与那些融贯论者完全不同。他们把任何超越的想法看作是非分的妄想，是以为有另一个外部实在的幻觉。他们认为我们应该满足于经验范围之内，所有的一切以经验本身为根据，而不寻求任何形而上学的梦想。

析取法本身并不必然地要求我们超出经验之外，然而它可以帮助我们做到这点。在析取的方式下，我们有正觉，也就是可以超出单纯的感觉之外，而达于外在的事物。这是析取法最为神奇之处。它既然仅仅依据各种感觉形式本身，可是却能超越出感觉范围之外，这究竟是怎么做到的呢？关键就在于，正是通过以析取的方式看待各种感觉形式，使得正觉得以可能。而在正觉的情况下，我们的感官感知可以直达外部事物。这中间没有什么循环论证，因为析取只是对待感觉形式的一种方式，而不是以有正觉为前提的。因此这样的推论不构成循环。那么，在正觉中的外部事物不也是在经验之内吗？没错，在正觉中的事物确实是在经验之内，然而它又不仅仅是在正觉之内，它本身还是外在于经验的。它有这样两种位置，既可以在内，又可以在外。

以上我们对金岳霖在感知问题上的析取的思想进行了大体的介绍和解释。当然,他并没有明确形成这样的析取式,而仅仅是在他的各种相关论述中,体现了析取的思想。他的析取思想中最核心的一点也是析取法的最主要特征,那就是,在正觉与其他感觉形式之间,既不存在某种普遍的感觉类型作为一个共同因素来解释它们,也不存在一个特殊的感觉状态是这两方面都有的。我们通过对他这一思想的提炼,分别得到了上面的析取式与合取式的不同解释模式。在哲学上,析取法本身还不是一个非常成熟的理论,因此在上述分析过程中难免还存在着这样那样的问题。不过我们相信,经过不断的讨论,析取法的独特作用会逐渐得以明晰的。

在感知问题上,或在知识论上,金岳霖可以说是最早一个提出这种析取思想的哲学家。大约过了二十多年,一个英国哲学家辛顿(J. M. Hinton, 1923—2000)才开始使用析取法来反对感知上的因果理论①。后来在麦克道尔(John McDowell,1942—)影响深远的文章中析取法被正式作为一种哲学方法加以运用之后②,这才逐渐广为人知,并被运用于其他领域,如心灵哲学、行动哲学或形而上学等。当然,在得到许多哲学家赞同的同时,它也引起了许多质疑或反对。一般的质疑集中在关于感官感知问题是否可以恰当地应用析取法,或析取法又是否真的能够成立等等问题上③。其中最有影响的反对文章是伯奇(Tyler Burge,1946—)的《析取与感知心理学》④。现在让我们来简单分析一下他的反对意见。

伯奇在奥斯汀(John Austin,1911—1960)的《感觉与被感觉物》就发现有析取法的思想(不过这一点并不很明显)⑤。在他看来,所谓析取法,是说确证的感知(相当于金岳霖的正觉)是在一个感觉者与一个对象之间的一种关系。如果说有两个感觉情况发生,感觉对象虽然不同,然而感觉者却无法在现象上区分它们时,这两个感觉仍然是本质上不同的。或者说,没有一个共同的特别的感觉状态可以用来解释和说明这两个感觉的发生。即使在

---

① 见 J. M. Hinton,1967 年(a),1967 年(b)。
② 见 John McDowell,1982 年,1986 年。
③ 见 Adrian Haddock and Fiona Macpherson,eds. 2008 年。
④ 见 Tyler Burge,2005 年。
⑤ 同上,第 73 页。

一个感觉中有对象,而另一个感觉中对象很不同,甚至根本就没有任何对象,也仍然如此。他认为,在经验心理学中,有共同的表象可以用来解释这些不同的感觉情况。因此,析取法是错误的。他区分了两种表象,一种是结构性表象,即在心理、认知、表象能力和事件当中,有共同的结构基础;另一种是场景性表象,即随着感知环境不同,而有着个别的、实际的、语境的具体特征①。

在伯奇看来,感觉的本质就是表象,这些表象是可错的。当一般的日常感觉发生时,即使那些场景性表象完全不同,可是结构性表象还是很类似的,可以用来说明不同感觉情形的发生。这些表象都是非概念性的,尽管它们有内容,是可错的,或有确证的,有非确证的。这由感知环境的正常性、感官功能的正常性、表象理论、关于正常性的标准理论等等来决定。这说明一个经验感觉活动的解释,即有场景的因素,又有理论的选择因素,是一个经验性问题。他强调的意思是,一个感觉状态部分地是被动的,部分地是主动的。说它是被动的,是说它需要依赖感觉对象;说它也是主动的,是说它对感觉对象性质的表象方式,还依赖于感觉者以往的其他表象,和感觉者以往所形成的类似的表象方式。他还认为,感知表象的内容即有一般的也有个别的因素,尽管不是命题性的②。感知就是对周围事物的分类或归纳,得到某些类型化的抽象表象。因而感知对环境或感觉对象的依赖不是必然性的。在那种已经形成了的类型化的表象中,就可以没有它本来应该有的感觉对象③。

由此,伯奇通过对视觉实例的详细讨论,提出了一个感知的"相近原则",即:假定感知者已形成一个心理的集,那么,在感知系统中如果没有官能损坏或其他干扰的情况下,一个被给定类型的相似刺激,将与相联的外部输入和内部输入一起,也会产生一个给定类型的感知状态④。这就是说,对一个新的感知状态的解释和说明,只需要根据以往所形成的感知类型,加上现在一样的感知输入,如果没有其他异常情况的话,那么,这就足够充分了。

---

① 见 Tyler Burge,2005 年,第 2 页。
② 同上,第 6 页。
③ 同上,第 9 页。
④ 同上,第 22 页。

新的感知状态不论它的感知对象如何,只要是在感觉现象上感觉者不可区分的,那么,就是和以往一样的类型。这个原则包含以下几点:第一,一个感知类型是相近的;第二,以往的心理的集;第三,相关输入输出的过程是类似的;第四,感知者不能通过倾向或现象,在感知语境中区分出被替代的对象的差异。正是这样的一种类型化的感知状态可以构成对不同感觉活动的解释因子。而这一点,当然,是那种必须包含外物的析取法所不能承认的。因此,析取法与相近原则是不相容的。而相近原则在实验心理学被广泛运用,即使在常识中也是恰当的。而且,相近原则还可以被用于对经验信念的说明,道理也是一样的。

伯奇也认为,现在的感知表象理论与传统的"观念的帷幕"是根本不同的。他的表象不构成指称的对象,不是感知上的指称物。我们所能有的第一个指称是环境中的物理实体,而不是表象或观念。对物理实体的指称也是直接的,而不是演化的或意向对象,即是非推论性的①。但是这个表象不因是直接的就是不可错的,所有表象的指称都是可错的。每个表象的内容有不同,就像有很多看待对象的视角一样,不同的表象内容不过是视角不同而已,而不是本质的不同。表象内容也像一与多的关系。这意思是说在各个不同的有差异的表象之间,也能由于一种结构性的关系,而导致它们有一个类似的一般性内容②。这是表象内容在差异中的相同之处。这就是因为表象的结构性因素而使那种相近原则起了作用。

当然,伯奇的观点与析取法是截然不同的。根据析取法,感知活动当中没有各种感知活动都可能会有的内在表象,或像表象式的感知状态,除非我们对这种表象概念另行规定。事实上,这个所谓的表象,就像感觉材料一样。如果它是有实质性认识论意义的,那么,析取法不会承认这个东西,因为那将构成在感知者与外在事物之间的一个中介物,而那是不能令人忍受的。如果说它不是具有实质意义的东西,而不过是经验研究中一个方便的工具,心理学家以此借以来评估或分析感知者的各种感知状态的差异情况,那么,这是无害的,没有人会去反对它。析取法之所以认为在确证的感觉活

---

① 见 Tyler Burge,2005 年,第 30 页。
② 同上,第 41 页。

动与那些非确证的感觉活动之间,有着本质的差异,没有一个共同的因子,就是因为不能承认在感觉者内部有一个实质性的东西,会构成感觉者对外在事物的感觉是本质上间接的,或带有中介质的。那样的话,就使得我们对外部事物的认识很有可能是不可能的了,必然会出现一个"帷幕",而不管你把这个帷幕叫做什么,观念的或表象的或感觉材料的等等。这即使是伯奇自己也同意的。

如果说在感知者内部有一些什么东西,比如输入输出的加工过程之类,根据析取法,那并没有关系,因为那不能构成为认识论上有意义的独立的成分。只要我们承认有能够直接感觉到外部事物本身或其性质的时候,那么,就说明没有什么共同因子是所有感觉活动所共有的。这样,析取法就是必然正确的。无论伯奇应用他的相近原则也好,或结构性表象也好,都不能说明即使通过这类表象我们也绝不能够直接感觉物理对象,那么,就可以肯定析取法是可以适用的。实际上伯奇也同意说感觉者是直接面对物理实体的,第一个指称一般就是物理对象,而不是什么表象。

析取法并不反对说有感觉内容,只是这个感觉的唯一内容就是物理实体或性质。而这些物理实体或性质不是非概念性的表象的,而已经是命题性质的了。这说明在感知者与物理对象之间,并没有实质意义的表象位于其中。当我们说在确证的情况下,感知本身是包含物理实体或性质的。这只是说感知活动本质上是关系性的,而不仅仅是感觉者的内在官能活动而已。那么,既然两个不同的感觉活动的关系项不同,那么这两个感知活动就不同。如果思想根本也是根源于感觉活动的,那么单单思想的意向本性就是不充分地对决定是哪一个对象使思想者所思考的命题真或假,以至于不充分地决定思想者的思想。伯奇对此也同意,因为即使是在承认表象的情况,思想本身也不能是完全自足的,而有部分根据是关于表象所指称的对象的①。这说明,指称一方面依赖感知对象,另一方面也依赖感知环境。而这无疑已经意味着析取法的确定使用了。

析取法反对在各种感觉形式之间做那种"有害的抽象",因为有些哲学家正是以此抽象出的东西作为有实质性认识论意义的实体或状态,即那种

---

① 见 Tyler Burge,2005 年,第 51 页。

观念或表象或感觉材料等等。但是，当然，析取法也并不反对任何的抽象，例如说把各种感觉形式当成一般的觉。这是理论上无害的，因为这仅仅是谈论和研究的方式，而不是当作认识的出发点看待。我们需要留意这里的区别。

关于可错性问题是很重要的，这也是很多人容易对析取法产生误解的地方。析取法虽然认为说，在确证的情况下，我们可以直接有外部事物的形色状态，可以得到关于事物的直接信息，但是并没有任何保证说感觉者对外部事物的感觉一定是不可错的。它实际上是说，感觉者对外部事物的感觉确实有很多时候是有问题的，即会出现错觉或幻觉等情况。然而，如果在正常的情况下，在没有出现错觉或幻觉等误导感觉者的情况下，那么，感觉者对外部事物的感觉就是确定的。需要注意的是，即使是在这样的情况下，感觉者对其所感觉到的外部事物的判断，仍然还会有犯错误的时候。这是任何人都不会否认的，是在实际日常生活中经常发生的。对此，伯奇同样有着误解，不清楚析取法所真正确认的究竟是什么。简单地说，析取法不保证任何一个具体的感觉活动是确证的。它只是说，无论怎样，一定会有不被误导的确证的感觉活动存在。理解这种析取地看待经验的方式是很重要的。

伯奇还仔细分析了很多经验心理学中所应用的方法和实例，认为那些实例，尤其是特别应用了视觉的情况，说明可以有一种用来解释各种感觉活动的模式。对此，我们必须强调，析取法并不反对任何经验研究中所应用的分析方法，而只是原则性地反对人为地在感觉活动中设置障碍而已。析取法也不会与任何经验科学的研究相矛盾，因为就像我们上面所说，它并不确定地对某个或某种经验现象有所断言，而是析取地看待各个经验现象的方式。就像形式逻辑中的排中律一样，它可以说是必然正确的。除非有根本不遵守排中律的情况，但是那样的情况我们根本无须考虑。因为在那种情形下，我们的任何思想似乎都是不可能的，更不用说语言了。所以，像伯奇这样，应用经验心理学的研究方式，来批驳析取法，是不可能成立的。当然，这类的反对很常见，不过我们可以看到，他们还都难以见效。

析取法是一种看待各种感觉形式的方式。在这种方式下，一方面，我们可以不需要诉求于感觉之外的方法来评判或裁定感觉本身，因为很可能根本就没有那样的方法。另一方面，我们又可以不必被限制在心灵内狭小的空间之中,不能与外部世界形成真正的直接接触,因为析取法使得通过感觉的各种形式本身就可以"渗透"出感觉范围之外成为可能。所谓析取,本质上就是一种渗透,即事物本身内在的渗透性。

虽然金岳霖尚未清晰地给出一种形式化的析取法,不过我们通过他在感觉问题上的论述和观点,完全可以结论说,他至少有了很清楚的析取思想。而正是他这一析取思想,使得他的正觉关系论有了可能。

金岳霖对他的析取思想在哲学上的意义实际上是很清楚的。那使感觉者与自然事物之间有了可设想的合理的直接沟通关系,使正觉关系论得以有了一个恰当的理论或逻辑的说明和阐释。在这种正觉关系下,心灵或思想就不会被限制在单纯的感官感知范围之内,而能够直接把握自然事物的形色状态了。那意味着心灵或思想是开放的,而绝不是封闭的或局限的。这种所谓"直接把握"的意思是说,一方面,心灵或理智可以直接感知到外部事物特殊的、具体的形色状态,并进而能够把它们的形形色色联结到相应的种种等等的普遍的共相或共相的关联之中。那种把特殊呈现归类到普遍的概念或概念的图案之中的能力,正是心灵或意念的抽象能力的体现。在正觉的情况下,这种抽象能力的运用无疑是正觉关系集合得以形成的最重要内容。另一方面,自然事物也可以直接成为感觉者形成信念或知识命题的恰当的理由或根据,而不因为由于是物理客体就没有任何认识论意义,或者就构成对心灵或思想的一种外部限制。

尽管如此,对析取法是否能够成立,看得出来他在写作《知识论》时似乎并不是感到很明确。这从他在该书中翻来覆去地讲解这一思想及其应用就可以发现。他很谨慎,力求析取法能够得到恰当的说明或论证。或许这一思考过程从他在 30 年代末一写完《论道》一书时就开始了。在那本书中,析取式是构成世界的两个本质因素之一,而且还是其中最根本的。因为它决定了世界的形式和特征,决定了世界的结构和运行的方式,甚至还决定了世界的存在状况。尽管那作为一种形而上学体系可以有这样的先天设定,不过析取式与能的结合产生世界的说法,究竟有什么实在的理由或逻辑的根据,还是大为可疑的。在那本书中金岳霖并没有详细说明或论证析取的式作为世界根据的理由,也没有对析取的式的来源或身份加以过多的辩解。这种情况也同样表现在《知识论》一书中,甚至,也同样表现在他最后的一部哲学书《罗素哲学》之中,尽管他在这三部书中都非常鲜明地运用了析取的方法。

在《论道》中,金岳霖的析取法与《知识论》中的析取法很不相同,因为那被应用在了一个纯粹的形而上学系统中了,式是作为一种先天的本体形象出现的,具有实质性的形而上学性质。这样的使用在哲学上是很难得到认同的。在《知识论》中,析取的式不是一个实体性的角色,而是作为一种逻辑方法被应用在了对感知经验的分析处理中。这样的使用不脱析取法的本色,更容易被接受。类似地,在《罗素哲学》中,析取法也同样是被运用于感知经验问题上。正是在对罗素的感觉材料的分析批判中,金岳霖已经可以熟练地使用析取方法了。以至于我们有时候甚至会产生错觉,那就是在《罗素哲学》之中,当金岳霖批判罗素的认识理论时,他的理论目的究竟是为了保存自己这难得的哲学贡献,因此才勉强地假以其他名义去批判罗素,还是真的在以其他理论这么做。或许在那个时代的背景下,这样的两个目的都有也未可知。不过,很清楚的是,在《罗素哲学》之中他对罗素感觉材料理论的批判,不管是以什么名义在这么做,其事实上所使用的方法确实包含了十分成熟的析取方法。我们可以很明显地发现其中那些观点与《知识论》中的很多观点,都是一脉相承的。

在《罗素哲学》中,金岳霖由于某种原因而没有使用"正觉"这一概念,而是用的"感觉"。但是需要注意的是,这不是我们一般常识中所说的随意的那种"感觉"名词,而是指的"正确的官觉"①,其实就是他在《知识论》中的正觉。正确的官觉是感觉,而不正确的官觉就是错觉②。他认为,那些唯主学说(在这里他们变成了"唯心主义"。尽管前者主要是指认识论上的主张,而后者主要是指本体论上的主张。不过他们的那些主张往往被贯彻在这两个领域之中,因此对我们的讨论影响不大,我们这里不必去做区分。)"大都把感觉、错觉、梦觉、幻觉看成是属于'觉'类的不同的'种'"。但是"其实感觉和错觉都是官觉的子类。一类正确,一类不正确而已"③。把感

---

① 金岳霖,1988年,第124页。
② 同上,第143页。
③ 同上。

觉和错觉看作本质上不同的两种感觉形式,这已经是明确的析取思想了。

错觉在知识论上起了一个非常关键的作用,这是被大多数哲学家都忽略的。或者更准确地说,它并不是被忽略,而是下意识地被接受为一个必然的限制因素,在感知经验之中被当作前提性状况,甚至还是对思想或心灵的一个必然约束,当然也是对信念或知识的一个相应条件。这我们在前两章中都详细地介绍过,自达·芬奇这样的艺术家,或者牛顿这样的科学家,或者笛卡儿这样的哲学家(当然,这些称号对他们来说是可以兼而有之的)以来,错觉就被悄悄地引入哲学之中,成为一个必须被考虑的限制性因素。这种考虑在笛卡儿的深思中达到了顶峰。自此之后,人们对感知经验的看法,或认识论的看法,或知识的看法,都与错觉问题紧密相连。似乎正是由于错觉的存在,导致人们产生很多潜意识的观念,即感知经验本身就是可错的。没有什么正觉的可能,所有的感觉所得都可能与实际情况不相符合,都有可能是错误的。人们对事物的看法或认识就是天生有疑问的了,必须通过经验科学的研究来加以校正或修订。这无疑就是自然科学获得至上权威的一个重要原因。而同时,经验知识也是可错的,没有绝对正确的知识存在。说得更彻底一些就是,我们对周围事物是怎样的,对世界的状况如何的看法,都是不确定的了,没有消除怀疑的可靠的经验根据使我们可以乐观地把握自己的命运。对此我们后面还会讨论,这里不做过多论及。我们只需要知道的是,正是关于错觉的顾虑,一方面,使笛卡儿放弃经验的基础转而寻求心灵或理智的原则,以获得确定的解释事物是如此这般的根据。而另一方面,那些不喜欢形而上学的哲学家就干脆秉持一种鸵鸟政策,完全不敢正视经验之外的事物或事实,而仅仅满足于被局限在经验感知的现象范围之内。"在历史上,这个错觉问题,成为了不可克服的困难"①。在他看来,这两种倾向在哲学上都是有害的(我们后面将要重点讨论)。事实上,对金岳霖来说,他之所以能够在理论上指出这些有害倾向的根源,就在于他已经可以恰当地运用犀利的析取思想作为武器了。他说:

> 罗素所谓的感觉是和梦觉、幻觉、错觉混淆不清的。——在正确的

---

① 金岳霖,1988年,第144页。

感觉论或感觉映象论中,感觉映象是对作用于感官的客观物质事物在形色状态上的正确的反应。按照这个正确的说法,只有在感觉中才有感觉映象,在梦觉、幻觉中不可能有感觉映象。罗素的所谓感觉材料,在地位或身份上是相应于感觉映象的,它也应该只是在感觉中才存在的。但是,罗素没有这个限制,也不可能有这个限制。这个限制是根据感觉的特点而来的,罗素既然抹杀了感觉的特点,他也抹杀了这个限制。梦觉是有梦象的,幻觉是有幻象的,它们都不是感觉映象。罗素所谓的感觉材料没有感觉映象的本质特点,它和梦象幻象就分别不出来了,它们都是悬空的"象"了。这样一来,梦觉和幻觉的内容都是感觉材料了。感觉材料是感觉、梦觉、幻觉所共有的。它们原来应有的本质分别被罗素抹杀了。混淆就在这里。罗素把这些本质上不同的、不应该混为一谈的事情混为一谈了。罗素是要找这些事情的分别的。可是,罗素在抹杀本质分别之后再去找分别,根本不可能得出正确的认识。①

罗素的这种做法在哲学史上是非常常见的,那就是把正觉与其他的感觉形式如梦觉、幻觉或错觉看成一类的,具有某种共同的成分。这种做法在我们日常的生活中似乎是无害的。可是在理论上,就导致他们力图去寻找那个共同的成分以获得对感知经验的恰当理解。像早期的观念、印象或表象,后来的感觉材料、感质或感素、所与等等概念或范畴,就都是这种理论目的和举动的结果。而在顾虑错、幻觉的前提下,这些概念或范畴就起到了一个处于感官感觉与自然事物之间的认知中介物的作用,从而使我们对外部世界的认识再也不能是直接的了。在金岳霖看来,这些共同的"象",就是被那些唯主学说理论家所抽象出来的感觉对象,但是事实上根本没有什么这样的共同的东西。因为,这些不同的感觉形式,从本质上来说,就是不同的,没有什么共同的"象"作为我们认识的中介物实质性地存在。这与他在《知识论》中的观点,是完全一致的,甚至还更明确地多。

在经验科学中,寻求这种表象作为一种研究的工具完全是可以理解的,

---

① 金岳霖,1988年,第153—154页。

没什么不恰当的地方。但是在哲学上，如果我们拘泥于认为，在各种感官感知中一定有一种共同的成分构成我们对这些感知活动的理解和解释的话，那么，这必然会导致这种传统的看法，即心灵或理智所直接面对的只能是一种感觉材料，或观念或表象之类的东西，而不可能直接达到外部的自然事物。也就是说，在心灵或理智与自然事物之间，必然有一个中介物存在作为一种沟通物。只有这样，各种感觉形式才可算是具有共同的形式，可以得到一种一元化的解释和理解。但是这样一来，如果我们确实只能承认人的感知方式就是如此的话，那么，毫无疑问地，心灵或理智就只好被限制在了身体的内部世界之中而无法脱困。如果我们只能承认心灵或理智所面对的只能是表象或观念的话，或各种感觉材料，那么，也必然会认为这些对象与外在的自然事物本身是绝不相同的种类，不能相互沟通。即使我们有着本能的信念，认为心灵或理智应该可以把握客观的物理事物，可是在理论上那是完全无法得到解释的，这就像在罗素那里所出现的情况一样。因此，心灵或理智处于一种唯我论的境地，就几乎是理论上的必然结论。对此，金岳霖无疑是最为反对的。强调心灵或理智的开放性，反对思想会被限制于仅仅内在的领域，不论是在《知识论》中，还是在《罗素哲学》中，都得到了详细的阐述①。

  在感官感知问题上应用析取的方法，可以说是金岳霖最为重要的一个技术性突破。我们都知道就一般来说，我们都可以承认感官感知是我们的经验知识的唯一来源，如果我们暂时不把心灵或理智的抽象能力也算作一种材料来源的话。那么，感官感知就是我们经验知识的界限吗？如果感官感知确实就是我们所能认识的世界的范围的话，那么，这个范围究竟有多大呢？是仅仅在我们的身体所及的范围，感官所受到的刺激范围，也就是感官感知的狭小范围呢，还是，有可能的，无限大呢？这是一个有趣的问题，并不那么容易回答。如果我们不寻求思辨的方式，而是以逻辑或经验的方式，可以解决这个问题吗？怎么能给予思想或心灵的能力一个恰当的描述呢？金岳霖的析取法就是对此问题的一个十分有价值的理论尝试。

  这使他在知识论问题上不会被局限于仅仅感官感知的范围之内，而是

---

① 金岳霖，1988 年，第 140—146 页，161—162 页，164—195 页，214—222 页 240—249 页等等。

可以突出重围，直接达于外部的自然事物。这将意味着许多理论问题面临重大的改观，甚至不仅在哲学理论上，而且也在我们一般的日常生活中的常识性观念上都是如此。例如，笛卡儿那种内、外世界之分的解释模式就是错误的。不存在他所谓的那种心灵的框架作为对思想或心灵的限制。感知问题上的因果理论也将是错误的，因为我们的观念或思想并不仅仅根据于外部的物理客体的刺激。尽管在经验研究中，这样的感知因果理论是可行的，但是其在哲学上却不能构成一个普遍性理论。如果我们与自然事物之间不是那种内外的刺激反应关系，那么，心灵或理智与事物或事实的关系就可以是交互融合的。这使得一种同质的二元论模式成为可能，而不仅仅只能持有笛卡儿式的异质的二元论，也不必一定要持有各种形式的一元论的解释模式。这还将导致说，很可能地，将经验科学的研究方法运用于哲学的思考，就是误导性的。因为，那将使我们局限于特殊的、具体的、个别的事物或事实，而不能合法地得到关于普遍的或一般的任何知识命题。这是经验科学本身的局限性所隐含的前提。心灵或理智本身很可能就是渗透性的，即不会被限制在任何领域，而依靠其本身的力量，就能从某一种类的事物达到任何其他完全不同的种类的事物。或者，更明确地说就是例如，从完全特殊的、具体的、个别的，经过心灵或理智的抽象能力的运用，而转而成为普遍的和一般的。也能从观念或表象等等这些心灵或理智的产物，达到自然的物理个体那样完全非心灵或理智的产物。也能从感知所得，达到非感知多得。如果我们再用更思辨的方式形容的话，还可以说，从有限的达到无限的，从局部的达到全体的。在这种情况下，自然科学的认识事物的方式就未必是唯一正确的，甚至都未必是唯一恰当的。而很可能，我们可以有很多不同的方式看待事物，就像伦理的、宗教的、审美的，或者历史的视角或方式。而这些不同的方式之间，就不会构成相互排斥的或不相容的，甚至相互否定的关系。而完全可以是相互补充的、交织交融的或相互支持的关系。那还意味着我们与自然事物的关系不会是对立的或紧张的，而是也可以成为相互的必然构成部分。我们对自然事物的把握也并非就是不确定的、概率性的或然关系，而也是可以有着相当的确定意义的。这还意味着，如果我们的经验感知可以是确定的，那么，那些认为说经验是可错的，经验知识也是可错的，我们所有的认识都是可错的观念，就是荒谬的了。当然这并不等于说某一条或某些条定理或定律就是确定无疑的,就是不可错的。而只是说,在原则上,我们对事物是怎样的这一问题的把握,可以是确定的,即使这可能是一个无限的过程。所谓的外部事物或物理客体不会构成对心灵或理智的限制,而可以是一种有益的客观支持或内在成分。等等这些方面的观念的改变,与我们对普通的感官感知的态度都是有着密切的内在关联的。而这种改变的可能就是由于析取法的应用所带来的。(这些问题我们后面都还会详细讨论,这里只简单提到。)

这无疑给我们勾勒了一个奇妙的前景。尽管就我们现在的情况说,那还不像是真实的或实在的,而很可能仅仅是童话般的或虚构的情形。的确我们在很多情况下都是有理由这么说的。然而,如果我们只能满足于心灵或理智被限制于某种状态,只能满足于思想能力的局限性或有限性,那么,人类的前景看起来无论如何都将是黯淡的。不论我们把自然本身设想得多么具有可探求性或可屈服性,也不论我们把心灵或理智的能力设想得多么威力无穷不可战胜,这些观念都将只是使人与自然的关系变得更加对立和紧张,而并不会使人的状况好过一些。因此,强调思想或心灵的渗透性或开放性,强调人与自然的这种相互成为必然的构成部分,就可能是我们摆脱人本身的任何局限性,或者能够真正地把握自己命运的唯一希望。

第二节 所与是神话吗?

根据金岳霖的正觉关系论,如果有正觉,那么在正觉的情况下,感觉者就可以得到客观的呈现,即所与。所与就是外物或外物的一部分。官觉者收容和整理这样的所与就可以得到关于外部事物的经验知识。可是,似乎很明显的是,在官觉者收容所与之前,这个所与没有概念内容,仅仅是一个外物的呈现,虽然是客观的呈现。那么,是否有这样的无概念内容的所与呢?如果有的话,它又是怎么起到认识论的作用呢?这样的问题意味着金岳霖的所与理论需要面对塞拉斯的质疑,即"所与是神话"的论断的挑战。尽管这一挑战出现在金岳霖写作《知识论》之后二十年,可是我们仍然应该把他们摆在一起,看看金岳霖的所与思想究竟有没有理论上至今不衰的价值。同时,在讨论这一挑战与应战的过程当中,我们就可以了解金岳霖的所与的本质特征,以及他的所与理论同其他的所与理论的不同之处,从而可以显示出金岳霖所与理论的独有特征,即他的非唯主思想的精神所在。

所与是一种神话,这是塞拉斯在他闻名遐迩的长篇论文《经验论与心灵哲学》中提出来的[①]。在他看来,在认识论中,具有非概念性质的所与完全没有存在的可能。那些诉诸所与作为心灵和外在事物之间的中介物的理论,不过是在创造一个认识论上的神话。在这个神话中,所与具有神秘的能力,既可以是外部实在给予感官感觉的准确表象,又可以是为心灵所能够直接认识的。然而在塞拉斯看来,思想的空间,也就是他所谓的"理由的逻辑空间",是独特的,其中的信念之间构成相互支持从而得以证实的理性系统。这与纯粹自然的以因果律为特征的逻辑空间有显著的不同。在思想的空间中,没有非概念性质的所与的任何地位,而能够起到认识论作用的都是具有概念性质的信念内容。在这个意义上,那种认为非概念性的所与可以具有实质性的认识论的基础作用的知识理论,不过是一个哲学神话,即他所谓的"所与神话"。

经过塞拉斯的批判,所与是一种神话几乎一时成为哲学上普遍被接受的观念。由于所与一般被当作传统基础论的现代形式,因而人们似乎都认为基础论是不可辩护的,难以成立。这样,罗素、卡尔那普、艾耶尔、刘易斯等人的知识理论很快退潮,而奎因、塞拉斯到戴维森式的关于经验知识的融贯论或整体论于是成为英美分析哲学界的主流观念。

塞拉斯的批判看起来把金岳霖的所与也完全包括在内了,因为金岳霖的所与还没有被感觉者的意念所化,也就是说还没有任何概念内容,可是它又在金岳霖的知识系统中起着知识基础或材料的作用。而这是怎么做到的,在塞拉斯看来是不可理解的,因为这正是他称之为所与神话的本质特征。尽管如此,我们后面的分析可以表明,非常意外地,塞拉斯所批判的,恰恰也是金岳霖所批判的;而塞拉斯所坚持的,却不是金岳霖所同意的。或者更清楚地说,塞拉斯所称的所与神话,就是金岳霖所批判的唯主学说;而塞拉斯所提出的解决方式,在金岳霖看来,却并非恰当的办法。

塞拉斯认为,所谓所与或感觉材料,指的就是某种内在事件或内在感觉

---

① Wilfred Sellars,1963,第127—196页。

片断,比如对红色的视觉感觉,或对一棵树的表象之类。在塞拉斯的攻击中,所与和感觉材料这两者是一样的,那些感觉材料理论家正是把感觉材料看作是被给予的。感觉材料是这样的一种语言,他们把"X 在 S 看来是 φ"这样的日常语言,变成了"X 呈现给 S 一个感觉材料 φ"这样的认识论专业语言①。比如说,把"苹果在我看来显得又红又圆",变成了"苹果呈现给我一个圆的红色的感觉材料"。在感觉材料理论家看来,这两种语言下的命题虽有不同的认识论意义,却是等值的。这种人工语言很容易使我们有一种错觉,就是存在有这样的一种理论实体。这一实体的存在,其目的"就在于阐明我们关于物理客体的言述与我们对它的感知之间的逻辑关系"。②而在塞拉斯看来,没有这样的理论实体存在。说有这样的理论实体存在,完全不能给我们一种解释力量,而只能带来认识论上的混乱。

我们在介绍金岳霖对唯主学说的批判时已经知道,那样的一种感觉材料理论,也恰恰就是他所批判的典型目标。根据金岳霖的正觉关系论,"苹果在我看来显得又红又圆",如果一切正常的话,那么这就是正觉的情况下的事实。而把它翻译成"苹果呈现给我一个圆的红色的感觉材料",正是应用了他所批判的唯主方式的结果。那是一种"有害的抽象",就像"我看见我所看见的呈现"而不承认他确实看见了桌子上的那个"洋火盒子"一样③。在金岳霖看来,根本没有什么这样的作为中介物的认知实体存在。金岳霖的所与就是外物,而不是感觉材料。在正觉之中,官觉者与外物之间没有障碍,没有中介物。外物对官觉者的呈现是透明的,开放的,而不是作为一种"衬托物"。我们说有"呈现",那是指当感觉活动发生时会出现的状况,即外物对感觉者有所显示。而在正常的情况下,外物对感觉者的这一显现就是外物或外物的一部分本身,而不是通过一个什么中介之类的实在的东西来传递这一显现的。唯主方式承认的那种主观的官觉现象或单纯的呈现,就是金岳霖的批判对象。而这一点,与塞拉斯所批判的,完全一样。之所以会出现这种情况,其实原因很简单,那就是,塞拉斯和金岳霖所针对的目标

---

① Wilfred Sellars,1963,第 135 页。
② 同上,第 139 页。
③ 金岳霖,2000 年(a),第 169—170 页。

都是同样的一些哲学理论,即像罗素、卡尔那普、艾耶尔、刘易斯等人的知识理论。只是他们二人所见相同,都指出了那种感觉材料理论的致命问题所在。可是,对这类感觉材料理论的批判,金岳霖是早在上世纪的三、四十年代他们正当兴盛之时,而类似塞拉斯那样的西方哲学家的批判却是从五十年代才开始的。

不过,塞拉斯对所与的批判当然还远远不止以上这一点,实际上要复杂得多。那么,金岳霖的所与是不是都能应对塞拉斯的那些批判呢?让我们再继续分析下去看看。

在塞拉斯看来,在知识论上诉诸所与或感觉材料的帮助的那些哲学家,一般会认为感官感觉是直接得到知识的一种形式,即非推理地知道,而所感觉的又是殊相。但是这在他看来却会产生以下的两难困境:

(a)感觉到的是殊相。而感觉不是知道(认识论意义的)。(这样)感觉材料的存在从逻辑上并不蕴含知识的存在。或者,

(b)感觉是一种知道的形式。被感觉到的是事实而不是殊相。①

在第一种情况下,我们感觉到的只是个别的、特殊的东西,还不是关于这些东西的知识。即使得到了所与或感觉材料,还不能说可以形成知识,因为这是"非认识"的。在第二种情况下,如果我们认为感觉可以是形成知识的方式之一,那么我们感觉到的就不会是殊相,而是关于事物的事实,正是通过具有概念性的或有条理秩序的事实,我们有了关于外部事物的知识。但是这样一来就没有什么所与或感觉材料了。这两种情况不能兼有,并穷尽了感觉材料理论家所可能处于的境况。而他们不论在哪一种情况下,都对他们持有所与或感觉材料的观念不利。这是塞拉斯所刻画的所与的基本困境。

金岳霖的所与并不面对这样的困境,因为感觉当然是知道的一种形式,然而尽管感觉到的是殊相的外物,可是在外物的殊相中包含有共相和共相的关联。这是只有在正觉的情况下才会出现的情形。因为,当正觉时,感觉者直接面对的是外物的客观呈现,而对这一呈现的接收本身就已经是概念

---

① Wilfred Sellars,1963 年,第 129 页。

性的事实了。这中间没有其他环节的干扰和传递。也就是上面说的,在外物的客观呈现与概念性的事实之间,没有其他理论实体的存在,是一种认识论上的直接关系。而在呈现与事实之间具有直接性的可能性在于,外物本身具有秩序或理,这正合于意念的图案。也就是说外物的秩序和意念的图案本来就是同一的。这同一的根据就是意念本身既来自所与,又规范所与;既摹状所与,又规律所与;既是经验的产物,又是经验可能的条件。它来自或摹状所与,因此它的图案也就是所与的秩序。它再返回来规范或规律所与,而后来的所与也符合于意念的图案。意念当然不是实体性质的东西,而不过就是心灵或思想的思议能力,是对所与的抽象能力而已。

在金岳霖这里,正是由于意念的抽象作用,才使得外物的呈现可以直接转变为概念性的事实的。只是意念的这种抽象并不是先天的,而是来自于经验本身,既通过后天的"习得"而逐渐成熟起来的。它所抽象出的也不过是所与中原有的那种秩序或理,共相或共相的关联而已。在这种意义上来说,感官感觉到的所与通过意念的整理而成为事实或命题,这既是推理地得到的,也是非推理地得到的。一方面,说它是推理地得到的,是说意念的整理能力本身是经验中所习得的,而且它所运用的概念也已经是在一个意念的联结中,或意念的图案中。意念并不是应用一个先天的范畴来规范所与,而是用一个已经被纳入于概念图案中的概念来收容所与。因此,在这一意义上,意念对所与的整理,是在一个概念图案的背景中进行的。也就是说,是推理地得到的。另一方面,说它又是非推理地得到的,是说它直接来自经验所与,而不需要通过其他概念或概念的图案的帮助。感觉者所感觉到的,如果是正觉的话,那么他直接面对外物,从而直接得到事实。而不论他所应用的可能是什么概念或概念的图案。这是就这种感觉活动来说的。而上面是从其感觉内容来说的。即就活动说,概念或概念的图案与外物的呈现直接衔接,了然无痕,天衣无缝;就内容说,接收此呈现的概念已经在一个概念图案的背景当中①。

当然,根据金岳霖,这一切只有当处于正觉关系集合中时,才有可能发生。而在其他觉中,如错觉或幻觉或梦觉等等,感觉者与外物没有处于一个

---

① 金岳霖,2000年(a),第374—385页。

恰当的关系之中,也没有外物的客观的呈现,没有金岳霖的这种所与。因此,意念的抽象无从抽起,所得的也不是关于外物的命题,经不起正觉的校对。在这种情形下,没有关于外物的事实,因而当然也不可能有关于此外物的经验知识。在正觉的情况下,外物有客观的呈现,这一呈现即是对于感觉者的所与,他可以以意念接收之整理之,形成关于此外物的事实和命题,得到关于此外物的经验知识。这与其他觉中的情况就有本质的不同。

说意念或概念既来自所与,又还治所与,那么,有一个问题是哲学家们经常会争论的,那就是,人们究竟是先有一些概念或概念的图案以应付所与,还是先有经验所与才产生了第一个概念呢?在第一种情况下这些概念看来是先天的了,因为是在经验之前就已经具备了,可是没有经验哪里来的概念呢?而在第二种情况下所有的概念都来自经验,可是当没有概念应付或接收所与时,经验又不可能。这看起来是个难以解决的循环困境。可是在金岳霖看来,这样的问题不需要考虑,完全属于无意义的思辨,就像是问先有鸡还是先有蛋一样。在他看来,这二者是同时发生的,是一个经验形成的历史过程,即是逐渐习得的过程,谈不上谁先谁后。意念的摹状和规律所与的功能就是这种情况,既可以说是先验的,又可以说是后验的[①]。其实无所谓先验后验,总之它是得自所与又还治所与。其中唯一的先决条件就是它只有在正觉之下才可能形成。

塞拉斯提到一种类似于金岳霖的正觉关系集合式的三元关系,比如把"这个西红柿在琼斯看来是红色的"这样的句子当成一种"看起来"或"呈现"的方式,一个是物理对象,一个是观察者,还有一种性质,即"在 S 看来 X 是 ϕ",那么它可以是这样的函数: $R(S, X, \phi)$。塞拉斯对此提出的问题是,这个三元关系是可分析的吗[②]?一般地说,感觉材料理论家的回答是肯定的。他们认为这个三元关系不是基本的,可以用感觉材料来进行分析或解释。而塞拉斯也认为这个三元关系不是基本的,但是他的理由不同。他认为"X 是 ϕ"才是真正基本的。他说:

我一直主张:是红色的在逻辑上是优先的,逻辑上比看起来是红色

---

① 金岳霖,2000 年(a),第 395—403 页。
② Wilfred Sellars,1963,第 141 页。

的要更简单;函数"x 是红色的"逻辑上先于"在 y 看来 x 是红色的"。总之,不能说 x 是红色的要根据在 y 看来 x 是红色的进行分析。①（着重号为原文所加）

这里有三个命题被区分,而它们本质上当然是不同的。究竟哪一个是最基本的解释根据,在塞拉斯看来是非常关键的事情：

(1) X 是红色的。或者:$R(X,\phi)$。
(2) 在 S 看来 X 是红色的。或者:$R(S,X,\phi)$。
(3) 在 S 看来有一个红色的感觉材料。或者:$R(S,感觉材料\psi)$。

感觉材料理论家认为命题(3)是最根本的解释因子,可以对命题(1)和(2)的成立构成说明。我们日常所说的语言往往是命题(1)一类的陈述,但是它们不过是由命题(3)所推论出来的。而命题(2)当然也会出现在日常语言中,它更接近于命题(3),只是仍然需要根据命题(3)才能得到恰当的说明。因此函数 $R(S,X,\phi)$ 的三元关系不是基本的不可分析的单元,而是应该由另外的因子即感觉材料命题(3)来加以说明。塞拉斯的看法是,命题(1)才是最基本的,是逻辑上在先的。在命题(2)中已经蕴含了命题(1),因为要使 S 能够"看出"X 是红色的,即对自己的"看起来"的视觉经验给出"是红色的"这样的判断,就需要他已经掌握了"X 是红色的"的意义。否则,他根本无法做出命题(2)来。因此用命题(2)来解释命题(1)是循环的。命题(2)本身就应该由命题(1)加以说明和解释,命题(1)是最基本的解释因子。另外,根本没有什么命题(3)。或者说即使有,也同样需要根据命题(1)才能有意义。尤其是,在塞拉斯看来,命题(3)根本不是什么关系函数,因为在 S 具有一种感觉材料 ψ 的说法之中,其实并没有一种关系,而不如说是可以由感觉材料 ψ 本身分析出来。因此,命题(3)就根本无法解释类似于命题(1)或(2)的那种关系性质。

如果金岳霖的正觉关系集合也是如命题(2)一样,那么,它自然也在塞拉斯的批判范围之内。因为金岳霖就是认为这个关系集合是不可分析的最基本单元。这说明即使是命题(1)这样的物理语言,也需要根据这个三元

---

① Wilfred Sellars,1963,第 142 页。

关系集合来加以说明。那么，金岳霖的这种方式是循环论证吗？这里的关键在于，正觉关系集合 F(S, X, R) 与命题(2)完全不是同样一个性质。根据金岳霖，在命题(2)中，在 S 看来 X 是红色的，这是指一般性的觉，而不是正觉。这种一般性的觉还没有区分正觉与其他觉如错觉或幻觉的差别，因此这样的一个命题不过是一种抽象出来的情形而已。在正觉情况下得到的命题应该是这样的：

（4）在正常情况下，对正常的官觉者 S 来说，X 看来是红色的。

因此，根据金岳霖的正觉关系论，命题(2)当然也是可分析的，而决不是基本的。说它是基本的，那是典型的唯主方式基于一般觉的出发点。命题(2)无疑可分析成正觉与其他觉如错觉或幻觉的情形，而所有其他情形都需要根据命题(4)来说明，即根据正觉命题才能得以解释。命题(3)当然也并不存在。即使存在，也需要根据命题(4)得到说明。同样，命题(1)也是如此。这是金岳霖与塞拉斯开始出现分歧的地方。

那么，究竟是命题(1)，还是命题(4)，才是最基本的说明根据呢？这两者之间究竟有什么差别呢？在金岳霖看来，物理对象 X 的确有它本来的形色状态，而且这些形色状态也是可以为人们所认知的。正是在经验的正觉中，物理对象 X 相对于人这样的官觉种类有客观的类型的呈现，使得人们可以得到关于 X 的形色状态的所与，进而得到关于它的知识。如果没有正觉的可能，或者说物理对象 X 相对于人这个官觉种类没有任何呈现，那么，人们也就谈不上对 X 有任何知识，都不可能会出现像命题(1)这样的观念。因此，就经验知识而言，人这样的官觉者与外在事物之间处于正觉的状况之中，是根本性的。没有这样的情形，也就没有经验知识。但是，塞拉斯认为命题(4)也是循环性的，没有"X 是红色的"这样的认知能力，也谈不上"看起来"的任何命题。自然的物理语言是最基本的，没有这样的物理语言，那些认识论式的"看起来"的语言也不可能成立。或者说，不能通过任何感觉形式的命题，来解释或说明其他形式的命题，如物理语言或日常语言。可以看出，实际上塞拉斯是在反对几乎所有的基于感觉内容的认识论方式。尽管他也承认说：

（5）X 是红色的，当且仅当，在标准的条件下，在标准的观察者看来，X是红色的。①

这当然就是金岳霖的正觉关系命题(4)。难道他们两人的观点又是一致的吗？当然不是，塞拉斯并不止步于此。在他看来，这并不是对"X是红色的"的定义，而是因为"在标准条件下"，物理对象才显示其所是而已。至于其中什么才是标准条件，那是在经验中由一系列其他条件来决定的。尤其是对于某个感觉者而言，能够知道什么是"标准条件"，那是需要很多后天的习得，即环境和教育等等因素。

可是，这看起来与金岳霖的观点似乎没有什么不同啊？金岳霖也认为一个正常的官觉者要知道什么是正常的感觉环境，以及他要能够把客观的呈现即所与收容与应付，需要后天的习得或教育。这一点我们在前面已经讨论过。那么，他们两人的区别究竟何在呢？

为了说明为什么不需要像"看起来"这样的感觉方式的语言，塞拉斯虚构了一个认知场景，即他的"历史小说"②。一个专卖领带的商店店员叫约翰，总是习惯了在店里的灯光下看待某种领带是绿色的。可是当有一天某位顾客提醒他说这条绿色的领带在外面的太阳光下是蓝色的时，他很惊讶：领带在灯光下是绿色的，而在太阳光下是蓝色的，这究竟是怎么回事呢？是领带会变颜色吗？还是环境不同带来的困扰呢？究竟应该怎么叫这个领带的颜色呢？或者说，这个领带究竟是什么颜色的呢？当然，逐渐地，在他的那些语言学同伴的帮助下，约翰慢慢学会了怎么使用那些"看起来"的词汇。他知道了在太阳光下领带的颜色才算是正常的，即蓝色才是领带的"本来"颜色。他以后会跟顾客说：这条领带是蓝色的，不过在灯光下看起来会是绿色的。

"看起来X是怎样的"，这样的语言我们在日常生活中自然也是常用的。那么，它究竟是什么意思呢？根据塞拉斯，约翰知道了在阳光下的领带颜色是正常的，确实是它本身的颜色，这是一个客观事实。可是，当他说"在灯光下看起来会是绿色的"时，那并不意味着这也是一个事实，而仅仅意味着他断定或认可了某种主张。在阳光下的领带颜色是正常的，这是约

---

① Wilfred Sellars, 1963, 第147页。
② 同上, 第142—143页。

翰已经肯定的或认可的基本事实。而在灯光下看起来会是怎样的,实际上是约翰对前面基本事实的一种"保留"态度(用塞拉斯的话形容)。这无疑就意味着更多的东西,而不仅仅是一个感觉的问题。要体会塞拉斯的思想,我们需要再使用上一节的例子来说明,即命题①、②、③:

① 在我看来有一棵芙蓉树在我前面。
② 在我看来似乎有一棵芙蓉树在我前面。
③ 在我看来似乎有一个像是芙蓉树的东西在我前面。

根据塞拉斯的说法,在命题①中,我认可这样一些事实,即:在那里,有一棵树,那是一棵芙蓉树。而在命题②中,我仅仅是部分地认可这些事实。在命题③中,我则完全不认可任何事实成分了。在他看来,传统的感觉材料理论家会认为这三个命题有一个共同成分,就是它们有相同的"描述性内容",即"我看到了我所看见的"或"我看到这样一个感觉材料"。而塞拉斯认为,没有什么这样的描述性内容,仅仅有一些命题成分。如果说这三个命题有共同点的话,那么,就是它们的共同的命题内容。这是什么意思呢?根据塞拉斯,在命题①中的"在那里,有一棵树,那是一棵芙蓉树"这个命题成分与命题②或③是一样的,除了它们具有不同的存在性,即在命题①是存在的,而在命题②或③中,则只有部分的或完全没有存在。通过对这样的命题内容的认可或断定,这三个命题有了关于物理对象或事实的真假判断。而在那种所谓的"描述性内容"中,则完全与事实或物理对象没什么关系。

塞拉斯这样看待这些感觉观察命题的方式,实际上就是把它们完全纳入了他所称的那种"理由的逻辑空间"当中了。两种逻辑空间的划分是塞拉斯独特的思想。大意是说,关于事物是怎样的,我们有两种不同的理解模式,其一是指一种有关事物本身的状态描述,如自然科学的定律所刻画的那种经验描述,或者叫着"自然的逻辑空间",其本质是自然科学的规律起作用的那种形式;另一种是知识概念,即对事物的状态进行断定或主张,从而形成命题内容和命题倾向,也叫做"理由的逻辑空间",其本质是规范性的。他说:

> 关键要点是,在刻画一个关于知道的片断或状态时,我们就是把它

放入理由的逻辑空间当中,即证实和能够去证实一个命题所说的内容。①

这两种逻辑空间是相对照的,相互之间有着本质的不同。在自然的逻辑空间中不包括这样的关系,比如事物是有根据的,或者一般来说,某个或某些事物根据另一个或另一些事物是正确的,它以演绎、归纳和证实等等认识论术语为特征。如果把那种"经验描述"也放入理由的逻辑空间中,那么在塞拉斯看来,就是在犯一种"自然主义谬误"。那些感觉材料理论家们所犯的错误,就是这种自然主义谬误。他们认为自己是在对"看见"作一种经验描述,即一种客观的事物之间的事态的发生,而不掺杂任何理性的成分。可是另一方面他们又认为自己是在作一种知识论断,可以从这种"看起来"的语言中得到命题内容。这就是把事物的自然发生安置在理由的逻辑空间当中了。

我们知道,从笛卡儿开始,知识问题似乎就成了寻求理由的游戏。与单纯的经验描述不同,知识观念是一种有意向的概念倾向。实际上就是它要对那些单纯的经验发生给予有理由的解释或说明。这种解释或说明是对事物或事态的联结和编织,以某种理由支持某种事物或事态的发生。或者说就是,一事物或事态的发生是有根据的,而这个根据是经验上有效的。有理由的支持实质上就是证实或被证实,证实问题就是知识论的核心问题。它是说,一个命题或命题集,究竟根据什么是正确的或恰当的,又是可重复验证的或可确定的。正是在这一意义上说,有根据的或有理由的或可证实的命题或命题集,才是可以理解的。需要注意的是,这里的证实与以往维也纳学派所提倡的那种证实学说是有本质区别的。

在这种理解下的经验就与一般的看法有了很大的不同。一般而言,我们所谓的经验是指在日常的生活中所经历的事情,往往是指感官感觉所被动接收到的各种发生。就这种意义说,经验是完全被动的。但是在理由的逻辑空间中,作为知识基础的经验就不能是完全被动的了,它必须也是一种主动的行为。因为它本身就是一种提供理由以证实的活动。就像在康德的

---

① Wilfred Sellars,1963,第 169 页。

感觉经验中，也已经有了感性直观的作用，时间和空间作为直观形式构成了感觉经验的框架，使得感觉经验成为可能。我们即使不同意康德的这种先验论的方式，然而经验本身已经具有某种主体的主动性活动，应该是可以承认的。只是这种主体的主动性行为究竟应该如何恰当地被刻画，那是十分困难的事情。塞拉斯就正是持有这样的经验观念。他认为我们在经验中有所主动，而不仅仅是被动的接收和描述。当我们经验某种事态时，如果经验者有正常的理性能力，那么他就会把该事态纳入理由的逻辑空间之中，从而形成某种关于该事态的断定或判断，并进而得到该事态的经验知识，尽管这可能是最为初级的知识。

在上面的命题①、②、③中，所发生的就是这样的主动性感觉经验。当感觉者"我"经历了这样一个事件时，我并不是单单只能形成某种纯粹的经验描述，实际上从经验的一发生，我就是在把该事件安放在了理由的逻辑空间之中。在命题①中，我有一个标准的感觉经验，我同时就会有这样的命题。在这个命题中，我就不是单单在做一个经验描述，似乎该事态与我没有任何关系。而是从一开始就对该事态有了断定和主张，那就是，我承诺了：在那里，有一棵树，那是一棵芙蓉树。而在命题②中，由于我对该事态并不是很清楚，因此我就会部分地认可这些事实。在命题③中，由于我对该事态完全不清楚，没有任何确定的理由可以支持我认可那个事实，因此我完全不认可那里有关于芙蓉树的事实成分了。在命题②中，可以说我对那个事实的判断有所保留或抑制。而在命题③中，不妨说我很可能是有所否定那个事实的。

正是在这样的意义上，感觉材料理论家所认为的有一种完全中立的经验描述，即前面的命题（3）：在 S 看来有一个红色的感觉材料。或者：R（S，感觉材料 ψ），这种观念，在塞拉斯看来是荒谬的。因为这个命题，要么是知识性的，即它提供了某个主张或断定，然而那样一来它所主张或断定的是关于物理对象 X 的形色状态的，而不能仅仅是一个感觉内容；要么它不是知识性的，而仅仅是一种经验描述。可是它又不可能是经验描述，因为它实际上没有描述任何东西，而可以说只是一个类似分析命题的命题罢了。这就是我们前面所说的，塞拉斯所给出的那个两难困境。

表面上看，金岳霖似乎没有特别讨论关于知识命题的提供理由或根据的问题。那样的逻辑空间好像还不在他的视野之中。可是,这一切不过是个表面现象而已。实际上,这一问题恰恰是金岳霖最为关注的。他从知识论的一开始,就指出了唯主学说的无法令人满意的特征,那就是不能给人以理论的真正感和知识上的实在感。而这在他看来是知识论的基本要求,即知识论应该给人以理论的真正感和知识上的实在感,他并对此进行了详细的讨论①。这两个"感"的意思就是要对知识主张有理性的要求,要求任何知识命题应该恰当地处于一个真而且通的思想图案或结构之中。而处于这样的结构之中,就意味着命题之间的相互提供理由或根据的关联性。实际上,这样的图案或结构本身,就是一个理性的理由之网。金岳霖对"……感"的运用是十分耐人寻味的。乍一看这好像很让人困惑。什么叫要给人一种"……感"呢?没有这些"……感"难道他的知识论就不成立了吗?理论一定要有这些"……感"吗?那么,如果是真的理论,即使给人很荒谬的感觉也不行了吗?也不算是真的理论了吗?这似乎无论如何都说不通。他认为理论应该给人真正感,知识应该给人实在感。而这要通过被知的或与料有实在感才行。而被知的实在感又需要有被知的底独立存在感,性质底独立感,以及被知中的彼此各有其自身的绵延的同一感。符合这些感就是要把它们纳入于思想的图案或结构之中。这说明对理论或知识理论的要求并不是它们本身的如何真,而是要求恰当地一致于我们现有的经验知识,符合于一般性的常识。可是,会不会有一种经验理论,与我们现有的经验知识都冲突,也与常识冲突,可是却是真的呢?但这不会是指针对现有经验知识的知识论,而仅仅是另一种知识而已。关于现有知识的知识理论,就要求它与现有经验知识相一致,则它也就是真的,也就会给我们以真正感和实在感。一句话,它仍然还是被纳入于现有的经验知识的思想图案或结构之中。那么,在现有的经验知识内部,会不会有冲突或不一致呢?那当然是另一个问题,不能在本文加以探讨了。

可见,金岳霖的知识主张是相当明显的,只是他所用的方式或语言与塞拉斯不同而已。就知识要求这样的"……感"来说,金岳霖的知识命题要求真实对象依赖性是不言而喻的。当然这也只能在正觉的情形下才得以可

---

① 金岳霖,2000 年(a),第 87—112 页。

能。当有正觉时,物理对象给予感觉者完全客观的所与,这一所与被意念所接收和整理。这中间既没有感觉材料理论家的那种中立的经验描述,也没有任何单纯的感觉内容的描述存在。意念直接面对的就是外物的所与,经过加工形成事实或命题。在意念形成事实的过程中,从正觉的呈现,到事实的形成,就是整个经验的过程。而这一经验过程既是意念的被动性摹状所与的过程,也是意念主动性地规律所与的过程。这两个过程合而为一成为一个整体的经验过程。也就是说,在正觉的情形下,意念对外物的客观呈现直接具有知识主张,直接得到断定或认可所经历的事物或事态。而所与,在金岳霖这里,只是对正觉的状况下外物的客观呈现的最好称谓而已,本身不是任何实体性的中介物质。

但是,金岳霖的正觉关系论却给予了知识主张一个最恰当的说明。那就是,只有在正觉之下,官觉者才有可能得到最好的理由直接对外物的客观呈现予以断定或判断。而正是正觉中的这一知识主张,在金岳霖这里,可以说就是正觉的知识主张,是最为基本的知识断定或判断。因为,在其他觉的情况下,官觉者所能有的任何断定或判断,事实上都以正觉的知识主张为前提。这也是我们在上一节的分析中可以看到的。因此,正是在这一意义上,金岳霖才仍然坚持了知识论应该从官觉内容出发,以正觉为最基本的根据。在此,他与塞拉斯有了根本的分歧。塞拉斯以两种逻辑空间的区分为前提,而在这两个空间之间,却没有任何感觉内容的语言存在的余地。尽管他们在其他的具体观点上有共同之处,却在这个根本问题上有了冲突。那么,这个分歧究竟意味着什么呢?我们下面会看到,塞拉斯对所与或感觉材料的锐利批判在这里开始露出了致命的缺陷。那就是,这两种逻辑空间的区分,完全是不恰当的。

类似于笛卡儿认为心灵的内在世界具有根本不同于外部物质世界的特性,塞拉斯主张理由的逻辑空间是独特的,完全不同于外在的科学规律起作用的空间。正是在这样的逻辑空间中,理性起着主动性的"立法"作用,即意向性的命题倾向。这是套用康德的术语,不过这不是偶然的,因为塞拉斯的确在某种意义上继承了康德的相关思想。那就是,在理性的逻辑空间中,理性必然地对自然的事物做出命题性主张或断定。这样一来,所谓的感觉材料语言没有根本的认识论地位,不过是在理性的逻辑空间中,对自然事物状况如何这一点，做出感觉者的主张或断定而已，或者，在没有充分根据的情况下，抑制或保留这种主张或断定。因为，只有在理由的逻辑空间当中，在感觉者对事物状况有所主张或断定的情况下，才可以说其所主张或断定的命题内容是有认识论意义的，否则，就是没有认识论意义的。在这个意义上，塞拉斯认为感觉材料语言必然地处于那样一种认识论两难困境，以至于我们完全可以抛弃这种语言，因为它们根本没有任何认识论价值，不过是一种"自然主义谬误"而已。

很明显，这是一种典型的柏拉图主义式的教条。笛卡儿的二元论也同样具有这种形式，那是在反对托马斯的亚里士多德主义中有相当作用的。我们这里不去评述柏拉图、亚里士多德、托马斯和笛卡儿的理论是非曲直，我们仅仅看看塞拉斯的两个逻辑空间的区分有什么理论上的问题。在塞拉斯看来，这两个逻辑空间是截然不同的。由此，他又认为，感觉与思想当然也是不同的，因为从任何经验的证据都可以了解到，感觉不是思想。这在有感觉能力的任何动物或人类的婴儿时期的表现上都可以得到证明。而那些强调感觉内容的经验论者就是把感觉内容也看作进入了思想的范围，因而具有认识论性质和作用。这是他所称的自然主义谬误。而之所以有这样的谬误，在于这两个逻辑空间的根本不同的性质，一个具有认识论性质，另一个不具有认识论性质。而在这两个空间之间的沟通，于是就成了问题。对自然事物的经验描述不具有认识论意义，因为它在那个科学规律起作用的自然的逻辑空间中。而只有当知识者有所主张或断定时，这样的命题内容才能成为有认识论意义的，因为它这时进入了理由的逻辑空间之中。我们可以看到，这样的划分是过于狭隘的。塞拉斯把理性或理由的逻辑空间限制到了演绎、归纳和证实的那种概念间的联结，即只有在概念联结的判断中才能提供理由，而这不包括单独的概念本身。在他看来，对概念间的联结当然是只有在理性的作用下才可能，而单独的概念本身却可以不需要理性的作用。这样，当感觉活动发生时，感觉者对所感觉到的那种感知分类实际上就只是经验的描述，只能形成单独的概念本身，而没有进行任何概念的联结。因此，在这个意义上，塞拉斯是不认为它具有认识论意义的。

尽管如此，单独概念本身的应用难道不算是理性的能力吗？在金岳霖看来，答案是肯定的，这其实就是一种心灵或理智的抽象能力的运用，尽管其中可能还没有用到推理的形式。根据他的理论,面对任何呈现,感觉者都有可应用的意念加以应付和收容,或加以摹状和规律。这两者之间是不可分的。即使在感觉者最不可确定的时候,也就是他最没有把握所呈现的是什么的时候,他甚至也还可以用诸如"它"、"这个"、"那个"、"奇怪的东西(或事情)"等等单独概念去形容。我们在第一章里已经介绍过金岳霖的这个观点,在这一点上他与麦克道尔的观点是一致的①。而运用这些概念的能力,是一个人在刚一学会语言的使用时就带有的。它当然同时也意味着对其他相关概念的了解和理会,即这些单独词项也是在一个概念的网络或结构之中。尽管这个过程是逐步的,一开始可能很笨拙,因为所掌握的概念很少,但是慢慢就会变得很熟练和准确。这说明,对于人类来说,即使是在一般的感知状况中,理性无疑也已经起了不可消除的作用,而不仅仅是动物式的本能行为了。这又要求,如果感官感知确实是人获得关于自然事物的经验知识的唯一渠道,那么,没有什么不渗透着人的概念性能力的影响,或者说,渗透着理性的痕迹。因此,根据金岳霖,尽管他会同意塞拉斯关于理由的逻辑空间的观念,但却不会同意说还存在着那样的两分的逻辑空间。这样的区分同样也是带来理论困惑的根源之一。

可是,这样的说法是不是和金岳霖的所与理论有所矛盾呢?因为,就金岳霖的所与来说,当所与还没有被意念所接收时,那它不就是光溜溜的无可名状之物吗?外物还没有被感觉时不是也没有所与,从而也就没有被意念所接收的可能,那么不是所与的外物难道也是概念性的吗?这确实是很关键的问题。这涉及到塞拉斯所批判的关于所与或感觉材料理论的根源,用他的话就是这样一个问题:经验知识有一个基础吗?

根据塞拉斯,自笛卡儿、洛克、贝克莱和休谟以来,哲学家们就有这样一个错误的观念,构成了所与神话的一个根源。这个错误是关于抽象观念的。在第三章里我们已经讨论过,在这一点上贝克莱和休谟,与笛卡儿和洛克是有很大分歧的,事实上在前两者看来这个分歧几乎是根本性的。那就是贝克莱和休谟持有概念论的唯名论思想,完全不承认有任何抽象观念的实质性地位,或者说,抽象观念在外部世界中没有任何存在性,不过是人们对简

---

① 麦克道尔,2006年,第56—59页。

单观念的抽象而已,仅仅有概念上的实在意义。尽管如此,他们两个也仍然会对心灵或理智组合、排列或选择抽象观念的能力倍感困惑。在休谟眼里,那应该只是动物的本能性习惯而已。不过,这样的说明是不能令人满意的。塞拉斯要批判的就是这点,因为这正导致了所与或感觉材料理论。

他问到,当我们承认我们在某种直接经验中意识到了那些特殊的感觉性质,或单纯的个别的殊相时,我们是怎么又能意识到适合于它们的那些类的呢[1]?这涉及到对类型的意识。我们一般正是以某种类型来解释和说明那些特殊的感觉性质的,因为这构成解释的本质。从苏格拉底开始,这似乎已经成为了人们的常识性的认识法则。尽管以什么样的类型,或从哪里去找恰当的类型,每个哲学家的看法不同。可是,这样的做法究竟有什么根据呢?塞拉斯分析说这有这样两个问题:

(1) 我们怎么能意识到某个直接经验属于一种类型,而同时发生的另一个直接经验属于另一种类型呢?

(2) 我怎么能知道我放在我的直接经验所属于的那种类型上的标签,也被你系到同一种类型上了呢?我叫"红色的"那种类型难道你不会叫成"绿色的"吗?或者,整个光谱系统都是这样呢?[2]

具体说来就是,我有一个"红色的"概念,那么我是不是也必然地有关于"颜色"的概念呢?我如果会使用"红色的"概念,是不是就意味着我一定也知道它属于一种颜色呢?如果我确定地知道这一点,那么,我也就知道我之所以会这样,与你之所以也会这样,是完全一样的。也就是说,我们都有共同的意识能力,可以先天地知道我们在使用同样的语词和类型,在同样地对印象或观念进行编织。在塞拉斯看来,洛克、贝克莱和休谟尽管各自观点很不同,可是都理所当然地认为心灵具备意识到某些确定的类型的天赋能力,即我们仅仅根据有感觉或印象就可以意识到它们[3]。

但是,我们确定有这样随着感觉或印象而同时发生的对于类型及类型的应用的意识吗?塞拉斯认为,把这种意识视作理所当然,就是所与或感觉

---

[1] Wilfred Sellars,1963 年,第 158 页。
[2] 同上,第 157 页。
[3] 同上,第 160 页。

材料理论的根源所在。因为，如果这是可能的话，那么在我们的理由的逻辑空间与自然规律起作用的逻辑空间，就可以恰当地理性地联结起来了。这即意味着我们一般所谓的在语词和世界之间通过直接经验而有了必然的关系，也就是在经验中的自然事物或事态可以给予我们恰当的理由进行认识论的判断或主张，感觉和印象也就具有了认识论意义。而塞拉斯根本不承认我们仅仅根据感觉或印象就可以意识到类型的能力。他认为这就是对感觉或印象的神秘功能的神化，导致人们过度信任感觉或印象。他这样割断了感觉或印象与类型化意识之间的联系后，直接经验中的自然事物或事态也就无法给予我们任何恰当的理由认可或断定命题性内容。这样，在语词和世界之间的联系就不再需要通过直接经验的感觉或印象的帮助了，而可以有直接的联结。所谓"红色的"，就指某个物理对象的红色。我们仅仅根据物理对象的红色，对那些相关的命题内容进行断定或主张。因此，"X是红色的"这样的物理原则，就是最基本的解释根据和理由，而那些"看起来"的语言，都可以不必再提到了。

根据物理对象的形色状态直接得到关于该物理对象的命题内容，这不仅是金岳霖也会承认的，而且实际上还是金岳霖所一直主张的。因为，在正觉的情况下，物理对象所呈现给感觉者的形色状态就是所与，而所与就是意念所接收和应付的。所与在其中并不是作为一个单独存在的中介物，而不过就是物理对象的形色状态本身而已。只不过，这一形色状态的呈现是个别的和特殊的，是在一定时间和一定地点所发生的。但是这一个别的特殊的呈现之中，当然也包含有物理对象本身所具有的秩序或理，也即共相和共相的关联。而意念所收容和整理的，就是这个表现于个别的特殊的呈现中的秩序或理。因为这个呈现是在正觉下的客观的呈现，必然带有条理和结构，而不会是杂乱无章、混沌一片的。但是不同于塞拉斯的是，根据金岳霖，意念之所以能够收容和接收到物理对象所呈现中的秩序和条理，正是因为这个物理对象与感觉者相处于一个正觉的关系集合之中，而不是两个单纯独立的个体。如果这两者是互不相关的单纯个体的话，那么，他们是怎么形成那样的一种认识关系，就是令人费解的。物理对象的形色状态又是怎么构成认知者的命题内容的，也是神秘的。这就是在塞拉斯的理论中所可能出现的问题，而在金岳霖那里却不会出现。因为金岳霖有一个正觉关系论作为根本性的背景,而在塞拉斯的物理对象和知识者之间,还是一个空白。按他的说法,这两者之间没有空白,是直接的关系。然而,在他的两个逻辑空间之间,实际上没有什么认识论意义的关系,在逻辑上是互相独立的。那么,他又怎么把它们连在一起呢?

塞拉斯的办法,也像很多所谓的科学哲学家们一样,认为在这样两个逻辑空间中如果有关系的话,那么这个关系也是一种因果关系,即一种"物理对象或过程对身体的各个部分刺激的结果,尤其是眼睛(我们据此提出了那些困难)"①。这是自科学时代以来一种很常见的解释模式,那就是我们的内在心灵世界的观念或思想,是由外部的物理刺激导致的。当我们对此产生本能的反应时,就有了各种简单观念或印象,并进而有了思想和认识。但是,我们的思想与外部的刺激之间,究竟是一种什么样的关系,那正是哲学家们之间争论的焦点。当然,认识论似乎就是在探讨这样的问题。不过,在塞拉斯看来,我们的思想完全与这种刺激谈不上什么恰当的理性关系。不如说,我们的经验知识整体,形成一个判断的基本框架,以使我们得以对这些刺激产生相应的主张或断定,并形成我们的物理语言。我们看到,不论这样的刺激一反应模式本身是否恰当,它却是对所与或感觉材料语言的有力反驳。如果我们确定只能在这样的框架下讨论知识问题,那么,感觉内容语言似乎确实是多余的,或者说,是很容易令人误导的,而绝不是最好的或最恰当的知识谈论方式。这一点我们在前面讨论奎因和戴维森等人的时候已经谈到,而在这里,我们主要讨论塞拉斯对所与或感觉材料理论的抨击。

在塞拉斯看来,所与神话的根源还在于,人们总是认为存在着一种内在的感知事件,而它能够起着独特的认识论作用,那就是:

> (a)这样一个事件可以被非推理地知道确实如此,却不预设其他任何个别的知识或一般性的知识;和(b),关于这个事件的非推理性的知识构成了一个终极法庭,负责对关于世界的个别的或一般的所有事实性主张进行裁定。②

---

① Wilfred Sellars,1963 年,第 191 页。
② 同上,第 164 页。

可是,一个经验的观察报告或直接经验,要想具有这样的认识论作用,就必须满足这样两个方面的条件,而这在塞拉斯看来是很困难的。一方面,上述的事件要能够起到这种认识论作用,就必须具有权威性,例如自明的或自证的。可是它们的权威性却不知道来自何处。如果它们具有认识论意义,那么它们就已经预设了一个概念框架和语言规则,它们的权威性就需要在这个框架中并跟随这个规则,可是那意味着已经承认了产生这个框架和规则的很多其他的知识。比如说对"这是绿色的"这样的观察报告的使用,需要有关于颜色的一般性的使用规则的背景。另一方面,根据塞拉斯,是更为关键的,就是关于这一事件的报告要成为关于知识的表达式,不仅它要具有权威性,这种权威性还必须在某种意义上被报告它是如此的人清楚地意识到①。

我们已经大体说过,这样的困难对金岳霖的所与观念是无效的。因为,根据金岳霖,所与确实是直接地知道的,但是这一"知道"却已经预设了其他知识的存在,而不是非推理性地知道的。意念对所与的接收和应付是一个经验习得的过程,没有单独意义上的所与的存在。至于说这样的知识构成一个终极法庭,那在金岳霖来说,是可以承认的。因为毕竟,经验知识就是关于经验当中的自然事物的,是关于外物的,是由那些关于外物的事实或事态的命题所组成的。因此,经验知识如果不最终经过经验的检验,不面对经验法庭的裁决,那么,它怎么能被说成是真的这一点就是个问题了。塞拉斯所提的这个困难实际上是在问,我们的经验知识究竟是关于什么的?关于这一点,很意外地,事实上并不像我们想象的那么理所当然,很多所谓的科学哲学家现在就并不这样认为。不过,那是另外的问题,我们这里不讨论。

塞拉斯的质疑其实是,当我们说一个人知道命题 p 时,我们关于他究竟说了什么呢?他的意思是说,只有当人们也知道很多其他知识,才能获得关于任何事实的观察知识。这个观点与金岳霖的没什么不一致。那么,他们的理由是不是也一样呢?塞拉斯的理由是:

---

① Wilfred Sellars,1963 年,第 168 页。

要点特别在于,任何个别事实的观察知识,如,这是绿色的,都预设了一个人也知道"X 是 Y 的一个可靠标志"这样的普遍性事实。承认这一点就要求放弃传统经验论的一个观念,即观察知识是自足的。这对传统经验论是很讨厌的,因为很明显,这种做法,即说观察知识预设了"X 是 Y 的一个可靠标志"这样的普遍性知识,有悖于他们的传统观念,即我们是在知道了大量的个别的观察知识之后,才知道这个普遍性知识的;正是这些个别性的知识支持了这个假设"X 是 Y 的一个可靠标志"。①

要知道个别的事实,就需要能够运用适合那些事实的概念去描述,即应用一般性概念的能力。能够说出"这是绿色的",说明已经知道了"绿色的"和"这"这样的概念的意义,以及在什么情况下可以使用这样的概念,并能够把这样的概念应用于一个具体的场景之中。毫无疑问,这也正是金岳霖的观点。"绿色的"和"这"都是意念,感觉者要能够运用这样的意念去应付新来的所与,就意味着他已经具有了这样的意念,并且也能够在那样的正觉中恰当地运用这样的意念。这样的意念当然是通过后天习得的。

在塞拉斯看来,怎么才叫知道"X 是 Y 的一个可靠标志"这样的普遍或一般性知识呢? 那就是,感觉者知道:"这是绿色的"这样的言语发生,是对在正常的感知条件下,绿色物体出现的可靠指示。当然,这也是金岳霖的观点,那就是正觉关系本来的含义。

实际上,最后塞拉斯也不反对我们可以有一种内在的思想片断或意识事件,只是认为它们是主体间的、公共的,而不是私人性的。既可以通过外显的言语行为表现出来,也可以通过其他非语言方式表现出来②。而这在金岳霖看来都是没有问题的,因为他的所与本来就是类型化的。外物在正觉下的呈现是类型化的呈现,是公共对象相对于某个官觉类的呈现,自然是在这一官觉类之间可传递的,即具有主体间性的。

看来,这两个人的观点在很多地方还有很多不谋而合的地方。尽管如此,像我们在讨论中曾说过的,他们的理论实际上有着本质的不同。让我们

---

① Wilfred Sellars,1963 年,第 168 页。
② 同上,第 195 页。

简单总结一下以上的讨论看看其中的微妙之处何在。

首先,一般而言,所与同感觉材料在很多知识理论中是可以互换的范畴,但是,在金岳霖这里却完全不行。因为他把他们作了严格的区别。而一般的感觉材料理论也正是金岳霖所要批判的唯主学说,即从主观者或一时一地的感觉内容出发的知识理论。塞拉斯所针对的,也是这样的感觉材料理论,而不是金岳霖那样的所与理论。事实上金岳霖的所与理论完全避免了塞拉斯所指出的感觉材料理论的那些困难。因此,塞拉斯所谓的"所与神话",其实更恰当的叫法应该是"感觉材料神话"。

其次,塞拉斯认为,感觉材料是这样的一种语言,他们把"X 在 S 看来是 φ"这样的日常语言,变成了"X 呈现给 S 一个感觉材料 φ"这样的认识论专业语言。他认为根本没有感觉材料 φ 这样的理论实体存在。这点与金岳霖是一致的:这是有害的抽象,在感觉者和外物之间没有这样的认识中介物。

第三,在塞拉斯看来,感觉材料会处于一个认识论性质的两难困境。但是这对那些感觉材料理论有效,而就金岳霖的正觉下的客观呈现而言,就不会出现这种情况。

第四,塞拉斯提出一个三元函数:$R(S, X, φ)$,并追问这是不是可分析的。感觉材料理论以感觉材料语言为基本根据来分析这个三元关系。而塞拉斯只承认物理语言,反对所有的感觉语言。金岳霖也反对主观的感觉材料语言,但不反对从官觉内容出发,并认为三元的正觉关系集合是不可分析的,从正觉出发同样可以得到物理语言。这是他与塞拉斯的不同之处。

第五,塞拉斯提出两个逻辑空间的区分,一个是自然科学定律起作用的自然的逻辑空间,一个是理由的逻辑空间。他认为理由的逻辑空间是独特的,与另一个逻辑空间有本质不同。金岳霖没有这样柏拉图式的二元论,知识能力虽然是独特的,却也是人的自然能力之一。因此知识不仅在人类中有,在其他类中可能也会有,即不是人类所独有的。这样,在金岳霖这里,理性空间与自然空间没有根本上的对立或差别。在正觉的情况下,这两者可以是同一的,即在正觉下,外部事物或事态直接构成事实,并作为知识命题的最好理由。

第六,塞拉斯不认为单独词项可以有意义,这导致他的理由的逻辑空间的观念过于狭隘。概念或思想所及的范围被限制在演绎、归纳和证实等等推理性的逻辑空间。而金岳霖的概念是无界的,涉及到所有的经验。

第七,为了抛弃感觉材料语言,塞拉斯认为在这两个逻辑空间之间是一种因果的关系。而这在金岳霖看来完全不是一种合理的说明。

第八,塞拉斯还认为,感觉材料理论的错误源于这样的传统的观念,即,当我们在某种直接经验中意识到了那些特殊的感觉性质,或单纯的个别的殊相时,就认为我们也能意识到适合于它们的那些类。而这不是自明的。因此感觉材料理论不能成立。这与金岳霖的观点相同。

第九,塞拉斯认为,感觉材料理论所认为的某种直接经验或观察报告具有权威性,且能为报告者直接意识到它的权威性,是不可能的。这与金岳霖的观点也是一致的。

第十,塞拉斯认为,类型化的普遍性知识是通过后天习得的,要知道任何事实的观察知识,必须先习得很多其他知识。对此,金岳霖与他完全一致。

从以上的归纳我们可以看出,简单地来说,塞拉斯所批判的感觉材料理论,也是金岳霖所批判的唯主学说,即从主观者或此时此地的官觉现象出发的理论。而塞拉斯所主张的两个逻辑空间的区分,却不是金岳霖所主张的,甚至还是金岳霖所批判的。塞拉斯在两个逻辑空间的区分的基础上,还认为经验知识是一个推理的相互支持的理由之网。对此,金岳霖是可以同意的。但是,如果从其中得出经验知识本质上就是一个融贯的系统,而没有经验基础,那么,金岳霖当然是不会同意的。其理由我们后面再讨论。

总之,金岳霖的所与理论不仅没有被塞拉斯所驳倒,不是塞拉斯所说的那种意义上的神话。反而恰恰相反,塞拉斯概念论的融贯理论似乎还在金岳霖的批判范围之内。

第三节 心灵的开放性

在金岳霖看来,以析取的方式看待感觉经验,我们可以有正觉;而在正觉的情况下,我们可以得到外物的客观呈现,即所与;意念收容和整理该所与,就形成了经验知识。此所与不是塞拉斯所批判的感觉材料,因此不在那个被攻击的神话范围之内。这其中的根本差别在于,金岳霖的所与不是一个内在的心理片断或心理事件,或者说,根本不是一个内在感知表象。尽管它可以成为官觉内容,可是它不仅仅是官觉内容。它本质上是外物的类型化呈现。

注意到表象与呈现的区别,对于金岳霖的所与理论是特别关键的。意识到这两者的不同,尽管可以追溯到亚里士多德、圣·奥古斯汀(St. Augustin,354—430)、笛卡儿和约翰·奥斯丁,可是对此做出明确澄清的还是齐硕姆(Roderick M. Chisholm,1916—1999)①。在笛卡儿来说,尽管外部事物对他显现出光、声音或热等,可是他仍然要对之表示怀疑,而不能怀疑的是那些现象发生在他内心中的表象或观念,即看见光、听见声音、觉得热等。外部事物对感觉者的显现,就是我们所说的呈现。这种呈现在感觉者的感官上会产生影响,也就是我们一般所说的感官刺激。在刺激之后感觉者的大脑神经中枢会出现一些相应的反应,这些反应在大脑中可以形成图像式的,即一般所谓的表象。就表象而言,毫无疑问是内在的,发生于感觉者的心灵之内,或更准确地说就是在大脑之内。但是外部事物本身的那种呈现,却不是内在的,不是发生于感官之内,大脑之中的。它事实上是在外部事物与感觉者之间的一种事件。在金岳霖来说,当在正觉的情况下,外部事物与感觉者之间就可以有这样的类型化的呈现,这一呈现既是外物本身,又可以成为感觉者的感觉内容。本质上来说,这种呈现是一种关系性质的,即在外物与感觉者之间的正觉关系。而所与就是指这种客观的呈现,也可以更精确地说是对这种正觉关系的一种说明,而不是在这种正觉关系之间的另一个什么东西。

齐硕姆开始很清楚地知道了表象与呈现的区别。他说:

> 这提醒我们,诸如"看来"或"显现(呈现)"这样的词在不同的地方有不同的用法。……"显现(呈现)"要求一个语法主语,因而就要求一个术语不仅意指显现(呈现)的方式,而且意指以那种方式显现的某物。然而,我们如果改变我们的显现语句,就可以排除掉显现的东西。

---

① 见亚里士多德,1999年,第2卷,第6、7章;圣·奥古斯汀《反学园派》(据齐硕姆);笛卡儿,1998年,第2篇;J. L. Austin,1962年;齐硕姆,1968年,1988年。

例如,我们不说"某物向我显得白",而只说"对我显得白",从而清除掉名词性的"某物"。……响的、酸的或白的,这些词在此处用来描述"显现"或被显现的方式,正如"快"和"慢"可以用来描述跑的方式一样。①

"看来"是指的一种感觉者所直接感觉到的心理状态,即感觉材料。很多哲学家都喜欢以这样的心理表象为我们所能确定的对象,即金岳霖所称的那种唯主学说。但是呈现不指这种心理状态,而指事物向感觉者的显现。或者更恰当地说指在感觉者与外部事物之间的某种关系。而如果把呈现视为一种事物相对于感觉者的现象,那么也很容易就把这种现象当作是实在的一部分,而不把事物本身看作实在的。经验论者和康德一类的现象主义者就大都如此。齐硕姆所谓的"语法主语"就是指这种现象或表象。例如说"对我显得白"的是什么呢?这当然不是在指那个白的物体,而是显得的白的东西。如果说这是一种白性,那么这就是柏拉图主义的方式,也使得在本体论上有膨胀的感觉,因而难得再有人这么去看的了。因此齐硕姆就用这种副词理论加以处理,即"白的"不过是对某种事态的状况进行描述而已,是形容一种呈现的方式的。他说:"通常,副词的用法不是把一个性质归因于一个实体,而是把一个性质归因于另一个性质,或把一个性质归因于一个事件、过程或事态。"②

以副词的方式形容一般的呈现,可以是无害的。起码,这样做比较好地避免了本体化表象或现象的可能。不过,齐硕姆的副词理论与金岳霖的所与理论还是有本质的区别,那就是,在副词理论中,即使当没有对象显现时,一种"白的"表象仍然可以出现,比如在人们的想象或幻觉当中。因此,"白的"并不总是指对象呈现的方式,而仅仅是人被显示了那样"白的"而已,不管有没有对象出现。换句话说,副词所修饰的,仍然还是以感觉者为主体,是指感觉者被那样地显示了,而不是指某个外部事物对感觉者的呈现,虽然这两种情况很容易被混淆。这在金岳霖说来,就是所谓的"单纯的呈现"。

尽管如此,齐硕姆还是为我们指出了事物的呈现与其他的说法,如表象或现象或感觉材料等等,之间有差别这一重要的却很微妙的地方,而这是在

---

① 齐硕姆,1988,第63—65页。
② 同上,第186页。

许多新实在论者那里都没有被清晰地看到的。

　　基于这种理解,我们可以明确地知道,在正觉中,事物的呈现本质上是外物或外物的一部分对于感觉者的类型化的表现方式。当感觉者以那些副词修饰这种表现方式时,就有了经验知识的命题或事实。这其实就是意念以接收和整理所与。这个所与,或事物的呈现,本质上是包含外物的,而不只是单纯的呈现,或感觉者那种单单被那样显示了一下。正是在这个意义上,我们可以说,在金岳霖的正觉关系中,心灵与世界之间是开放的,或者说,心灵面向周围的事物可以是开放的,而不是只能被限制于心灵内部狭小的世界之中,就像在他所批判的那些唯主学说当中不可避免地会出现的那样。

　　这个结论,是我们讨论至此地从金岳霖的正觉关系论中,所得出的最重要的一个思想。它的要点在于,在正觉关系集合的情形下,独立存在的外物与感觉者之间的关系是透明的,没有什么中介物作为"衬垫";在外物与感觉者之间的关系也叫一种类型化的呈现,即金岳霖的所与。说这种正觉关系是透明的,没有中介物,就是说所与并不是一种实体性的东西,并没有独立的经验意义。说所与是一种类型化的呈现,就是说在经验中,外物对于感觉者的呈现是相对于感觉者类型而言的有秩序的关系。

　　它的要点还在于,感觉者对所与的把握也是直接的、内在的、客观的。说感觉者对所与的把握是直接的,就是说意念对所与的收容可以是直接当下的,而不是间接或事后的把握。说感觉者对所与的把握是内在的,就是说正觉关系本来就是一种认知关系,在此关系下,事物的呈现可以直接成为感觉者信念的恰当理由,可以成为事实的根据或标志。说感觉者对所与的把握是客观的,就是说事物的呈现有内在的秩序,由于它相对于感觉者的类型,因而不是私人的主观的,而可以是公共的客观的。

　　实际上,金岳霖的正觉关系论本身已经蕴含了以上这些内容,只是我们在理解或领会其精神实质时,很容易混淆于其他那些不同的知识理论。而那些知识理论本质上往往不脱离于唯主学说,只是唯主学说的各种表现形式而已。这些唯主学说尽管在某些具体观点上,或者甚至很多观点上,可能都与金岳霖的正觉关系论相一致,然而其精神实质,却是完全不同的。这个精神实质之一,就是我们这里所说的心灵的开放性,或者说,在心灵与事物之间本质上是一种开放的状态,而不应做人为的分隔。

那么,究竟怎么才能说心灵与事物之间本质上是一种开放的状态呢?我们普通地这么说说,当然是很容易的。可是,在知识论上,这却有着特定的含义。也就是说,我们需要对心灵与事物之间的关系,给出一个认识论意义的说明和解释。这样的说明和解释,如果我们借用塞拉斯的语言,就是把这样一种关系安置于理由的逻辑空间中。这并不意味着我们同意塞拉斯关于两个逻辑空间的区分,因为他的区分过于僵硬,过于狭隘,需要被重新定义。不过,我们同意在他的这种区分背后所含有的那种观念,就是心灵与事物之间应该有理性的关系,而不仅仅是一种神秘的无法言明的关系,例如典型的因果关系。所谓理性的关系,就是自然中的事物或事态可以成为一种理性的根据或理由,可以进入概念和概念的结构或网络之中,在演绎、归纳或证实的系列中成为恰当的成分,可以作为我们的经验知识真假的依据和衡量的标准。而所谓无法言明的关系,是指自然中的事物或事态并不进入我们理性的逻辑空间,不能直接作为理性的根据或理由,不能进入概念和概念结构或图案之中,不能成为证实系列中的任何成分,也无法决定我们的经验知识命题的真假依据和衡量的标准。看起来似乎我们对这种关系的说明,只能有否定性的描述,而无法给出任何正面的解释。这是有一定道理的。当我们说外部事物作为我们受到影响的一种原因时,我们不能清晰地知道那究竟是什么。我们所以能知道点什么,就要求只能根据这种原因,因而对它本身,却不能有任何确定的观念。因为,这么说的理由就是那种原因是不能被概念化的,就像亚里士多德的质料一样。而能概念化的只是我们对这种影响的反应。当然,这些说法也是有争议的。事实上,即使在今天,还难得有哲学家会认为自然事物或事态本身,能够成为理性的根据或证实系列中的合法成分,除了个别独具慧眼的哲学家,像麦克道尔、普特南(Hilary Putnam,1926—)或马丁(M. G. F. Martin,1951—)等少数几人①。

---

① 见 John McDowell,1982 年,1986 年,1994 年,1998 年(a),1998 年(b),2009 年(a),2009 年(b);Hilary Putnam,1988 年,1990 年,1992 年,1994 年,1995 年,1999 年,2002 年,2004 年,2005 年;M. G. F. Martin,2002 年,2004 年等。

我们可以简单回味一下,当赖尔(Gilbert Ryle,1900—1976)、维特根斯坦、奎因、塞拉斯、古德曼(Nelson Goodman,1906—1998)、邦约尔(Laurence BonJour,,1942—　)、戴维森(Donald Davidson,1917—2003)或布兰顿(Robert B. Brandom,1950—　)等等这些哲学家们在反对基础主义知识论的所与或感觉材料观念时①,他们究竟是什么意思呢?他们完全了解仅仅从主观者或私人的感觉内容出发所带来的困境。例如,那在1948年赖尔的《心的概念》一书中,对笛卡儿心灵的框架所做的锐利批判就是很好的说明。然而,就一般而言,感觉材料理论恰恰就是针对笛卡儿心灵的框架而产生的。因为,既然我们不能被限制于心灵的内部世界,因为那根本上无法获得关于外部事物的真实知识,那么无论如何我们都要从心灵世界里面走出来,就像内格尔所形容的,要极力从"从自己的心灵中爬出来"②一样。哲学家们正是在吸收了唯理论和经验论的教训之后,开始把希望寄托于所与或感觉材料的。所与或感觉材料在马赫(Ernst Mach,1838—1916)、布兰夏德(Brand Blanshard,1892—1987)、摩尔(George Edward Moore,1873—1958)、罗素、艾耶尔(Alfred Jules Ayer,1910—1989)、石里克(Moritz Schlick,1882—1936)、刘易斯、普赖斯(H. H. Price,1899—1984)或卡尔纳普等人那里,都是类似于非心非物的中立式的东西,其目的就在于既可以避免被陷于笛卡儿的心灵世界不能自拔,而能直接与外部事物打交道,又可以避免作为单纯的机械系列中的物质无法进入理性的认识系列,即不能在类似塞拉斯的理由的逻辑空间中成为证实的成分③。

所与概念就最好地反映了这些感觉材料理论家的那种一举多得的心理。一方面,所与的本意就是由外部事物影响而成的,毫无疑问带有着外部

---

① 见赖尔,2005年;维特根斯坦,2002年(b);奎因,1953年,1960年,1966年,1969年,1970年,1974年,1990年;Wilfred Sellars,1963年;古德曼,1951年,1956年,1988年,2007年,2008年;Laurence BonJour,1985年;戴维森,1980年,2001年,2004年,2007年,2008年;Robert B. Brandom,2002年,2008年等。

② Thomas Nagel,1986年,第11页。

③ 见马赫,1997年,2000年;Brand Blanshard,1939年;George Edward Moore,1922年;罗素,1960年,1980年,1990年,1992年,1995年,1996年,2001年(a),2001年(b),2002年;艾耶尔,1940年,1956年,1969年,1973年,1986年,2005年,2006年等;石里克,2005年;刘易斯,1956年,2007年;H. H. Price,1950年;卡尔纳普,1999年等。

事物的所有痕迹,而不是心灵任意的产物,不会出现像在康德、黑格尔或布拉德雷的理论那里的问题。另一方面,它还是内在于心灵之内,内在于思想之中,因此完全可以被心灵所直接思想,因而可以成为证实系列的一分子。这样,它就完全可以被赋予独特的认识论意义:就它的外在性说,它既然代表了外部事物及外部事物所有的秩序,那么它就能够把外部事物及外部事物所拥有的秩序也分毫不差地传递给心灵或理智,使其处于证实的系列当中,这就很好地解决了贝克莱和休谟的质疑,却并不需要应用先验理论。而就它的内在性说,它由于内在于思想的世界之中,又以其完全的被动性毫无保留地处于思想的影响之下,这给了康德意义上的有自发性能力的心灵或理智以最大的自由和权威。由此,小写的所与(the given),变成了大写的所与(the Given),成为了知识理论中地位至高无上的核心范畴。

所与或感觉材料果真能够起到这样的作用,不负所望的话,那么无疑,这真的就是一副十分美好的认知图景。它似乎克服了自笛卡儿以来经验论和唯理论的几乎所有缺点,却还能保留着原有的可能的优点。这个优点就是,它使我们的经验知识仍然还处于一个稳固的基础之上。一方面,经验知识确实是关于外部世界的自然事物的知识,而不仅仅是我们自己编织的童话,因为它明显受到外在因素的制约。而另一方面,它又由于在心灵或思想的完全控制之下,因此可以具有我们所能知道的最大确定性。它是我们的经验知识。就是说,既是我们的,又是经验的,还是确定的和有稳固基础的。

正是这个十分完美的认知图景,令罗素、维特根斯坦和维也纳学派的哲学家们分外激动,以至于他们认为他们基本上可以说彻底解决了所有传统的哲学问题。"这里所传达的思想的真理性,在我看来是无可辩驳的和确定的。因此我认为,问题从根本上已获致最终的解决。"[①]他们都兴奋地以为哲学的角色和任务眼看就可以历史性地结束了,剩下的仅仅是一些修修补补的对这一图景中的科学命题的论证性说明而已。甚至,非常令人意外的是,他们的灵魂人物维特根斯坦于是做出表率,真的遽而隐退去当园丁和小学教师了。

于是这出现了哲学史上一幕十分戏剧化的场景。让我们想想,那时的

---

① 维特根斯坦,2002年(a),第24页。

整个世界似乎也正处于有史以来多灾多难的高潮,如果我们可以如此类比的话:两次世界大战和中间的那次世界性的经济危机(1929年)。这恐怕不能说仅仅是偶然的巧合。它们都给整个世界带来了深重的灾难,使地球上的大部分人们都对整个世界的未来有了某种担忧。尤其是,在20世纪的头二三十年间,相对论和量子力学也相继取得辉煌地位,使当代自然科学有了全然不同于传统的面貌,彻底改变了人们的许多常识性看法,引起了许多观念上的革命。而恰恰在这个时候,我们的那些伟大的哲学家和思想家,却认为哲学的任务已经终结!认为哲学家已基本上无事可做了!人们甚至可以不必再对人与自然的问题做过多无益的思考,因为他们的哲学和自然科学的知识都已经告诉了我们事物是怎样的了!他们好像在对那些刚刚经历过第一次世界大战的心有余悸的人们说:不必再担心,一切都过去了!我们把问题都解决了,你们只需照着科学所指引的方向前进,未来必然会是美好的!这倒不啻是令人大为宽慰的安心丸。可是,事情真的有如此乐观吗?或者,难道他们真的仅仅是想给人们一点点心理上的安慰吗?自然,那些深邃的思想其宗旨不会如此简单的。可是,这样的哲学究竟意味着什么呢?他们究竟想告诉我们什么呢?而这,恰恰是令人迷惑不解的地方。思想和现实的反差是如此鲜明,耐人寻味。当然,我们无意于指责这些伟大人物的思想和行为。因为很显然的是,在他们的这些做法背后,都有着深刻的哲学理论构成了充分的理由,才导致他们产生如此匪夷所思又大为反常的观念和举动。对此,我们很有必要深入探询他们思想的核心内涵,以理解出现这种状况的根由,以看一看他们究竟是怎么僭取"哲学家"这一称号的。或许此时我们的耳畔会回响起金岳霖的那个思想的"警报"声,也由此对金岳霖的所与理论背后所体现出的哲学思想和理论倾向,有一个更深切的理会。因为,无疑,这两种情况之间是有着近乎必然的关联的,只是不仔细探究,这一关联难以清晰示人。

提到该幕场景仅仅是我们所做的一个小插曲而言。我们的意思仅仅是说,在那些感觉材料理论或类似于感觉材料理论的理论中,一定有什么地方出了问题,例如,像赖尔所说的那种"范畴错误"之类[①]。这样的错误恐怕不

---

① 赖尔,2005年,第10页。

会如休谟所说"哲学中的错误仅仅是可笑而已"①,因为两次世界大战可是确实发生的人间悲剧。然而,这个问题究竟是怎样的,看来十分复杂,并不容易一下子说清楚,在不同的哲学家那里观点也很不一致。尽管如此,我们这里所关心的是,当同样面对那些感觉材料知识理论时,金岳霖在上世纪四十年代所反思的结果,与自五十年代以来,西方那些哲学家反思的结果,是不是一致呢?或者,究竟有什么不同呢?因为,虽然金岳霖沿用了所与概念,不过我们上面看到,他的所与并不在塞拉斯对一般感觉材料理论的批判范围之内。然而,是不是还处于其他哲学家的批判之下,那是需要探讨的。我们也说了,塞拉斯据以批判感觉材料理论的理由,很可能还处于金岳霖的思想批判之下。那么,是不是那些基于批判传统基础论的融贯理论也都会处于金岳霖的批判之下呢?或者说,还可能是另外一种情况,那就是,金岳霖与当代的西方融贯论者们,分别提出了两种各自视角不同却又相容的知识理论呢?或者虽不相容,却也并不相互反对?这是个有趣的问题,虽然更加复杂,却也是我们应该力图澄清的理论问题。

就我们所拥有的经验知识而言,金岳霖坚持了经验论的立场,即经验知识的来源都在于我们对外部事物或事态的感官感知,经验是知识的大本营,所与是形成知识的材料,在外物与思想的图案之间,如果在不受误导的情况下,也就是在正觉的情况下,没有障碍,是透明的,即是直接的、内在的、客观的。但是,当代的那些融贯论者对此是持怀疑甚至否定态度的。他们不认为那些外部事物或事态能够具有什么认识论意义。甚至,认为有一个外部世界这样的观念本身,就是经验论的教条,都应该被毫不迟疑地抛弃。看来,金岳霖与他们的观点之间也是针锋相对的。

---

① 休谟,1996 年,第 303 页。

第四章 天然之道

第一节 天然之道

在唯主学说中,外在事物或外部世界成了神秘的对象,不是人类这样的感觉者所能直接接触的,以至于是不是能被知都是一个疑问。如果我们只能通过我们的感官感知这个世界的话,那么,很可能我们就不得不被束缚于感知经验的范围之内,无法越出雷池一步。休谟对人类所面临的这种认知困境感受得非常深刻,

休谟认为,心灵看来仅仅只能认识内在世界的观念、印象或表象等等感觉材料之类的东西。即使像情感、想象、信念、意识、意志等等,在他看来也都是知觉的产物。如果心灵或理智所及的范围就是这样处于感知经验的领域之内的话,那么确实,即使我们的感知经验范围再大,也仍然还是没有任何超越性的可能。不论我们把视线投射到多么远的距离,都没有用处。因为,从根本上说,我们无论怎样做最终都还是要落在自己的视线范围之内,也就是在感知经验的领域之内。我们怎么能跨出这个限制呢?那看起来完全是不可能的事情。或者,就像内格尔形容的,我们怎么走到自己的外面来反观自己呢?[①] 这就是笛卡儿心灵的框架所确定的原则,不仅被休谟,事实上也几乎被近代的所有哲学家所遵循。

那无疑也是今天的那些自然主义者们从休谟那里继承下来的遗产之一。尽管他们以为,经过对笛卡儿心灵主义持续地激烈批判和深刻反省,他的那种形而上学式的心灵观念已经被彻底消除了。因为休谟就不承认什么心灵实体,这成为自然主义哲学的一个标志。的确,到了今天似乎已经没有

---

① 见 Thomas Nagel,1986 年。

人再会认为心灵是一个实体,甚至很多人都不了解所谓心灵实体是什么意思了。显然,他们的这些批判很有效果。在这一意义上自然主义可说是成就斐然。然而,他们还是无意识地从休谟那里接受了笛卡儿心灵的框架所设定的限制,这导致自然主义者们的"伟大"事业功亏一篑。

如果我们回想一下的话就可以发现,自然主义者所批判的不过是笛卡儿的实体性心灵观念本身,而从来没有涉及到实体性的内在世界被内在化这一原则。从马赫到罗素、前期维特根斯坦和维也纳学派,他们反对的都是这种传统的心灵实体,就像休谟所做的那样。把心灵实体化的理论,在他们看来就是传统的形而上学,是自古以来的哲学家在强调灵魂或理智的解释作用时所容易采取的理论模式。而当后期维特根斯坦、赖尔、奎因、塞拉斯、古德曼、戴维森、克里普克(Saul Kripke, 1940—)和普特南等等批判逻辑实证主义的感觉材料理论或语言哲学中的意义理论时,那不过也是因为这些东西被看作是心灵实体的替代物而已。其批判的锋芒并不更加锐利。

因为,不论心灵或意义是不是一个实体,他们都没有去质疑笛卡儿心灵框架根本的危害性,那就是把内在世界实质性地内在化,因而同时也把外在世界实质性地外在化了。他们没有想到,这种理论的结果就是把人类的心灵或理智也实质性囚困于感知经验中,而不可能有任何的超越。以至于,人与自然也成了彻底的异质的二元,处于一种根本上的对立和紧张关系之中,而不仅仅只是体现为认知问题上的困境或悖谬。

究其根源,之所以经验领域的局限被哲学家们看作是理所当然、无可置疑的,主要就是因为休谟在这里所提到的那样一个似乎是先天的原则,即,我们根本就不可能想象或形成与观念和印象有种类差别的任何事物的观念。正是因为这个原则从来没有受到过质疑,所以内、外领域的异质性就是必然的了。没有什么恰当的方式消除这种异质性,因为那几乎是不可能的事情,就像要求一个人抓住自己的头发把自己提起离开地面一样。

在这些唯主学说看来,唯一能使我们超越的方式就是一种概然性的推理,即归纳原则。而它就源自我们相信在内、外领域之间可能有一种因果作用的关系存在,是外部事物给予我们的感官刺激才导致在内部世界之中产生了相应的观念或感觉材料之类的所与物,或者,就是体内的神经反射。当然,这种概然性推论仅仅是让我们对外部的情况有一个大概的估计或推算。因为在这种因果作用下,原因和结果,或者刺激与反应之间,不可能有确定的相应情况出现。这种基于因果关系的推论方式,就是我们可以有关于外部事物和世界的那些观念或陈述的唯一根源,就像休谟说的:

   能够引导我们超出我们记忆和感官的直接印象以外的对象间的唯一联系或关系,就是因果关系;因为这是可以作为我们从一个对象推到另一个对象的正确推断的基础的唯一关系。①

  要知道,那是从某种类似观念性的东西,推论到那种完全非观念性的东西的唯一方式。就像我们在第二章里所讨论过的那样,以柏拉图式的理念作为事物的解释原则很不容易被认同,因为到哪里去找这样的理念实在是一个很麻烦的问题。而且,人们怎么能认识这样的理念又是一个更困难的问题。尽管柏拉图认为人们先天就具有这些理念,可是一般人似乎很难意识到这一点。那么,看来亚里士多德的解释原则还是很有吸引力的,即根据事物自身的形色状态来理解事物的本质,而不需外求。这看起来似乎是很正常普通的看法,其实却有着不得不然的窘迫感。

  但是这样的原则仍有问题。休谟所发现并希望加以完善的就正是这一点。如果人们仅仅只能通过感觉经验来认识现象事物的话,那么这里就有着一个根本的认知困难需要解决。因为"不论根据任何体系,都不可能为我们的知性或感官进行辩护,而且我们如果以这个方式力图加以辩护,反而会更加暴露它们的弱点。"②所谓知性或感官的致命缺点就是,感知经验本身并不能给人们提供确实的关于外部事物的真实情况,因为,根据人们的日常经验和自然科学研究的成果,人们都知道在感官经验当中存在着错觉或幻觉的可能。解剖学和神经生理学等等经验科学都表明,外部事物给人的感官刺激到人的大脑中枢神经的信息处理结果之间,还有很长的路要走,而且在这个过程当中表面刺激的信息已经被转换过多次,且与原初的情形都大为不同了。这样的论证方式我们在很多哲学家那里都能见到,在近三百

---

① 休谟,1996 年,第 107 页。
② 同上,第 246 页。

年来的哲学理论中都是很通行的。尤其是那些欲图消除形而上学思辨哲学影响的"科学的"哲学家们就更是如此。从这种角度来看,根据休谟,感官经验的这种缺陷甚至都是不可辩护的。也就是说,感觉经验本身,无论如何都不可能成为理解或解释现象事物的原则。最多,人们只能"推测"出外部世界可能有大概那样的情况。

当然,还有笛卡儿式的认识论的证明。简单地说是这样的,如果我们只能根据经验所提供的理由来解释事物是怎样的的话,那么,这个原则又是根据什么才得到的呢?[1] 这样论证的前提在于,根据笛卡儿,提供理由的理性空间是独特的,即,那里依据蕴涵、等同、肯定和否定等等演绎或归纳的方式。这与因果机制起作用的物理空间有着本质的不同。如果我们承认了心灵或理智的这种独特性,那么,对立的异质二元论式的结论似乎看来就是不可避免的。

在这种异质二元论的情况下,无疑,内、外之别是完全对立的。也就是说,内在世界与外在世界之间,或者,心灵或理智与现象事物之间,概念图式或语言与物理客体之间,总之,人与自然之间,没有确定的沟通方式,没有直接接触的可能。这两者的关系是对立或紧张的,是完全异质的各自独立的。我们只能处于内在的一边,对外部的情形做出"猜断"。

而在自然主义经验融贯的情况下,外部事物之间虽然遵循着因果决定机制,可是关于事物究竟是怎样的,我们也仍然只能有一个大体的"估计"。尽管表面上似乎没有了内、外之别,都适用于因果机制的模式,然而,在刺激—反应的经验两边,却再也没有了意义的领域或理解的可能。心灵或理智仅仅被当作一般的事物一样看待,人与自然的关系也等同于物与物之间的因果关联。所谓的经验也只是因果链条上的一环而已。

无论在怎样的情况下,笛卡儿式的唯主学说似乎都无法逃脱类似的结局。这正是那种心灵框架的理论所具有的根本性特征。那么,难道这种心灵的框架就是无法避免的吗?

当然不是。事实上,金岳霖的非唯主的思想,就是针对这一框架而提出的。那也构成了他向几乎所有这些唯主学说宣战的目标。

---

[1] 见 Barry Stroud,1984 年。

从前面的讨论和分析中,我们可以很清晰地看到,金岳霖的正觉关系论的核心思想所在,就是打破笛卡儿这一心灵框架的束缚或局限。根据正觉关系论,存在一个三元关系集合,即官觉者,官觉对象,这两者的关系。要特别注意的是,这是一个三元关系集合,而不是更常见的那种二元关系集合。这说明在官觉者与官觉对象的内、外之别不是根本性的,而是开放的。这三者都作为这一集合的必然构成成分,缺一不可。

而这个三元关系集合要能从根本上得到理解或解释,就必须以析取的方式看待感觉经验中的诸形式。当它们之间处于一种析取关系时,它们本质上是不同的,没有一种共同的因素在它们之间作为普遍意义的感觉形式存在。这就意味着,在人们普通的感觉经验中,所谓的错觉或幻觉,或者甚至做梦等等非正常的感觉情况,都并不构成对正觉的干扰,并不能否定正觉的存在。金岳霖这种析取思想的核心意义在于,我们既能够立足于经验本身,把感觉经验当作是经验知识的大本营或根本来源,而又同时不被局限于感知经验之中,可以渗透出单纯感觉经验的范围,直达所谓完全不同种类的外部事物或实在。这是一种结合了柏拉图和亚里士多德两人思想的各自长处,却又克服了他们各自缺点的全新哲学方法。更是吸收了笛卡儿心灵哲学的优良遗产,强调了心灵或理智的主体努力的一面,而又没有被他的心灵框架所束缚,脱出了感知经验藩篱的囚禁,使人类的心灵或理智可以达于无限的领域而与外部事物或世界的领域得以交融。

那么,当现象事物的领域与理智或概念的领域相交融时,所谓的外部事物无疑也富于意义或内涵,而绝不仅仅是因果决定的链条上的一环。因此,这种意义上的自然,就完全不同于自然主义所谓的自然。用一个更恰当的词来形容的话,就是天然。这意思是说,天然的含义,一方面不认为有纯粹意义上的自然,而是把它归属于我们的意念或概念结构所涵盖的领域;另一方面也认为没有纯粹意义上的独特的心灵或理智,而是把它看作自然领域的本质成分。正是在这样的意义上,我们可以总结说,金岳霖的非唯主的思想实际上就可以叫做天然之道的思想。

在这种天然之道中,如果用传统的词汇形容的话,那就是它已经包含有自然化的人与人化的自然这两方面的内涵。这样的说法可能是误导的,可是我们已经习惯了使用这种判然有别的语词来分说和形容。不过,这也并没有太大的关系。因为无论用什么方式加以说明或解释,只要我们不把那些蕴含类别化的语词做实质性的理解就可以。而只把它们当作分解的工具或形象化的比喻就一样也可以是无害的。因此我们可以说,金岳霖化科学之戾气为祥和也就是化物性为人性。或者,更准确地说是,把人与自然都化归为天然的过程,即二者的天然合一。

在金岳霖这种人与自然的天然合一的意境之中,正觉的存在是很容易理解的,也是很正常的一种事物状态。尽管也有错觉、幻觉或梦觉的情况存在,然而那并不影响人们毕竟总是处于一个正觉关系当中。在其中,事物是怎样的,对于心灵或理智来说,是完全可以把握的。因为它们都既属于自然的领域,也属于意义的领域。不论是特殊的、具体的、个别的事物或意念,还是普遍的、抽象的事物或意念,都是可以相通的。因为时空中的事物固然是特殊的、具体的和个别的,然而它的形色状态仍然可以是普遍的和抽象的,因此可以直接地、内在地和客观地为心灵或理智所理解,也就是为金岳霖的意念所接收、应付、收容或整理。而意念或意念的结构固然是普遍的和抽象的,但是它们的使用和标志却也是特殊的、具体的和个别的,也是自然事物的一部分,而决不是什么独特的、不可于自然化归的异质的东西。正是在这样的意义上,我们可以说,在金岳霖的正觉关系论所构思的意境之中,心灵或理智面向事物是开放,而事物也可以直接达到心灵或理智面前。在这两者之间,没有什么认识论意义上的中介物,也没有什么实质性的隔离状态。总而言之,它们之间天然合一,相互交融没有隔阂,是开放透明的。

第二节　思想的无界性

根据以上的分析和研究,我们可以总结说,金岳霖天然之道思想的核心内容就在于:思想或心灵是无界或无限的,不会被任何限制或障碍所束缚。当然,这需要详细解说。

这一观念正是金岳霖对传统的知识理论,尤其是知识论的基础性范畴所与进行彻底改造的根据和背景思想。我们在第二章介绍什么是所与时就已经说过,"所与"这一名称是有趣的,值得我们细细地玩味。那么,它究竟意味着什么呢?它的本意就是指被给予的。然而,什么被给予了什么呢?

这一概念本身显示了一个被动式,表示了一种关系,确认了在某两个关系项,或多种关系项之间有一种给予和接受的关系存在。毫无疑问的是,我们首先可以确定的意思,起码在知识论中,是说某些东西通过感官感知被给予了思想或心灵,从而形成经验知识的原始材料,再经过心灵的加工,得到知识命题。而这些东西的来源,就是我们一般所说的物理客体或外部秩序。这样的说法在普通的经验科学研究或日常生活中,看不出有什么不妥当的地方。然而在哲学上,当我们说这样的所与构成了所有知识的来源,构成了人的认识的基础的时候,那是需要格外谨慎的。因为,非常不引人注意的是,所谓所与,即被给予的,有一个潜在的含义,那就是,它暗中承认了对思想或心灵的一种限制。限制的意味几乎是分析地蕴含于所与这一概念之中。

我们在感知经验中通过感官接收到许多信息,这是真的。如果心灵或理智仅仅是在对这些信息进行加工,而与引起这些信息的事物没有任何关系,那么,奎因和戴维森等人的理论就是对的。不过,我们上一章的分析说过,那是狭隘的。我们无论如何不会认为,只有皮肤之下的神经触突的变化才具有认识论意义,除非我们只是在解剖一只青蛙,看它是如何辨认出在它眼前飞舞的影子是不是一个可食的昆虫的。即使我们把接收信息的范围扩大,直到我们的整个感知经验,也不能说那就是思想的界限。可是,在我们的心灵世界之内,与外部的物理客体之间,究竟如何沟通呢?这正是所谓传统认识论的困境。所与范畴就因为具有独特的认识论作用,而被寄予希望以此可以解决这一困境的。传统的所与没有概念性内容,完全是外部事物对感官的影响或刺激,由此产生的表象或感觉材料。这样的表象或感觉材料一方面是神经内部的感觉片断,可以为心灵或理智所直接把握。另一方面又具有外部事物的特征,代表了或符合于外部事物的形色状态,因此可以把这些特征或形色状态传递给心灵或理智,以构成关于这些外部事物的经验知识。它实际上与笛卡儿的观念范畴没有太多差别,仍然还只是心灵内在的产物。唯一被强调的就是它具有那样一种被动性,这意味着它要比观念或表象具有更多的客观性。然而这种概念的更换并不能实质性地解决认识论的问题。它仍然还有着休谟在观念问题上所发现的那些困难。例如,没有概念内容的所与怎么就能含有外部事物的那些形色状态或秩序呢?如果它的概念性内容完全是由心灵或理智所赋予的,那么这些内容又是怎么能必然地与外部事物相一致的呢?这种赤裸的所与只有完全的不确定性,又怎么能起到它所应该起的那种认识论作用呢?等等。在这种情况下,思想或心灵达不到外部事物本身,而外部事物也不能起到任何有意义的认识论作用。因此,这种所与或感觉材料的地位是可疑的,正像塞拉斯后来所批判的那样。

而这些问题事实上早已经被金岳霖所认识到,那正是他从罗素和休谟等人的知识理论上所反思到的。在他看来,所与不能构成我们认知活动中的一个实质性的中介物,不能成为思想或心灵把握周围事物的障碍。那种认为说在我与眼前的桌子之间还有一个神秘的中间角色起着认知沟通的作用,是很荒谬的,是有害的抽象。那么,传统知识理论为什么会极力地倾向于有这样的认知中介物的存在呢?无疑,那有更深的理论根源。

金岳霖明确提出,这一谬误的根源就是这些传统知识理论家们持有着一种唯主的学说,而并不是现实经验本身就存在着这样的困境。这种唯主学说的标志就是坚持,只有主观感知内容才能作为最确定的解释和说明事物的原则。主观感知内容具有重要的认识论意义,这是每个人都可以同意的。但是说,心灵或理智只能面对感官所得,只能被限制在观念或表象或感觉材料范围之内,这是金岳霖无论如何都不能接受的。眼前的桌子与我眼球上视网膜中的关于桌子的图像确实有很大的关系。可是,如果说我对这张桌子的了解或确定的信念仅仅根据于视网膜上的那个图像,那就过于狭隘了。

唯主学说这种狭隘的解释模式无疑来自于笛卡儿的心灵的框架。在这样一个框架的束缚中,心灵或理智的内在世界被按照字面意思内在化了,而这同时,也就把外部世界外在化了。内、外世界处于一种相互隔离状态,它们如何沟通于是变成重要的哲学问题。这同时也导致理论上的一系列混乱和错误的出现,在近现代思想史和哲学史上都带来严重的问题。

金岳霖要改变哲学上的这种状况,当然,必须要突破笛卡儿心灵框架的束缚。而这个任务却出人意料地极为困难。毕竟,近三百年来无数哲学家都视为理所当然的前提性观念如何就能轻而易举地被推翻呢?尤其是这种观念似乎有着自然科学研究成果的强大支持,几乎已经深入人心了。让我们再想想，我的感官接收到的信息当然是一种内部输入，给我的大脑神经中枢进行加工处理。我的心灵世界、思想观念当然也是在身体内部，而绝不可能跑到身体外面去。内心世界与外部事物这样的说法，难道不是很形象、很正常、很恰当的描述吗？当我们在实验室中对人体进行研究的时候，很明显地，我们正是对身体内的那些神经生理功能和肌体结构机制倍感奇妙，而欲加以详细观察了解的。所谓的意识、情感、表象、思想或理智等等，似乎都和这些身体功能或机制有着内在的关联。这无疑都是人的自然本性的一种而已。因此抽象地说内心世界与外部事物之间没有隔阂，了然无痕，好像过于思辨了。起码，在一般认知理论看来，完全没有自然科学的根据可以让我们持有其他的甚至相反的主张。在这样的理论背景下，金岳霖对笛卡儿心灵框架的突破其难度是可想而知的。当然，从这一角度说，他的突破也是极为难能可贵的。

他需要构思一个与这种一般的传统观念全然不同的心灵与事物，或人与自然之间的关系状态。如果思想或心灵的能力也是人的一种自然本性的话，那么，人与自然之间就无疑应该有着天然的联系，而没有任何理由把这种能力与自然事物隔绝开来。或者去说，人由于有了这种能力就与自然事物处于根本不同的两个世界之中了，相互之间不能有自然的沟通和联结。这样的结论无论如何都是荒谬的，不可能是从自然科学的研究中必然得出的。那么，问题出在哪里呢？在金岳霖看来，问题就出在那些唯主学说的哲学理论中，即那些貌似"科学的"理论中。在他们的设想中，思想或心灵是封闭的，受到自然状况的局限，即也只能随身体的活动范围而划定了自己所有的领域。甚至，思想或心灵的能力仅仅被限制在神经突触的终端而无法越雷池一步。

的确，思想或理智确实有着自然的根源，来自于人类的自然本性，尽管它也是很特别的，有着全然不同于一般自然事物的特征。但是，这究竟意味着什么是需要我们特别斟酌的。对此很容易产生两种相反的哲学倾向，在近现代哲学史上都是很常见的，也可以说一直都是人们的主流观念。这两种倾向是，一方面，依据柏拉图传统，笛卡儿特别强调了心灵或理智的独特性，却把它禁锢于一个内在世界之中，尽管那个世界看起来像是自足的。这当然令人无法满意，因为他似乎否认了心灵或理智的那种自然根源，而使它完全不同于一般的自然事物，成为一种特异的神秘之物。而另一方面，坚持自然主义原则的休谟把心灵或理智的这种能力化归为一种单纯的自然习性，从而把人仅仅看作物，以此消解笛卡儿式的二元论或柏拉图式的形而上学。可是要消除心灵或理智的独特性是难以成功的，那只会给他带来更多的困惑。与笛卡儿困扰于那两个全然不同的世界究竟是如何得以沟通的问题不同，休谟是苦恼于事物究竟是怎么得到解释的。尽管他们在哲学上有着很不相同的倾向和理论，可还是有着很相似的基本认定，那就是，在经验中，思想或心灵仅仅随着感知的表象而活动并发生作用。他们当然完全没有意识到问题何在，而仅仅是在徒劳无益地力求获得一个尽可能圆满的解释。

这种狭隘的观念来源于对自然科学的成果过于迷恋。或者可以说，很多哲学家们晕眩于自然科学的辉煌成就而丧失了理性的反思能力。如果仅仅是自然科学家们限于在实验室中对人的身体或事物进行经验研究的话，那么，这种看法是无害的，或者是有帮助的。但是一当把这种实验室的态度或原则运用于哲学领域，却未必会产生类似如自然科学那样的成就。因此我们会看到很多人奇怪或感叹，为什么哲学一直不能产生如自然科学那样的进步，虽然他们也一直在力行着自然科学所特有的那些原则和方法。可是，哲学没有进步还不要紧，而他们神化自然科学的这种倾向，在人类思想史上产生的贻害却是很深的，要想清除颇不容易。因为，如果不进行深刻的反思，对其所导致的局限很不容易发现。从早期的达芬奇、培根或笛卡儿，到当代的维特根斯坦、奎因或戴维森等等，对此都完全没有自觉。不过，在早期当自然科学还是一个刚刚取得巨大成就的新兴力量时，它使理性从神学的桎梏下得以解放的正面作用当然是必须加以肯定的。但是时至今天，如果哲学家们还不能从当初的兴奋中清醒过来，那就难以得到谅解了。

自然科学确实取得了巨大成就，这是我们都有目共睹的。它也使人类的生活和文明获得了令人瞠目的进步，这也是我们都承认的。科学的原则和方法具有很强大的力量，这也是令我们都赞叹不止的。可是，这一切都不足以使我们认为，自然科学是唯一正确的解释事物是怎样的模式，尽管它很有可能是恰当的。这一切也不足以使我们认为，自然科学应该被神化或偶像化为我们崇拜的对象，尽管它的形象确实可以是很高大的。这一切也不足以使我们认为,自然科学的原则和方法应该成为我们一切思想或行为的教条,尽管它似乎的确是威力无穷的。这一切更不足以使我们认为,思想或心灵的能力应该被限制在自然科学所承认的范围内,尽管它在这一领域已经取得了足够辉煌的成就。

如果我们没有把自然科学或其原则方法视作神圣的教条,那么,我们就不会轻率地默认思想或心灵理所当然地应该被限制在一个局促的内部世界之中,而与外部自然的广阔世界相互隔离。这正是金岳霖的正觉关系论和析取法所蕴含的思想精髓,也是他从笛卡儿以来的唯主学说中获得的理论教训。突破笛卡儿心灵框架的限制,当然,并不是要抛弃笛卡儿思想中有益的成分,那就是对心灵的解释力的强调或珍视。因为,毕竟,那正是我们所有思想和知识的根源所在,是无论如何不能被忽视的。然而这一点恰恰被自然主义哲学家所批判,因为那被他们看作是奉行神圣的自然科学原则和方法的最根本性障碍。而这,无疑是需要我们格外留意的。因为自然主义者正是在对心灵原则的批判中彻底神化了自然科学的形象。

这种哲学似乎可以叫做"科学的侍从"。当然,这特别指的是今天所流行的各种自然主义哲学,也就是继承自休谟的传统,把心灵或意识或理性仅仅看成是一种稍有特殊的自然习性,与我们在普通动物身上所见到的那些自然本能没有什么根本的差异。就像奎因一样,他对那种珍视心灵或理智的先天规范能力或主体努力的含义是蔑视的。他嘲笑它,而不是认真的加以批判①。在奎因看来,自文艺复兴时期以来,随着物理学的兴起,像笛卡儿那种诉诸心灵原则的解释模式就越来越不受欢迎。而事物本身的有效原因结合事物的质料,这种科学的模式,逐渐成为了近乎唯一正确的解释原则。意识或心理活动不过是身体内部的神经刺激—反应而已,没有什么特别的。因为,这都是自然科学,尤其是物理学所应用的解释范式。科学技术的发展和我们的日常实践中的一次次成功的预言,说明了这个范式的巨大力量。从培根、霍布斯、洛克、休谟,到孔德、马赫和逻辑实证主义者,再到今天的各种各样的物理主义或自然主义,我们仿佛都看到这种解释范式的权威性。它的核心观念在于尽可能消解心灵或理智作为可能的有效解释原

---

① 见奎因,1990年,第65—67页。

则,而完全以事物自身内在的因果决定机制来理解和说明事物是怎样的。如果心灵或理智仅仅是一种神经活动的话,那么它是不可能起到什么真正的解释作用的。在他们眼里,物理学才是真的,以此可以完全解释事物的本来面目,或者本质(如果有的话),而不需要其他什么传统的心灵或理智原则加以额外的说明。在经验心理学中,应用的也同样是类似物理原则的刺激—反映模式,作为唯一正确的行为解释根据。即使是某些较弱的自然主义理论,虽然也在某种意义上重视心灵或理智的独特作用,可往往还是从自然化的角度上去加以理解和说明,把心灵或理智看作是物理体所随附的,或仅有功能性的意义①。传统的心灵或理智的角色被削弱至无形以至于基本上被抛弃了。正是因此,在奎因看来,笛卡儿的心灵或理智原则没什么特别有价值的遗产留给我们,除了那些一般性的概念或名称以外。因为在奎因的心目中,经验科学(尤其是物理学)的"真",就是最好的规范。而其他的如伦理的(善或正义等)、艺术的(美或简单等)、历史的(生成或过程等),或宗教的(神圣或完满等)规范,等等,要么应还原为经验科学的真,要么就仅仅是一些辅助性的解释工具,而完全不能起到对事物是怎样的最终说明作用,即不可能是最后的解释原则。可是,这种来自柏拉图传统的强调主体努力的精神,这种心灵的解释原则,似乎并不那么容易被消解。

让我们稍微回想一下,以往的哲学家为什么要强调人的心灵或理智很重要,甚至很独特。这是自古以来就出现的一个很有趣的倾向。从苏格拉底和柏拉图开始,这种倾向在哲学上就是常见的,而不管那些哲人们的具体观点如何。其中最有代表性的意见就被称作柏拉图主义。他强调对现象事物的理解必须通过某种完善的理念,而对理念的把握就是心灵或理智的专利了,因为那不是我们通过日常的普通感觉经验所能够得到的。柏拉图主

---

① 自然主义是一个很宽泛的概念,一般指对哲学研究的总的倾向而不仅是某个具体的学说。尽管在自然主义各流派之间观点迥异,交互参差,不过其基本特征主要是反对传统形而上学的思维方式,而更愿意应用经验科学的研究方法。这一点不论是在较强的还是较弱的自然主义者那里都大体如此。自然主义可以说是目前英美哲学界的主流思潮,表现在心灵哲学、语言哲学、认识论、科学哲学、伦理学或政治哲学等众多领域当中。本文所涉及到的各种自然主义观点主要是指他们的基本倾向,也不限于奎因,而可散见于赖欣巴赫、卡尔纳普、亨佩尔、阿姆斯特朗、福多、金在权、哥德曼、丘奇兰德等等自然主义哲学家的相关著作中。

义在哲学史上被视作典型的形而上学,有时甚至成为了哲学的代名词。当然,他的学说被看作是传统的形而上学,而不是"科学的"的哲学①。在亚里士多德看来,人的心灵或理性的能力使人区别于动物或其他任何东西。不仅如此,这种差别不仅仅是程度的,或人的某种偶性,而是本质的,是人的必然属性。到了近代,笛卡儿发现了一个万象森然的心灵世界,强调了一种现代意义的心灵主义,尽管是在一个颇为勉强的二元论的框架内来调和传统的心灵主义与现代的经验主义的。在他那里,只有心灵或理智才可以提供解释和理解我们周围事物现象的理由,甚至,还成为这些解释和理解的最终根据。而这是其他任何非精神性事物本身所不可能具有的性质。换句话说就是,其他任何事物的本质,如果有而且是可理解的话,似乎正是被心灵或理智所赋予的,而不是相反。因为,正是心灵或理智的自我意识,才有事物的本质或联结的观念等等概念存在的可能和意义。康德走得更远,几乎完全确认了笛卡儿的心灵原则,认为对事物的解释的最终原则完全在于纯粹理性的"统觉"。它使"我思必然伴随我的表象",因此可以规范关于事物的表象,从而给自然"立法"。物自体本身不可构成任何有价值的解释意义,而仅仅是一个外部的限制因素。当黑格尔把这个唯一的外部限制因素去掉,任其"绝对精神"发展的时候,不免激起了经验主义者或自然主义者的强烈反感。可以理解,如果心灵或理智的解释能力被赋予过度的强调和拔高时,就难免出现被实体化的弊端,就像在笛卡儿那里所发生的那样。这导致像休谟式的自然主义者们依托经验科学和常识,力图彻底抛弃心灵或理智原则。然而,单单具有可理解的原因并不能使他们的这种举动变得正确。恰恰相反,自然主义者的这种强烈企图也很容易变成盲目的或过激的,就像把婴儿连同洗澡水一起倒掉一样,以至于其批判心灵或理智原则的行为本身已经与他们所批判的对象有完全类似的性质了。换句话说就是,他们似乎走到了自己的反面。

实在说,事物本身的有效原因加上事物的质料,毕竟也只是一种解释模

---

① 根据奎因(也像其他较强的自然主义者所认为的),科学的哲学并不是像康德那样的先验哲学,而应该是被自然化的,也就是不诉诸于心灵或理智作为事物的有效解释原则,完全消除形而上学影响的理论,例如在实验心理学或认知科学中。

式,虽然这确实是不错的一个。可是它怎么能取代所有其他的解释模式而成为唯一正确的,这真的是一个疑问。即使是那些经验科学家自己,也从来没有保证说自然科学中的某一条公理,或某一个定律是绝对确实而不能被丝毫怀疑,也从来没有认为他们的解释模式是唯一正确的,不论是数学的,物理的,化学的,还是生物的。而这样的保证却来自那些逻辑经验主义者或自然主义者的信誓旦旦,这的确是很奇怪的一件事。恰恰是在那个理性为神学服务的时代,哲学家们就都是这么干的。看来哲学要想摆脱这种一生为奴的习性,似乎还并不容易,因为这无疑会遭到现在很多自我标榜为"科学的"哲学家们的强烈反对,他们可是以此为荣的。那么,这些哲学家究竟有什么正当的理由会认为,自然主义的解释原则是唯一正确的,可以成为我们解释周围事物是怎样的的唯一模式,可以作为我们对人与自然及其关系的理解和把握的唯一根据呢?

当然,他们的理由是很多的,我们不可能在此都加以剖析。究其最为主要的,可以归结为两个方面,一个是经验科学所取得的惊人成功的现实效应,另一个是"经验科学的知识是真的"这样一个作为前提的基本信念。让我们看看这两方面的理由是否能够撑起自然主义的堂皇建筑。

的确,经验科学对现象事物的解释和说明确实是很有效的,这从三百年来自然科学的飞速发展的历史中可以明显地看到。不过对从这一事实中究竟能够得出什么样的哲学结论,我们前面说过,那似乎需要特别的谨慎,不能过于盲目乐观和冲动。因为在中世纪,哲学所起的那种令人无法恭维的角色和作用,始终对我们是一个警示:如果哲学失去了独立的意志和反思批判的功能,而仅仅是对某种看似神圣的理论或事业进行辩护和崇拜的话,那对哲学和它所维护的对象,都很可能是个悲剧,不管这个对象是神学还是科学或者还是别的什么。这也是笛卡儿在他的沉思中小心翼翼地力求表明我们应该避免的,也是金岳霖"跑警报"所意味的含义之一。因此,即使是面对自然科学在现实中的惊人成就,哲学也仍然应该对其所勾勒的解释模式加以批判地审视。而没有任何理由采取像自然主义者所做的那样,独断地把其唯一化、偶像化或神圣化。他们这样的态度本身已经难以是"科学"的了,更不用说实质上还很可能是对经验科学的一种潜在的巨大危害。

尽管如此,在哲学上保持一种冷静的态度,却并不如想象的那么容易。

因为自然主义及其信奉者的理由确实是太强大了，几乎势不可挡。谁能无视自然科学在现实中所取得的辉煌成就呢？谁能否认物理学或化学的那些定律具有的普遍适用性呢？对自然科学的任何不自量力的挑战是注定要失败的。还好，科学的万丈光芒尚不至于模糊我们的视线。我们的目标并不是经验科学本身，因为我们毕竟不是在做某一种经验科学研究。我们的目标实际上是躲在科学的巨大身影后面的那些狐假虎威的自然主义哲学家们。没有理由认为他们在"分有"了自然科学无上荣耀的同时，也能够必然地"分有"自然科学的有效性而获得那种令人生畏的特权。

至于自然主义者的逻辑前提，即经验知识一定是真的，那是需要我们认真对待的。因为同意这个说法几乎是绝大部分人正常的心理倾向。经验科学成果丰富的现实效应使一般人都会很容易地认为，经验科学对现象事物的解释肯定是真的，不然怎么解释它几百年来不断取得的成功呢？最起码，在我们的所有解释方式中它也最有可能是真的。"真"是一个排他性很强的概念。也就是说，如果某种对事物的解释是真的，往往意味着其他的解释模式就不是真的，或者说就是假的。要么，即使不是假的，那也绝对谈不上是正确的，而可能仅仅是某种可有可无的修饰手法而已。这也是为什么自然主义者要激烈地抨击笛卡儿之类诉诸其他解释原则的做法的主要原因。"真"似乎成了自然主义者手里最有力的武器。经过数百年这种思想的影响，人们几乎都理所当然地以为只有自然科学对周围事物的解释是真的，是正确和恰当的，而其他的解释仅仅是——有趣的罢了（说得好听一点），如那些伦理的、艺术的、历史的或宗教的观念等等。这种观念尤其已经渗透在人们的日常生活当中了：科学知识确实是真的；除此以外，还能有什么理论是真的呢？人们都习惯了用原子分子这类微粒子来解释石头瓦片的内部构成，用力和场的作用去说明斗转星移、日月变换，也习惯了用进化选择的方式看待动物植物和人类的演化，用大脑的神经脉冲来分析意识的发生，用各种因果机制来理解社会的政治、经济或文化上的变动，等等。总而言之，世间万物无不处于因果序列之中。人们用"科学的"眼光武装了自己，来处理生活的一切。仅仅在无关重要的场合，或者很偶尔地，他们或许才会嘀咕一声"我喜欢，为什么不可以"之类的呓语。因为，科学的那些说法是真的，这似乎意味着人们只能如此这般，而不能随意地如彼那般。

看来，以科学的方式看待周围的事物是怎样的，成为了我们唯一正确的视角。然而，我们能够确定无疑地说情况就是如此吗？如果科学视角真的是一个"阿基米得点"，那倒是人类的幸运了。但是，问题恐怕远没有这样简单。不妨让我们检视一下，当他们说自然科学命题是真的，这究竟是什么意思吧。首先，"真"确实是排他的吗？我们能不能给予事物一个并非真的解释，却是有效的，或者有价值的，或者有意义的呢？这无疑是可能的。说清风拂面，凉爽宜人，或者说那棵兰花很漂亮，或者说对上帝的信念，等等，都是有实在意义的。这和说事物的"真"，既不能相互还原，也未必一定构成相互的排斥。其次，如何在自然主义的框架内说明一个命题的真，是让人最为头疼的了。"真"概念本身从来没有被令人信服地定义过，不论是符合论还是融贯论都难以做到。这一点我们甚至可以从金岳霖对"真"范畴的综合改造中，看出这其中所蕴含的困难。这意味着说"一个命题是真的"，本身就是个含混不清的说法。我们看到从休谟开始直到今天的自然主义的语言哲学家或逻辑哲学家们，都在不懈地努力争取阐明这个概念本身，尽管这一切都是徒劳的，除了产生出浩如烟海的当代"经院"哲学著作以外。塔尔斯基（Alfred Tarski，1901—1983）的"真"概念的形式化定义，一度被当作这一领域内的最高成就。可连塔尔斯基本人都认为，这一定义承认了柏拉图主义的实在论。而这和形式化定义的宗旨是矛盾的，因为它的目的就是要消除这种传统的形而上学。然而实际上，对这一定义的众多分析表明，它几乎可以承载任何理论内涵，不管是实在论还是非实在论或反实在论，也不管是符合论还是融贯论，也不管是内在论还是外在论，也不管是原子论还是整体论。看来它倒是真够形式化的，可是这却导致了一个令自然主义者不那么愉快的结果，那就是，"真"还不足以构成一个唯一的、权威的、严格的标准，使我们得以说某一命题是真的，而其他的命题是假的，从而可以心安理得地排除他们。看来他们还需要别的判断原则，但是这当然是他们所不愿意的，因为这无疑有违他们的初衷。如果真概念尚不能构成经验知识最终标准的话，那么其他任何概念恐怕都不足以担当此任。第三，不管真概念本身是否可以被严格地定义，经验科学所归纳出的那些具有普遍适用性的自然律，也难以得到具有严格正确性的论证（如果我们不说它们是真的话）。归纳法不是演绎性质的，不能以前提和推论过程来保证任何结论的真。这现在似乎已经被公认了。我们是在抽象或投射某些普遍概念或规律以解释现象对象，它们的真的根据并不是现象对象本身，而更在于我们理智的能力和倾向。这明显出现了自然主义者不愿意看到的结论。第四，有机会主义倾向的自然主义者退了一步说，至少，他们对事物是怎样的所做的解释在所有我们遇到的解释中是最有可能真的，起码具有大概率的成功可能。他们甚至认为科学本质上就是预测，而且还信誓旦旦地保证说那可绝对不是迷信，和传统的"占卜"或"算命"有着本质的区别。换句话说，他们认为经验科学的理论最起码来说也是一种最好的假说，最可能符合事物的本来面目，而伦理的艺术的历史的宗教的等等其他理论，都和事物本身没什么必然关系，连较好的假说都算不上，不过是我们的个人爱好而已。不错，这一个让步似乎使他们的观点看起来简直无懈可击。可是，让我们再想想，他们难道只是在神化一些"假说"吗？只是在把一些可能是真的东西说成是唯一正确的吗？只是在告诉我们那些有点效用的东西就是我们应该奉行的最终理性根据吗？只是在崇拜那些也有可能全错的预测模式吗？多么令人惊讶的做法！多么"科学的"哲学！我们几乎就相信了他们，而要把人类未来的命运也寄于这种似是而非的理论上。最后还有一点，那就是自然主义者不能为了确认"真"这一标准，而再去诉诸于其他标准。当他们把自然科学的解释模式视作唯一正确的时候，实际上他们已经使自己走入了死胡同。因为，一方面说"这种模式是唯一真的"这种说法，从来就不是经验的结果，也不是经验上可验证的，本身完全谈不上是真的还是假的，其实不过是一种意向而已（或者也是一种爱好吗？）。而这又使他们走向了自己的反面。另一方面，以任何其他原则来为它辩护，都是和它的内在要求自相矛盾的。总而言之，这些问题导致自然主义的基本理念是不可理解的。这种"真"的科学神话几乎与历史上那些故弄玄虚的神秘信仰没什么差别。

把我们周围的事物作自然化的解释，乍一看起来似乎还是个很有希望的事业。如果确定地，对事物的解释仅有一种是"真的"，那么我们何乐而不为呢？我们何必还要那些额外的多余的本体论的负担呢？果真如此，我们无疑也愿意寻求那个唯一正确的"真理"，也愿意跟随在自然主义者之后奔向那个真理的天堂。这很符合人们本能的习惯，更会受到那些有思想惰性人们的欢迎。可是从我们上面的分析，似乎看不到有任何这样的希望。

我们并不是基于笛卡儿的心灵原则来驳斥自然主义，而完全是从自然主义的原则本身揭示其内在困境的。很明显，自然主义完全不像是一种健康的哲学。

为什么说这种"科学的"倾向却可能不健康呢？这确实是一个值得深思的问题。原因自然是相当复杂的。如果简单地说，除了我们上面所提到的这种理论本身存在的问题以外，还与它产生的根源大有关系。近现代以来哲学史上为什么会出现这种强烈的自然主义化倾向呢？答案似乎是，寻求完全自然化的解释，消除心灵或理智的规范性功能，这样的企图实际上源于那些自然主义者们的一个错觉。这个错觉就是，他们"习惯性地"以为，强调心灵或理智的独特性，或以之作为解释事物的根据和原则，会不可避免地导致自然与人之间的一种紧张对立，即一种并非良性的二元论，像笛卡儿的哲学那样。而这显然是令他们深感不快的，休谟就曾对此极度懊恼和烦躁，必欲去之而后快。于是他们贯彻经验主义的立场，通过消解心灵或理智的独特性，从而消除了人与自然之间有一种特殊的、不可化约的二元关系的潜在可能。这一下使得所有需要被解释的对象都变得很好理解了，都融贯地进入一个整体的系列当中，没有什么人与自然之间的对立，都不过是物与物的因果关系而已。这看起来不是很好吗？他们以自然科学的视角，把一切都融贯起来，几乎构成一个闭合的因果链系统，使一切都得到了"科学的"解释。从中我们似乎可以感受到黑格尔那种融贯的、逻辑的"幽灵"的影响，除了解释原则的方向刚好相反以外，其他的都一样。

把人与自然的关系视作物与物的关系一样，这是自然主义者不愿光明正大地承认，却又不能不暗中同意的，因为这是他们理论的一个必然结论。对一个物理学家或神经生理学家来说，这样的看法是无害的，也很正常。然而，对一个哲学家来说，持有这样的思想很可能就显得有点奇怪了。科学家当然可以把心脏或大脑视为普通的研究对象，在实验室里进行经验的研究。在他们看来，人的心理活动与那些神经反应有很大关系，在某种意义上也可以被看作是一种生理活动。这固然是不错的，没有人会对此有什么疑义。只是，那些"科学的"哲学家们并不止步于此。他们实际上正是在这种自然科学的意义上力图把心灵或理智也同样看作是一种自然现象，而不是有着独特的意义的。恰恰是囿于自然科学的这种"成见"，自然主义哲学家从而把心灵或理智也限制在了人的肉体之内的狭小空间之中。尽管这当然不是强制性的,但是不论如何,对心灵或理智的独特性,哲学家应该完全漠然视之吗?因为,正是那种主体努力的倾向,才使得哲学具有抽象化或反省的功能,而不仅仅是在做经验的研究。也正是这种主体的努力,才使得人与自然处于一种微妙的关系当中,需要人们仔细地加以反思。毫无疑问,我们既要突破自然主义的这种理论局限,同时也是在把心灵或理智看作是无界限的,不应该受到身体或任何其他事物的限制。

我们究竟应该怎么去理解和解释事物是怎样的呢?应该怎样去理解和解释人与自然的关系呢?这样的问题不但至今没有让人满意的答案,而且事实上还有许多令人困惑的理论在误导我们。把某种模式当作是对思想和心灵的限制而不是单单一个有益的选择,把人与自然的关系变成物物关系,这些难道都是正常的理论倾向吗?我们看不到相较于伦理、艺术、历史或宗教等等的理解,物理学式的自然主义的解释方式有什么必然的唯一性,甚至都看不出它是完全正确的或恰当的。一般来说,笛卡儿的心灵原则对主体努力的强调,本质上更是心灵或理智对我们各种关于事物是怎样的这一问题的解释方式的自觉和反思。因此,当我们抛弃掉心灵原则,以自然科学的原则和方法批判各种形而上学时,我们似乎不仅放弃了对心灵或主体努力这一层含义的强调,而且也放弃了哲学本应该具有的历史任务。当然,自然主义神话的思想根源远没有那么容易得到澄清。这一点在今天的各种自然主义理论身上,我们可以清晰地感觉到。"科学的"哲学神话仍然在迷惑着人们,忽悠着人们,煞有介事地给出关于事物的似是而非的解释和说明。

金岳霖对唯主学说的批判表明,我们并不是要对事物是怎样的给出一个可能的答案,不会去确定事物应该是如此这般的,而不是如彼那般的。那不是我们的任务,而可能应该是自然科学或伦理学或宗教或历史等等才感兴趣去加以解决的。哲学应该关注的是,不论是对事物是怎样的如何解释和理解,我们只是要对其中所蕴含的解释模式进行评估和剖析,对它们所表现出来的倾向进行审视和反思。事实上我们似乎也没有什么先天的原则来从事这项工作,没有必然的要求说事物应该是怎样的,也没有无可怀疑的标准去裁定哪些解释模式是正确的,哪些是错误的。我们似乎仅仅有一点"本能的"信念,那就是,思想是无界限的,任何对心灵或理智的限制恐怕都不会是恰当的。这也是说,在某种意义上,没有什么确定的东西被给予我们,以构成对思想或心灵的外在限制。无论我们以何种方式所得到的,都只能是对思想或心灵的客观支持,是思想或心灵的必然内容,而不可能成为一种束缚。心灵与事物总是会处于一个开放的正觉关系状态之中,而不是一种各自封闭的内外世界关系之中。人与自然,就像式与能一样,相互不离,合而为道。

参考文献

1. 金岳霖论著

《休谟知识论的批判(限于 Treatise 中的知识论)》,北京,《哲学评论》2 卷 1 期,1928 年。

《论手术论》,《清华学报》11 卷 1 期,1936 年。

《罗素哲学》,上海,上海人民出版社,1988 年。

《金岳霖的回忆与回忆金岳霖》,刘培育(编),成都,四川教育出版社,1995 年。

《知识论》,北京,商务印书馆,2000 年(a)。初版于 1983 年。

《金岳霖集》,北京,中国社会科学出版社,2000 年(b)。

《哲意的沉思》,刘培育(编),天津,百花文艺出版社,2000 年(c)。

《唯物哲学与科学》,原载《晨报副刊》第 57 期,1926 年。现载于金岳霖著,胡军(编),《金岳霖选集》,长春,吉林人民出版社,2005 年。

《论道》,北京,中国人民大学出版社,2005 年(a)。初版于 1940 年。

《逻辑》,北京,中国人民大学出版社,2005 年(b)。初版于 1936 年。

《金岳霖选集》,胡军(编),长春,吉林人民出版社,2005 年(c)。

2. 其他文献

1) 中文文献

中国社会科学院哲学研究所(编),《金岳霖学术思想研究》,成都,四川人民出版社,1987 年。

——《理有固然:纪念金岳霖先生百年诞辰》,北京,社会科学文献出版社,1995 年。

冯友兰,《冯友兰全集》,蔡仲德(编),郑州,河南人民出版社,2001 年。

张东荪,《认识论》,上海,世界书局,1934 年。

——《科学与哲学》,北京,商务印书馆,1999 年。

洪谦,《论逻辑经验主义》,北京,商务印书馆,1999年。
——《洪谦选集》,长春,吉林人民出版社,2005年。
冯契,《金岳霖先生在认识论上的贡献》,《哲学研究》,1985年第2期。
胡军,《金岳霖在知识论出发方式上的变革》,《北京大学学报(哲学社会科学版)》,1992年第2期。
——《金岳霖》,台北,东大图书股份公司,1993年。
——《中国哲学的现代化与金岳霖的〈知识论〉》,《理论探讨》,1994年第3期。
——《金岳霖与中国哲学》,载于《理有固然:纪念金岳霖先生百年诞辰》。1995年。
——《金岳霖论道》,《道家文化研究》(第十辑),上海古籍出版社,1996年。
——《道与真——金岳霖哲学思想研究》,北京,人民出版社,2002年(a)。
——《分析哲学在中国》,北京,首都师范大学出版社,2002年(b)。
——《中国现代哲学中的形而上学建构理路》,《本体诠释学》,北京大学出版社,2002年(c)。
——《知识论与哲学》,《北京大学学报》,2002年(d),第2期。
——《反思、方法、境界》,《学术界》,2002年(e),第1期。
——《金岳霖——当代新道家》,《道家文化研究》(第二十辑),三联书店,2003年。
——《观澜集》(编),北京,北京大学出版社,2004年(a)。
——《中国现代哲学中的知识论研究》,《哲学研究》,2004年(b),第2期。
——《金岳霖哲学思想的现代意义》,《哲学研究》,2005年增刊。
——《知识论》,北京,北京大学出版社,2006年(a)。
——《为现代中国哲学中的形而上学辩护》,《现代中国》(第七辑),北京大学出版社,2006年(b)。
——《中国现代哲学视野下的分析哲学》,《广东社会科学》,2009年第6期。
胡伟希,《金岳霖与中国近代实证主义哲学的感觉论》,《南京大学学报》,1986年第2期。
——《金岳霖与中国实证主义认识论》,上海,上海人民出版社,1988年。
——《金岳霖》,载于《中国现代哲学人物评传》,李振霞、傅云龙主编,北京,中共中央党校出版社,1991年。
——《金岳霖哲学思想》,武汉,湖北人民出版社,1994年。
——《观念的选择:20世纪中国哲学与思想透析》,昆明,云南人民出版社,2002

年(a)。

——《知识、逻辑与价值——中国新实在论思潮的兴起》,北京,清华大学出版社,2002年(b)。

刘培育(编),《金岳霖思想研究》,胡军、王中江、诸葛殷同、张家龙、刘培育著,北京,中国社会科学出版社,2004年。

王中江,《理性与浪漫——金岳霖的生活及其哲学》,郑州,河南人民出版社,1993年(a)。

——《金岳霖与实证主义》,《哲学研究》,1993年(b),第11期。

王中江、安继民,《金岳霖学术思想评传》,北京,北京图书馆出版社,1998年。

杨国荣,《走出实证主义——金岳霖认识论思想论析》,《江苏社会科学》,1992年第2期。

——《从严复到金岳霖:实证论与中国近代哲学》,北京,高等教育出版社,1996年。

——《科学的形上之维——中国近代科学主义的形成与衍化》,上海,上海人民出版社,1999年。

宋志明、孙小金,《20世纪中国实证哲学研究》,北京,中国人民大学出版社,2002年。

宋志明,《金岳霖本体论思想述要》,载于《中国现代哲学与文化思潮》,北京,求是出版社1989年11月出版。

金吾伦,《〈知识论〉和当代科学哲学》,《国内哲学动态》,1986年第2期。

张家龙,《论金岳霖的〈罗素哲学〉》,上海,上海人民出版社,1988年。

乔清举,《金岳霖新儒学体系研究》,济南,齐鲁书社出版社,1999年。

郁振华,《金岳霖外在关系学说述评》,《华东师范大学学报(哲学社会科学版)》,1994年第2期。

李维武,《张东荪与金岳霖:中国现代知识论的两种路向》,《中国文化月刊》(台湾),1990年第5期。

张耀南、陈鹏,《实在论在中国》,北京,首都师范大学出版社,2002年。

陈晓龙,《知识与智慧——金岳霖哲学研究》,北京,高等教育出版社,1997年。

张学立,《金岳霖逻辑哲学思想研究》,贵阳,贵州人民出版社,2004年。

袁彩云,《经验·理性·语言——金岳霖知识论研究》,北京,人民出版社,2007年。

柏拉图,《柏拉图全集》,王晓朝译,北京,人民出版社,2005年。

亚里士多德,《形而上学》,吴寿彭译,北京,商务印书馆,1996年。
——《物理学》,张竹明译,北京,商务印书馆,1997年。
——《灵魂论及其他》,吴寿彭译,北京,商务印书馆,1999年。
——《范畴篇 解释篇》,方书春译,北京,商务印书馆,2003年。
达·芬奇,《达·芬奇笔记》,里斯特(编),郑福洁译,北京,生活·读书·新知三联书店,2007年。
笛卡儿,《第一哲学沉思集》,庞景仁译,北京,商务印书馆,1998年。初版于1641年。
——《谈谈方法》,王太庆译,北京,商务印书馆,2004年。初版于1637年。
斯宾诺莎,《伦理学》,贺麟译,北京,商务印书馆,1997年。初版于1677年。
洛克,《人类理解论》,关文运译,北京,商务印书馆,1997年。初版于1690年。
贝克莱,《视觉新论》,关琪桐译,上海,商务印书馆,1935年。初版于1709年。
——《人类知识原理》,关文运译,北京,商务印书馆,1973年。初版于1710年。
休谟,《人性论》,关文运译,北京,商务印书馆,1996年。初版于1739年。
康德,《未来形而上学导论》,庞景仁译,北京,商务印书馆,1997年。初版于1783年。
——《纯粹理性批判》,邓晓芒译,北京,人民出版社,2004年。初版于1781年。
马赫,《感觉的分析》,洪谦等译,北京,商务印书馆,1997年。初版于1886年。
——《认识与谬误》,李醒民译,北京,华夏出版社,2000年。初版于1905年。
詹姆斯,《实用主义:一些旧思想方法的新名称》,陈羽纶、孙瑞禾译,北京,商务印书馆,1997年。初版于1907年。
——《心理学原理》,田平译,北京,中国城市出版社,2003年。初版于1890年。
弗雷格,《算术基础》,北京,商务印书馆,2001年。初版于1884年。
——《弗雷格哲学论著选辑》,王路编译,北京,商务印书馆,1994年。
维特根斯坦,《逻辑哲学论》,贺绍甲译,北京,商务印书馆,2002年(a)。初版于1922年。
——《哲学研究》,李步楼译,北京,商务印书馆,2002年(b)。初版于1953年。
——《论确实性》,张金言译,桂林,广西师范大学出版社,2002年(c)。初版于1969年。
石里克,《自然哲学》,陈维杭译,北京,商务印书馆,1997年。初版于1949年。
——《普通认识论》,李步楼译,北京,商务印书馆,2005年。初版于1918年。
艾耶尔,《哲学中的革命》,李步楼译,北京,商务印书馆,1986年。初版于

1963年。

——《二十世纪哲学》,李步楼等译,上海,上海译文出版社,2005年。初版于1982年。

——《语言、真理与逻辑》,尹大贻译,上海,上海译文出版社,2006年。初版于1936年。

罗素,《哲学问题》,何明译,北京,商务印书馆,1960年。初版于1911年。

——《我们关于外间世界的知识》,陈启伟译,上海,上海译文出版社,1990年。初版于1914年。

——《逻辑与知识》,苑莉均译,北京,商务印书馆,1996年。初版于1956年。

——《人类的知识:其范围与限度》,张金言译,北京,商务印书馆,2001年(a)。初版于1948年。

——《我的哲学的发展》,温锡增译,北京,商务印书馆,2001年(b)。初版于1959年。

——《数理哲学导论》,晏成书译,北京,商务印书馆,2002年。初版于1930年。

卡尔纳普,《世界的逻辑结构》,陈启伟译,上海,上海译文出版社,1999年。初版于1928年。

刘易斯,《刘易斯文选》,李国山等译,北京,社会科学文献出版社,2007年。

霍尔特等,《新实在论》,伍仁益译,北京,商务印书馆,1980年。初版于1912年。

赖尔,《心的概念》,徐大建译,北京,商务印书馆,2005年。初版于1948年。

齐硕姆,《知识论》,邹惟远、邹晓蕾译,北京,生活·读书·新知三联书店,1988年。初版于1966年。

赖欣巴哈,《科学哲学的兴起》,伯尼译,北京,商务印书馆,1983年。初版于1954年。

伯特,《近代物理科学的形而上学基础》,徐向东译,北京,北京大学出版社,2003年。初版于1924年。

奎因,《从逻辑的观点看》,江天骥等译,上海,上海译文出版社,1986年。初版于1953年。

——《真的追求》,王路译,北京,生活·读书·新知三联书店,1999年。初版于1990年。

——《语词与对象》,陈启伟译,北京,中国人民大学出版社,2005年。初版于1960年。

古德曼,《事实、虚构和预测》,刘华杰译,北京,商务印书馆,2007年。初版于1954年。

——《构造世界的多种方式》,姬志闯译,上海,上海译文出版社,2008年。初版于1978年。

皮亚杰,《发生认识论原理》,王宪钿译,北京,商务印书馆,1997年。初版于1972年。

库恩,《科学革命的结构》,金吾伦、胡新和译,北京,北京大学出版社,2003年。初版于1962年。

波普尔,《猜想与反驳》,傅季重等译,上海,上海译文出版社,2005年(a)。初版于1968年。

——《客观知识:一个进化论的研究》,舒伟光等译,上海,上海译文出版社,2005年(b)。初版于1972年。

沃特金斯,《科学与怀疑论》,邱仁宗、范瑞平译,上海,上海译文出版社,2006年。初版于1984年。

罗蒂,《哲学与自然之镜》,李幼蒸译,北京,商务印书馆,2003年。初版于1979年。

——《真理与进步》,杨玉成译,北京,华夏出版社,2004年。初版于1998年。

——《实用主义哲学》,林南译,上海,上海译文出版社,2009年(a)。初版于1982年。

——《后形而上学希望》,张国清译,上海,上海译文出版社,2009年。初版于2003年。

拉卡托斯,《科学研究纲领方法论》,兰征译,上海,上海译文出版社,2005年。初版于1978年。

费耶阿本德,《告别理性》,陈健等译,南京,江苏人民出版社,2002年。初版于1987年。

——《知识、科学与相对主义》,陈健等译,南京,江苏人民出版社,2006年。初版于1999年。

——《反对方法——无政府主义知识论纲要》,周昌忠译,上海,上海译文出版社,2007年。初版于1978年。

斯特劳森,《个体:论描述的形而上学》,江怡译,北京,中国人民大学出版社,2004年。初版于1959年。

达米特,《形而上学的逻辑基础》,任晓明、李国山译,北京,中国人民大学出版社,2004年。初版于1991年。

——《分析哲学的起源》,王路译,上海,上海译文出版社,2005年。初版于1993年。

戴维森,《对真理与解释的探究》,牟博、江怡译,北京,中国人民大学出版社,2007年。初版于1984年。

——《真理、意义与方法:戴维森哲学文选》,牟博译,北京,商务印书馆,2008年。

克里普克,《命名与必然性》,梅文译,上海,上海译文出版社,2001年。初版于1972年。

普特南,《理性,真理与历史》,童世骏、李光程译,上海,上海译文出版社,2005年。初版于1981年。

——《实在论的多副面孔》,冯艳译,北京,中国人民大学出版社,2005年。初版于1987年。

——《事实与价值二分法的崩溃》,应奇译,北京,东方出版社,2006年。初版于2002年。

麦克道尔,《心灵与世界》,刘叶涛译,北京,中国人民大学出版社,2006年。初版于1996年。

塞尔,《心灵的再发现》,王巍译,北京,中国人民大学出版社,2005年。初版于1992年。

——《心灵、语言和社会:实在世界中的哲学》,李步楼译,上海,上海译文出版社,2006年。初版于1998年。

派利夏恩,《计算与认知——认知科学的基础》,任晓明、王左立译,北京,中国人民大学出版社,2007年。初版于1984年。

范弗拉森,《科学的形象》,郑祥福译,上海,上海译文出版社,2005年。初版于1980年。

哈克,《证据与探究——走向认识论的重构》,陈波等译,北京,中国人民大学出版社,2004年。初版于1993年。

丘奇兰德,《科学实在论与心灵的可塑性》,张燕京译,北京,中国人民大学出版社,2008年。初版于1979年。

梯利,《西方哲学史》,葛力译,北京,商务印书馆,2003年。初版于1914年。

贝纳特,《感觉世界:感觉和知觉导论》,旦明译,北京,科学出版社,1983年。初版于1978年。

海姆伦,《西方认识论简史》,夏甄陶等译,北京,中国人民大学出版社,1987年。

柯林伍德,《精神镜像,或知识地图》,赵志义、朱宁佳译,桂林,广西师范大学出版社,2006年。初版于1924年。

——《形而上学论》,宫睿译,北京,北京大学出版社,2007年。初版于1939年。

希尔,《现代知识论》,刘大椿等译,北京,中国人民大学出版社,1987年。初版于1961年。

丹西,《当代认识论导论》,周文彰、何包钢译,北京,中国人民大学出版社,1990年。初版于1985年。

丹皮尔,《科学史及其与哲学和宗教的关系》,桂林,广西师范大学出版社,2001年。初版于1929年。

北京大学哲学系(编),《西方哲学原著选读》(上、下),北京,商务印书馆,2002年。

——《中国现代哲学史》,北京,北京大学出版社,2001年。

陈波、韩林合(编),《逻辑与语言》,北京,东方出版社,2005年。

韩林合,《分析的形而上学》,北京,商务印书馆,2003年。

——《〈逻辑哲学论〉研究》,北京,商务印书馆,2007年。

徐向东,《怀疑论、知识与辩护》,北京,北京大学出版社,2006年。

燕宏远、韩民青等(编),《当代英美哲学概论》,北京,社会科学文献出版社,2002年。

2)英文文献

Austin, J. L., 1962, *Sense and Sensibilia*, Oxford: Clarendon Press.

Ayer, Alfred J., 1940, *The Foundations of Empirical Knowledge*, London: Macmillan and Co. Limited.

——1956, *The Problem of Knowledge*, Edinburgh: R. & R. Clark Ltd.

——1969, *Metaphysics and Common Sense*, London: Macmillan and Co. Limited.

——1973, *The Central Questions of Philosophy*, New York: Holt, Rinchart and Winston.

Bahm, Archie J. 1995, *Epistemology: Theory of Knowledge*, Albuquweque, NM: World Books.

Balashov, Yuri and Alex Rosenberg, (ed), 2002, *Philosophy of Science*, Abingdon, Oxon: Routledge.

Beakley, Brian and Peter Ludlow (ed.), 2006, *The Philosophy of Mind: Classical*

Problems/ Contemporary Issues, Cambridge, MA: The MIT Press.

Berkeley, George, 1969, *3 Dialogues Between Hylas and Philonous*, Chicago: Paquin Printers. First published in 1713.

——1998, *A Treatise Concerning the Principles of Human Knowledge*, New York: Oxford University Press. First published in 1710.

Bernecker, Sven and Fred Dretske, 2000, *Knowledge*, New York: Oxford University Press.

Blanshard, Brand, 1939, *The Nature of the Thought*, New York: Macmillan.

BonJour, Laurence, 1985, *The Structure of Empirical Knowledge*, Cambridge, MA: Harvard University Press.

Brandom, Robert B. 2002, *Tales of the Mighty Dead: Historical Essays in the Metaphysics of Intentionality*, Cambridge, MA: Harvard University Press.

——2008, *Between Saying and Doing: Towards an Analytic Pragmatism*, Oxford: Oxford University Press.

Burge, Tyler, 2005, "Disjunctivism and Perceptual Psychology", *Philosophical Topics*, Vol. 33, No. 1

Carnap, Rudolf, 1969(in English), *The Logical Structure of The World*, California: University of California Press, 1929(in Germany).

Chisholm, Roderick M. 1968, *Perceiving: A Philosophical Study*, New York: Cornell University Press.

Davidson, Donald, 1980, *Essays on Action and Events*, Oxford: Clarendon Press.

——2001, *Subjective, Intersubjective, Objective*, Oxford: Clarendon Press.

——2004, *Problem of Rationality*, Oxford: Clarendon Press.

Dretske, Fred, 2000, *Perception, Knowledge, and Belief*, Cambridge: Cambridge University Press.

Eddington, Arthur Stanley, Sir, 1928, *The Nature of Physical World*, New York: The Macmillan Company, Cambridge University Press.

Fales, Evan, 1996, *A Defense of the Given*, New York: Rowman & Littlefield Publishers Inc.

Fodor, Jerry A., 1975, *The Language of Thought*, Cambridge, MA: Harvard University Press.

——1989, "Making Mind Matter More", *Philosophical Topics*, vol. 17. (Reprinted in Brian Beakley and Peter Ludlow (ed.), 2006, *The Philosophy of Mind: Classical Problems/ Contemporary Issues*, Cambridge, MA: The MIT Press.)

Fraassen, Bas C. van, 2002, *The Empirical Stance*, New Haven: Yale University Press.

Goodman, Nelson, 1951, *The Structure of Appearance*, Cambridge, MA: Harvard University Press.

——1956, *The Problem of Universals*, Notre Dame, IN: University of Notre Dame Press.

——1965, *Fact, Fiction, and Forecast*, New York: The Bobbs-Merrill Company Inc.

——1988, *Reconceptions in Philosophy and Other Arts and Sciences*, London: Routledge.

Haddock, Adrian, and Fiona Macpherson, ed. 2008, *Disjunctivism: Perception, Action, Knowledge*, New York: Oxford University Press.

Harman, Gilbert, 1973, *Thought*, Princeton, NJ: Princeton University Press.

Hinton, J. M., 1967(a), "Experiences", *Philosophical Quarterly*, 17:1—3.

—— 1967 (b), "Visual Experiences", *Mind*, 76:217—27.

Kalsi, Marie-Luise Schubert, 1987, *Meining's Theory of Knowledge*, Dordrecht, Netherlands: Martinus Nijhoff Publishers.

Lambert, Karel, 1983, *Meinong and the Principle of Independence*, Cambridge: Cambridge University Press.

——2003, *Free Logic: Selected Essays*, Cambridge: Cambridge University Press.

Lehrer, Keith, 1990, *Theory of Knowledge*, Boulder and San Francisco: Westview Press.

Lewis, C. I., 1956, *Mind and the World Order*, New York: Dover. First published in 1929.

Macdonald, G. F. 1979, *Perception and Identity*, London: the Macmillan Press Ltd.

Maritain, Jacques, 1959, *the Degree of Knowledge*, New York: Charles Scribner's Sons.

Martin, M. G. F. 2002, "The Transparency of Experience", *Mind and Language*, 17:376—425.

——2004, "The Limits of Self-Awareness", *Philosophical Studies*, 120: 37—89.

McDowell, John, 1982, "Criteria, Defeasibility, and Knowledge", *Proceedings of the British Academy*, 68:455—79. (Reprinted in his *Meaning, Knowledge, and Reality*, Cambridge, MA: Harvard University Press, 1998.)

——1986, "Singular Thought and the Extent of Inner Space", in P. Peetit and J. McDowell (eds.) *Subject, Thought, and Context*, Oxford: Clarendon Press. (Reprinted in his *Meaning, Knowledge, and Reality*, Cambridge, MA: Harvard University Press, 1998.)

——1994, *Mind and World*, Cambridge, MA: Harvard University Press.

——1998(a), *Meaning, Knowledge, and Reality*, Cambridge, MA: Harvard University Press.

——1998(b), *Mind, Value, and Reality*, Cambridge, MA: Harvard University Press.

——2009(a), *Having the World in View: Essays on Kant, Hegel, and Sellars*, Cambridge, MA: Harvard University Press.

——2009(b), *The Engaged Intellect*, Cambridge, MA: Harvard University Press.

Moore, George Edward, 1922, *Philosophical Studies*, London: Kegan Paul, Trench, Trubner & Co. Ltd.

Nagel, Thomas, 1986, *The View From Nowhere*, New York: Oxford University Press.

——1997, *The Last Word*, New York: Oxford University Press.

Pasniczek, Jacek, 1998, *The Logic of Intentional Objects*, Dordrecht, Netherlands: Kluwer Academic Publishers.

Pollock, John L. 1986, *Contemporary Theory of Knowledge*, London: Hutchinson Education.

Price, H. H., 1950, *Perception*, London: Methuen.

Putnam, Hilary, 1988, *Representation and Reality*, Cambridge, MA: Massachusetts Institute of Technology.

——1990, *Realism with a Human Face*, Cambridge, MA: Harvard University Press.

——1992, *Renewing Philosophy*, Cambridge, MA: Harvard University Press.

——1994, *Word and Life*, Cambridge, MA: Harvard University Press.

——1995, *Pragmatism: A Open Question*, Malden, MA: Blackwell Publishers Inc.

——1999, *The Threefold Cord: Mind, Body, and World*, New York: Columbia University Press.

——2002, *The Collapse of the Fact/Value Dichotomy*, Cambridge, MA: Harvard University Press.

——2004, *Ethics without Ontology*, Cambridge, MA: Harvard University Press.

Quine, Willard V. O., 1953, *From A Logical Point of View*, Cambridge, MA: Harvard University Press.

——1960, *Word and Object*, Cambridge, MA: Massachusetts Institute of Technology.

——1966, *The Way of Paradox and Other Essays*, New York: Random House.

——1969, *Ontological Relativity and Other Essays*, New York: Columbia University Press.

——1970, *The Web of Belief*, New York: McGraw-Hill Inc.

——1974, *The Root of Reference*, Lasalle, IL: Open Court Publishing Company.

——1990, *Pursuit of Truth*, Cambridge, MA: Harvard University Press.

Rorty, Richard, 1967, *The Linguistic Turn: Essays in Philosophical method*, Chicago: The University of Chicago Press.

——1991, *Objective, relativism, and truth*, Cambridge, MA: Cambridge University Press.

——1998, *Truth and progress: Philosophical Papers*, Volume 3, Cambridge, MA: Cambridge University Press.

Russell, Bertrand, 1980, *An Inquiry into Meaning and Truth*, New York: Unwin Hyman Ltd. First published in 1940.

——1992, *The Analysis of Matter*, London: T. J. Press Ltd. First published in 1927.

——1995, *The Analysis of Mind*, London: T. J. International Ltd. First published in 1921.

Schlick, Moritz, 1985, *General Theory of Knowledge*, LaSalle: LaSalle: Open Court Publishing Company, 1918.

Sellars, Wilfred, 1963, *Science, Perception, and Reality*, New York: Routledge & Kegan Paul, the Humanities Press.

Smith, Nicholas H., 2002, *Reading McDowell: On Mind and World*, London: Routledge.

Steup, Matthias and Ernest Sosa, (ed.), 2005, *Contemporary Debates in Epistemology*, Malden, MA: Blackwell Publishing.

Strawson, P. F. 1966, *The Bound of Sense*, London: Methuen & Co Ltd.

Stroud, Barry, 1984, *The Significance of Philosophical Scepticism*, Oxford: Clarendon Press.

Taylor, Richard, 1963, *Metaphysics*, Englewood Cliffs, NJ: Prentice-Hall Inc.

Tye, Michael, 2000, *Consciousness, Color, and Content*, Cambridge, MA: The MIT Press.

Watson, Richard, 1995, *Representational Ideas: From Plato to Patricia Churchland*, Dordrecht: Kluwer Academic Publishers.

Williams, Bernard, 1985, *Ethics and the Limits of Philosophy*, Cambridge, MA: Harvard University Press.

——2002, *Truth & Truthfulness*, Princeton, NJ: Princeton University Press.

后 记

燕园的日子过得飞快。尤其是后三年,仿佛刚刚从书本中抬起头来,蓦然间就发现要毕业了。未名湖畔的时光完全没有想象中的轻松愉快和浪漫开心,因为一种哲学被实质性地边缘化的现实总是令人难以排解地沮丧。可是,我们灵魂的脆弱和思想的苍白又难免使人心有未甘。我们欠缺的究竟是什么呢?那还真是个问题。

对问题的思考和不断的追索,无疑,正是得益于导师胡军老师的言传身教。他对哲学问题的敏锐意识和鞭辟入里的深入分析,颇让人惊叹思想的力量。没有导师的点拨,本论文无从谈起。而师母杨书澜老师春风化雨般的轻松谈笑,总是能把我们从抽象缥缈的理念世界引回平实的大地,舒缓一下绷紧的思绪。身处燕园,使我获益良多的老师几乎不可尽数,像李中华老师、魏常海老师、陈来老师、张学智老师、王博老师、杨立华老师和孙尚扬老师等等,在本论文的开题、预答辩或答辩的过程中,都分别提出了许多宝贵意见。而陈波老师和韩林合老师不留情面的批评意见和毫不犹豫的大力帮助,也使我铭感五内。对清华的胡伟希老师和王中江老师的感谢,不仅仅是由于他们参加了本论文的答辩,更在于他们对金岳霖的出色研究给了我写作本论文的许多启示和线索,在思想上与他们的沟通是多方面的。还有必须要感谢的是,台湾的陈鼓应老师对我探索金岳霖思想世界的满心期待始终是我极力对之寻幽探源的巨大动力。当然,台湾的陈福滨老师、石朝颖老师、乌昆如老师、李震老师、高凌霞老师、潘小慧老师和尤煌杰老师等等,都是一定要在此感谢的,因为他们使我在台湾度过了一段令我难以忘怀的日子。

美国的 John McDowell 教授对本论文思想成形的影响是怎么评价也不会过分的。与他每半个多月一次的例行交谈是我有生以来在思想上所经受过的最大挑战,使我在近一年的时间里大脑几乎始终都处于狂风暴雨之中。那种奇妙的感觉是令人难以想象的。对此我必须感谢推荐人 Hilary Putnam 教授,同时他的大量著作也是本论文的主要思想来源之一,对本论文思路的影响也绝不在 McDowell 教授之下。还有 Nicholas Rescher 教授、Mark Wilson 教授、Karl Schafer 教授、Robert Brandom 教授和 Machael Perloff 教授等等,都让我的美国学习不虚此行。本论文中的某些核心内容还得到美国的 Chakrabarti 教授夫妇、Kevin Brien 教授、Wendy Lynne Lee 教授和 Jeffrey Fisher 教授等人的许多非常有益的批评意见,而且与他们一起在印度丛林中的探险经历也令我们结下了深厚友谊。

还要感谢硕士时的导师杨宪邦老师、石峻老师和方立天老师。他们对我早期的影响是潜移默化的。还有,这几年与两个年轻的 80 后李忠伟和徐竹经常性的思想交流也给了我许多启发。他们也像我的小师弟常超一样,隐隐然似已有了大师气象,后生可畏,令人欣喜。

我的父母、妻儿和弟弟对我始终如一的支持使我从事学术研究得以可能,那种亲情当然不是简单的一言半语足以表达的。另外我还必须特别感谢贺江川和杨飞夫妇的无私帮助。同时,为使我们的答辩顺利进行,师弟常超和师妹谢伟铭付出了大量的时间和精力,也令我感激不尽。张永超博士给本论文提出了许多中肯意见,并纠正了几处资料性错误,特此谢过。

2012-6-1